李本义 主编

湖北大学通识学子社会实践成果

（第二辑）

学子访学人

长江出版社
CHANGJIANG PRESS

湖大书局
HUDA PUBLISHING

图书在版编目(CIP)数据

学子访学人. 第二辑 / 李本义主编.
—武汉:长江出版社,2020.4
ISBN 978-7-5492-6929-7

Ⅰ.①学… Ⅱ.①李… Ⅲ.①湖北大学－教授－
访问记－现代 Ⅳ.①K825.46

中国版本图书馆 CIP 数据核字(2020)第 066602 号

学子访学人. 第二辑   李本义 主编

责任编辑:胡紫妍
装帧设计:刘斯佳
出版发行:长江出版社

地　　址:武汉市解放大道 1863 号	邮　　编:430010
网　　址:http://www.cjpress.com.cn	
电　　话:(027)82926557(总编室)	
(027)82926806(市场营销部)	
经　　销:各地新华书店	
印　　刷:武汉市首壹印务有限公司	

规　　格:787mm×1092mm   1/16   14.5 印张   245 千字
版　　次:2020 年 4 月第 1 版   2020 年 6 月第 1 次印刷
ISBN　978-7-5492-6929-7
定　　价:40.00 元

《学子访学人》（第二辑）

编 委 会

序　言

湖北大学自2011年组建通识教育学院以来，积极践行以"人格塑造、知识学习、能力锻炼"为核心三要素的通识人才培养理念，着力培养"厚基础、宽口径、强能力、高素质"的新时代本科人才，探索出了大一学生"三目标·两课堂·四计划"人才培养模式。其中，通识教育学院结合实际开展的"问津大讲堂"学生主讲人大赛、"读书在通识"读书节、"三访一促"（含学子访学人）社会实践等在内的多项特色校园文化活动，在校内外形成了一定的知名度、美誉度和品牌力。

"学子访学人"社会实践活动是湖北大学通识教育学院独创的一项旨在引导学生感知学术文化、培养综合能力的品牌活动。这项活动与我在湖北大学工作期间倡导的服务"三学"（学者、学术、学生）理念相契合，因此我始终给予高度关注和大力支持。自2016年5月开始，在通识教育学院和离退休工作处等单位协同指导下，历届通识学生自发组建"访学人"团队。同学们在课业之余，怀揣对湖大学术前辈的敬仰之情，不辞艰辛，从阳逻校区奔赴武昌主校区对离退休的知名教授进行登门走访。各团队学生在离退休教授或其亲友家中、在办公室或工作间、在图书馆或实验室，查背景资料、拟访谈提纲、读著作、访学人、问亲友，经团队多次集体讨论和打磨，先后推出了几十篇社会实践成果。这些走访不仅培植了通识学子的探索精神，唤起他们尊崇学术、发奋求学之抱负，而且专家学者的风骨和品格，更于润物细无声中增强了大一新生的敬老情怀和爱校情结，不失为生动的育人教材。我在校内多种场合充分肯定和积极倡导访学人活动，并不遗余力地宣介其积极作用和良好反响。同学们整理而成的社会实践成果不仅在湖大校园网专栏发布，而且其中有多篇在新华网、中新网、凤凰网、荆楚网等校外媒体公开发表。"学子访学人"活动也得到《中国青年报》头版、《档案记忆》杂志、新华网、荆楚网等各级媒体关注和报道。

　　去年 5 月，通识教育学院将 2015 级和 2016 级两届通识学子完成的前 30 篇访学人成果作为《学子访学人》（第一辑）正式出版，引起了广泛关注和高度好评。此后，2016 级、2017 级和 2018 级三届通识学子持续深入开展"学子访学人"活动，至今年 7 月又完成三十余位知名学者的走访计划，并相继完成高质量的走访成果。我了解到，这些受访学人涉及文、史、哲、理、工、管、教、法等多个学科领域，他们是湖北大学近 90 年光辉历程的创造者和见证者。如今，他们有的虽年事已高，但仍然潜心治学，笔耕不辍，老有所为，成果屡现。有的学者仍担任着多项校内外兼职，活跃在各个领域，老骥伏枥，发挥余热。他们精神矍铄，关爱后生，和蔼可亲，风范犹存。青年学生通过与前辈学人近距离接触和全方位了解，获得他们的悉心教诲和热情鼓励，并为他们的渊博学识及精神境界所震撼和折服，从而从中吸取营养、增添动力，转化为自身宝贵的精神财富，成为指引人生的明灯，意义深远。

　　"江山代有人才出，各领风骚数百年"。一代人有一代人的使命和担当，一代人也有一代人的造化与传奇。我始终认为，湖北大学一砖一瓦都铭刻着老教授献身教育事业的功劳，一草一木都饱含着他们孜孜求索的深情。相信《学子访学人》（第二辑）囊括的 32 篇作品必将进一步丰富湖大精神内涵，进一步积淀沙湖琴园的历史底蕴，从而润泽和激励更多的后辈晚生躬耕践行学与知、历经风雨见彩虹。希望湖大青年学子诵读这些作品之后，继续发扬湖北大学人精神风范，传承湖大优秀文化根脉，赓续学术薪火，为湖大事业发展添砖加瓦、砥砺前行。

　　是为序。

（湖北大学原党委书记、教授）

目 录 Contents

杨建文：
读书患不多　思义患不明

杨建文，1940年8月生，湖北大学文学院教授。曾任湖北省三国演义协会会长，在研究三国演义方面提出独到的建设性观点，主张研究三国演义要着眼"民为本"思想，支持重点从百姓、从社会的角度研究三国演义，为湖北省的三国演义文学研究提供了新的视角，推动了三国演义文学研究的进步发展。学术专著和参编著作有《戏剧概要》《中国古典悲剧史》（朱祖延题署）《"苦海航"——佛教与悲剧根源中国古典戏剧悲剧观探源之二》《琴园弦韵》《辛亥革命民军战时总司令万延献》。杨建文在担任原人文学院党委书记等职务期间，心系学校、学院事业发展，多次向校方提出建设性意见，在巩固学院师资力量、规划学院长远发展、完善基础设施建设等方面做出积极贡献。

投身庠序，漫游文海

"读书患不多，思义患不明。"这是"文起八代之衰"的唐代学者韩愈对于读书的看法，也是杨建文教授在访谈中反复提及的读书奥义。风雨兼程一甲子，杨建文从中学的诗社走入了武汉师范学院的古代文学教研室，从手边梅花到《琴园弦韵》，被杨建文记下的有生活点滴处的岁月留痕，更有湖北大学中文系在历史中的砥砺前行。

杨建文高中本是理科出身，心系于中国电力事业的发展。高考前夕因响应国家号召，他除报考了北京大学图书馆学外，还报考了华中师范大学与武汉师范学院两所师范类学校的师范专业。只因不甘于理科教师反复演算的枯燥，他最终选择了中文专业，这一次的选择奠定了他一生的教学科研之路。

杨建文对于中文的兴趣并非偶然，他的父亲曾是一名教师，虽父母早亡，生活不易，这份骨子里传承的书香却并未消散。幼年以来杨建文坚持阅读，高中时阅读《查拉图斯特拉如是说》，对尼采极为崇拜，却被有心人构陷最终与入团无

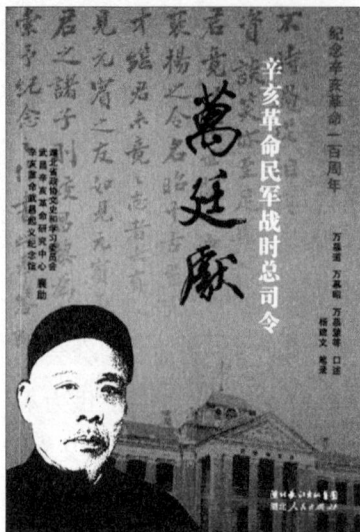

杨建文教授笔录的《辛亥革命
民军战时总司令万廷献》

缘，然而这样的波折也未使他放弃对于书籍的热爱。"文学不应该被权势利用"，回首往事，杨教授不无感慨。

"手捧梅花，笑向瓶中插，满屋清香，明月早在吻她。"这首极富郭沫若早年浪漫主义色彩的小诗正是杨建文高中时期的作品。以现在的标准来看，当年的杨建文绝对算一个标准的文艺青年。寒冬腊月的一枝梅便足以引发他的诗性，出口成诗也自有韵味。之后，他更是和同样热爱诗歌的一群同学创办"海棠结社"诗刊。少年写诗打下的底子在检验自己俄语功底的时候发挥了重大作用。

录取杨建文的是湖北大学的前身武汉师范学院，这与杨建文的理想目标有一定差距，却并未动摇他的求学之志。杨建文对于学业极为认真刻苦，大学毕业那年老师虽未有要求，他却想着要给自己的俄语学习一个交代，主动请缨翻译了一首俄文诗歌《大地在震动》，出色且不逊于原译作的表达让他萌生了投稿《人民日报》的想法，一稿得中，算得上丰厚的稿酬让他在不久之后换得一套《鲁迅全集》。正是这套《鲁迅全集》让杨建文"读过"了风雨飘荡的十年"文革"。

本科毕业后杨建文先是去了湖北省实验中学成为一名高中语文老师。"文化大革命"结束后，一边工作一边备考，他成为"文革"后武汉师范学院的第一届硕士研究生，并留校任教。多年的教学生涯让杨建文除了在学术上多有建树以外，教育学生方面也自有一套。

杨建文向来鼓励学生多读书。"汉语言文学专业的学生在哪里都是读书，'四书五经'在北大读、在湖大读都是一样的。"杨建文经常用这句话来教育自己的学生。

杨建文教授著作《中国古典悲剧史》
（朱祖延题署）

思想深邃，目光阔远

杨建文教授认为，批判性思维极为重要。因为读书虽易，读通不易，要且读且质疑。他曾做客通识教育学院"问津大讲堂"，以"通识津筏——质疑与思辨"为题，与一年级新生探讨批判性思维。他说："通识可以理解为贯通学问，津是渡口，筏是舟，通识学子应以质疑与思辨为舟，加上勤奋地划桨，就能将自己培养成一个社会需要的创新型人才。"并鼓励同学们不能死啃课本，要多思考，通过质疑、假设、思辨，获得对知识的深度理解。

从事古典文学研究的杨建文对于《三国演义》的解读角度向来有着不同于主流的态度，他主张将目光投向在动荡岁月里的百姓，研究战争对于百姓的影响。交谈过程中他也反复提及了怀一颗批判之心读书的重要性，"批判"这两个字既被杨建文身体力行地实践着，也被他潜心育人地传承着。

针对现今青年学生提出的"难有前人未研究之处"，杨建文教授指出，除了要敢于挑战权威，更要志向高远，有超越前人之心。他以自己的译作被《人民日报》录用这个案例来教导我们要对自己充满信心，敢于尝试。当然，也要适时反思自己的研究思路，并及时做出调整。

杨建文教授著作《戏剧概要》

半生投身于中国古典文化的杨建文对于四书之典信手拈来，但是在自己的博客上他却采用了一种全新的表现手法，以现代口吻讲述庄子、孔子等人的故事，加以戏谑的语气传递当代的思考。幽默的笔法让人难以想象出自一个"学究式"的老教授，从中足可窥见杨建文内心深处那个有趣的灵魂。目前，他正忙于将《庄子漆梦蝴蝶》《罗贯中重返三国》《曹雪芹加入红学会》这些文章整理成书，争取早日与读者见面。

及至退休，杨建文看似半脱离了以往的研究生活，却并未停止思考。交谈中，他表现出一种对于人类和未来的关切，例如他从马云的"无人超市"，谈及了在这个人工智能蓬勃发展的年代，我们该何去何从等话题。杨建文指出，人工智能的过度超前发展必将影响我们的正常生活，因此必须加以引导和限制。对于目前在高校中颇为流行的《人类简史》与《未来简史》，杨建文也表现出相当的阅读兴趣。

采菊东篱，悠然晚年

退休后的杨建文不再将学术作为全部的生活重心，开始了自己安逸却并不清闲的老年生活。热爱中国古典文化的他对于现代科技新鲜事物也是颇有热情，以楚岩为笔名用手机软件"美篇"进行了不少创作。采访刚开始的时候，杨建文教授很高兴地与我们分享了他的一篇美文《柳絮诔——悼陈晓旭》。他还用心地给这篇文章配上《葬花吟》的应景歌曲。同贾宝玉为晴雯所作的《芙蓉女儿诔》一样，这篇《柳絮诔》，无限惋惜，字字含悲，读罢令人心情久久不能平静。中间还引用了黛玉当年所作的《唐多令》——"哭粉堕百花芳洲，泣香残燕楼玉砌，怨嫁与东风春不管，叹今生谁舍弃谁收取？终只能荷锄葬花，一任香冢埋软系；待到春尽红颜老，唯长歌当哭，伤游丝，悲落絮"。此外，杨建文的微信朋友圈里还有《秋望》《奔马与飞云》等有意思的美篇，语言或诙谐幽默或含蓄委婉，既有时事劝诫又有诗词歌赋。

2016年底，由杨建文及其好友何新文主编、以文学院古代文学学科名义编撰的第二本纪念文集《琴园弦韵》由湖北人民出版社正式出版。该部纪念文集共分为四个部分。其中"先贤行状"部分以严谨求是的态度向读者介绍了我校朱心佛、李悔吾、张国光、曾昭岷、刘道恩、傅祥凤、韩珉、王陆才八位已故古代文学学科前辈厚重可感的人生历程；"后学心语"部分通过时人后学撰写的关于八位先辈的30篇回忆文章，文情并茂地再现了先贤传道授业、潜心治学的景况，同时亦表达了后辈难忘师恩的真挚情感。

杨建文教授参与主编的《琴园弦韵》

【走访后记】

7 月下旬，通识教育学院"学子访学人"走访小组在文学院办公室对杨建文教授进行采访。杨教授对我们的走访非常支持和欢迎，并结合自己多年的生活经历和治学经验与走访小组成员进行了轻松愉快的交谈。

杨建文教授追忆了自己的青春岁月，向我们讲述了自己在学习阶段发生的趣事，引得我们一阵欢笑。与杨教授交谈的过程中，我们一行人无不从内心感受到他极富乐观豁达的人生态度。当谈到如今大学生对学习应保持怎样的态度时，杨教授结合自己多年的治学经验，语重心长地对我们说："学习贵在质疑与思考，不要盲目迷信权威，要大胆质疑，认真思考，小心求证，才是当代大学生在学习中应有的态度。"

杨建文教授（右二）与走访学生合影

两个多小时的访谈让我们一行人收获颇多。几十年的人生经历赋予了杨建文教授乐观豁达的人生态度和丰富的治学经验，他不仅教导我们学习需质疑思考的精神品质，而且教会我们正确看待世事的态度。这些谆谆教导，让我们深感受益。

走访杨建文教授及本文成稿过程中，得到了离退休工作处、通识教育学院、文学院有关领导和老师的大力支持和帮助，在此一并致谢。

走访学生团队：

通识教育学院 2016 级汉语言文学专业　杨彪

通识教育学院 2016 级汉语言文学专业　汪韵霏

通识教育学院 2016 级新闻传播学专业　雷鑫雨

通识教育学院 2016 级新闻传播学专业　余紫欣

（指导老师：刘阳卓）

张洪涛：
坚持产学研相结合的化学专家

张洪涛教授近照

张洪涛，1942年2月生，湖北大学化学化工学院教授。曾任湖北大学化学系研究员，硕士生导师，武汉粘接学会秘书长，《胶体聚合物》杂志副主编。长期从事高分子化学、胶黏剂、涂料化学、精细化工、有机合成及化学工程方面的教学和科研工作。享受国务院政府特殊津贴，荣获湖北省有突出贡献的中青年专家称号，曾赴美国 Akron 大学进行合作研究。2010年晋升为二级教授。

主持国家重点攻关项目两个、国家自然科学攻关项目三个、省级科研项目七个。在国内外重要科技期刊上发表论文100多篇，有30余篇被 SCI 或 EA 收录，其中20余篇获省、市及学校优秀论文奖，五项科研成果获国家级、省级奖项。编写出版化学类著作有《乳液聚合新技术及应用》《聚合物胶乳配方与应用》《胶黏剂助剂手册》等六部。

厚积薄发的求学路

1960年，19岁的张洪涛考入武汉大学化学系，在三年自然灾害、大学生上山下乡活动等不利因素的阻碍下，历经六年的学习，于1966年毕业。回忆起那段艰辛的大学时光，张教授说道："当时的条件非常艰苦，三年自然灾害期间，老师学生每天的温饱都是问题，那时候我们每天只能上半天的课。大部分时间交由自己支配，主观能动性尤为重要。"

20 世纪 60 年代，农林类专业炙手可热，而在化学、高分子材料领域，国内的技术几近空白，想要自学却苦于没有资源。"当时我们想尽办法才能找到几本化学类杂志，这些杂志大部分都是国外出版的英文杂志。"张洪涛教授说道，"现在你们从小学习英语，但我们从小开始学的是俄文。看化学期刊时，语言对我们来说是个大难关，英语都是后来自己边看书边查字典学来的，用今天的话来说，我学的是哑巴英语，只会写不会念。"把课堂上讲授的知识作为基础，不断通过各种途径给自己充电，

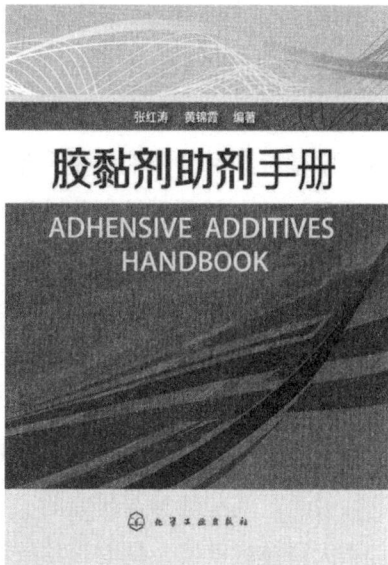

张洪涛教授编著的《胶黏剂助剂手册》（2014）

是一个科研类学生应有的素养。张洪涛回忆说，在武大六年的学习生活中，自己最大的收获就是掌握了化学学习应具备的"三基本"：基本理论、基本知识、基本技能。他说，如果把知识比喻成建造楼房，大学学来的知识相当于是根基，它是最简单最基础的，虽然仅仅只局限于它是远远不够的。但作为根基，它对今后的学习都有很大的影响，就像大楼的根基打不牢，再华丽的装饰也只是华而不实。

科研服务生产一线

谈起工作经历，张洪涛教授的经历可谓丰富多彩。祖国的大江南北几乎处处留有他的足迹——甘肃、湖南、北京、武汉等省市的国家石油基地他都去过。"其实我就是个工人。"张教授这样评价自己。搞科研，能把学到的东西更好地用于指导生产生活、便利百姓，是科研存在的最大意义。因此，只有接近生产第一线才能更明了地掌握科研方向。

从参加工作至退休，张洪涛教授数十年如一日地坚守在科研第一线。1976 年，他带领小组，主持国家"五五"重点科技攻关项目"五硫化二磷深液下投料工艺研究"；1978 年主持武汉市科委"非镍金属阳极开发研究"；1981 年参加葛化集团"三氯氰尿酸的合成及应用研究"并于 1986 年获武汉市科技进步三等奖，

"TGIC 中试"于 1994 年通过省教委鉴定；1986 年参加并负责国家"七五"重点科技攻关项目"织物印花胶基础研究及新产品开发"；1994 年参加并负责国家自然科学基金项目氧化还原低温引发微乳液聚合机理的研究；同年主持湖北省自然科学基金项目"功能性复合聚合物乳液研究"；1997 年主持省教委 97 重点攻关项目"PUA 复合乳液织物涂层剂"；1998 年研究超浓乳液制造 IPN 粉状树脂；1999 年主持国家自然科学基金项目超浓乳液聚合机理的研究；2001 年，在湖北省重点实验室研究"微米级聚合物均球的合成及性能研究"项目；2003 年主持国家自然科学基金项目"氧化还原低温引发超浓乳液薄层聚合及成型一体化的研究"。另外，还与工厂合作负责多项产品的开发研究。

"工厂，对于我来说，永远都是科研第一线，生产的原动力。"张洪涛教授这样说道。其中他参与研究的"织物印花胶"项目获国家计委、国家科委、财政部重大科技成就奖，同时该项研究还荣获国家科技进步三等奖、湖北省科技进步一等奖；该项研究所著论文获湖北省自然科学三等奖。从事科研工作的同时，张教授还不忘给自己不断"充电"：国际权威的 CA 化学杂志，他一本不落地仔细研读过，"我们要做，就要做到最好"。

谈及长期奔波的生活感受时，张教授笑着说："个人需求要服从国家需求！学习知识就是为了更好地建设国家。"他坦言，这么多年在各个工厂学习考察的

张洪涛教授编著的《聚合物胶乳配方与应用》（2008）

张洪涛教授编著的《乳液聚合新技术及应用》（2007）

经历，正是自己技能增长最快的阶段——生产、教学、科研相结合的教育才是最好的教育。

退而不休笔耕不辍

退休后的生活是不是会轻松很多？说起自己的退休生活，张洪涛教授略有些腼腆地笑了："哪有什么业余爱好啊，就想着能把自己知道的这点东西分享给更多的人。"

张洪涛的妻子黄锦霞主要从事有机化学研究领域，志同道合的两人退休后便商量着一起出书，把自己的知识与心得感悟分享给更多的人，为后继者研究提供便利。从 2007 年开始，两人前后合作编写出版了六本化学类书籍：《乳液聚合新技术及应用》（2007 年）、《聚合物胶乳配方与应用》（2008年）、《绿色涂料配方精选》（2010 年）、《水性树脂制备及应用》（2011 年）、《涂料配方设计与应用》（2013 年）、《胶黏剂助剂手册》（2014 年）。

谈起这么多年来马不停蹄地科研、著书，张教授总结道，能支撑自己一路走来的其实就是一股劲头，一股认准一个目标就朝着这个目标努力的毅力。抓住一个方向后，就要专注于这个领域，然后放眼世界，掌握国内外的学术动态，正所谓"知己知彼"，方能"百战不殆"。唯其如此，才能在学术的道路上找到方向，不会迷失自我。

张洪涛教授编著的《涂料配方设计与应用》（2013）

悉心家庭与国事

张洪涛教授也是"暖男"一枚。言谈话语间，张教授时不时会流露出对妻子的关心与照顾。说起两人的经历，他有些羞涩，"时机很凑巧，我们是大学同学，参加工作后虽然分开了，但兜兜转转的我又跟她来到了同一个地方，也许是一种缘分吧。"

退休后的合作著书也是和谐生活的小缩影。回忆起出书的这段经历，张教授说："几乎是每年一本书的频率，这种工作强度对于我们两个老年人来说的确是很大，老伴的身体状况本身就不是太好，所以 2014 年出完第六本书后，我们决定是时候该停一停脚步、留点时间给生活了。"

不仅在生活中对家庭悉心照顾，张教授对于国事也很是关心，《人民日报》刊登的新闻他每天每篇都会精读。在和大学生交谈时，他经常拿国际局势与国内局势作比较，增强学生的民族自豪感与爱国意识；他也会经常向学生解读国内政策——反腐和扶贫政策是真正的惠民政策，因此当今社会是最好的时代。以此劝诫学生珍惜美好时光，尽可能汲取正能量的科学文化知识，武装头脑，增强本领，为实现中国梦贡献力量。

【走访后记】

初次见到张洪涛教授时，天气有些微凉。他衣着有些单薄，话语却十分铿锵有力，手中的《人民日报》格外引人注目。不论走到哪里，不论电子多发达，都代替不了报纸给人的真实感。交谈中，我们发现张教授是个极其低调、严谨且正能量十足的人。他的谦逊首先体现在他对于自己累累学术成果看得云淡风轻，总在说"最后也没有什么特别大的名堂"，更多关注的是自己做科研过程中的感受与心得。

张教授的严谨同样体现在他对于学术的那份专注，或者说是执念，那种为了一个目标可以坐穿冷板凳的精神。他强调，学习不能一味盲目地接受别人的思想，

张洪涛教授（中）在接受学生访谈

学习重要的是去思考，看看同样的事情我有没有什么新的看法，从不同的角度去看同一个问题会有不同的收获。同时，"对待学术切忌东一榔头，西一棒槌，找准一个目标就认准这个目标，做到极致才是学者应有的素养"。

张教授的正能量体现在那份强大的民族自豪感与爱国主义精神。结合国内外形势、改革开放特别是党的十八大以来中国的发展变化，他矢志不渝地相信中国特色社会主义社会散发的活力，坚持个人需求服从于国家需求，始终以国事为重的观念。他对待学术和生活的精神深深地鼓舞着我们，也让我们更加明白大学生活的意义与自己的奋斗方向。我们团队深感此次走访不虚此行。

走访张洪涛教授及本文成稿过程中，得到了通识教育学院、离退休工作处、化学化工学院有关领导和老师的大力支持和帮助，在此一并致谢。

走访学生团队：

通识教育学院 2016 级人力资源管理专业　李若瑾

通识教育学院 2016 级软件工程产业计划班　王晨旭

通识教育学院 2016 级软件工程专业　毛维杨

通识教育学院 2016 级计算机科学与技术专业　沈昕

（指导老师：姚凯彬）

吕志鲁：
译扬节，诗颂情，语言通揽中与西

【题记】

通识往译中英文，达观笑谈古今闻。

一尺日报门旁放，七旬教授仪表堂。

吕志鲁，1944 年 9 月生，湖北武汉人，湖北大学外国语学院教授。武汉大学英国语言文学专业毕业，曾任国务院外事办公室储备译员，曾在澳大利亚南昆大学任教。1971—2005 年任教于湖北大学，历任高年级教研室主任、外语系副主任、外语学院副院长等职务，学术专长为翻译理论与实践以及英汉语法对比、诗歌翻译研究。一生著书六部，完成科研项目两项，在《中国翻译》等刊物发表论文 20 余篇，代表作有《英汉语法对比分析》《英语爱情名诗选译》等，对相关领域产生了较大影响。

吕志鲁教授近影

年少：怀揣文学心

"辛亥革命一声炮响，炸开了家门旁的储油罐，暗夜中顿时火光冲天。我的父亲就出生在 1911 年 10 月 10 日晚硝烟弥漫的汉口，故取名为吕兵。"访谈开始，吕志鲁教授回忆起了自己的父亲。这一声炮响是资产阶级革命派对腐朽的清王朝封建统治的反抗与摧毁。动乱且复杂的时代背景也深深影响了幼时的吕志鲁，在他出生前，武昌已是中西兼容、洋人霸凌的地界。《马关条约》等系列不平等条约的签订让外国人在武汉办厂经商变得合法化。

来来往往的外国船只和货轮不断穿行在长江上，祖祖辈辈劳作于江滩旁的船工、早起摆摊的老大娘都讲着一口不很地道的英语。吕志鲁的童年就在普通话、方言和英语交织的语言环境里度过，受到潜移默化的影响，为他之后的外语学习打下了基础。

吕志鲁的兄长是搞无线电的，他希望吕志鲁也学工科。兄长教导他说"学会数理化，走遍天下都不怕"。但吕志鲁仍坚持学文，说自己没兴趣学理，强求也不行，兄长却回了一句"兴趣是可以培养的"。最后吕志鲁仍然坚持初心，第一志愿报考了武汉大学的文学系。

吕志鲁教授译著《英语爱情名诗选译》

1963 年中苏关系破裂，全国学俄语的热浪退去，英语成为新宠，以往教俄语的老师纷纷"转行"改教英语。"我的高中很特殊且很罕见地开设了英语课程。当时国内英语人才极其短缺，武大招生办的老师了解到我学过英语，就直接将我安排在外国语学院英国语言专业学习。我本身就喜欢文学，学习外国文学也是不错的选择。"由此，吕志鲁怀着浓厚的兴趣投入到英语文学的学习。

大学：学贯中英语

"当时学习英语的人很少，武汉大学两个班一共只有 48 个人。学校为英语专业学生的宿舍都安装了喇叭，广播里每天定时播放英语听力，我们就是在那样的条件下学习英语。"吕志鲁教授饶有兴致地回忆起自己大学时的听力训练学习。他认为，学英语首先要树立起信心与勇气，兴趣是最好的老师，有了兴趣记诵就有促进作用。"那时我们学英语都遵从一个原则：No English，No answer。所以当时的生活环境就是逼着去练习，循序渐进，增强学习自信心。"

20 世纪 60 年代的中国处于政治动荡的年代，当时上大学的吕志鲁也经历了一些波折。1963 年，刚上大学不久的青年就被当作国家干部，由省委干部带头下到乡里搞"四清运动"，专业学习也受到了很大影响。吕志鲁去了一个学期后，1965—1966 年"文化运动"就开始了，一直到 1968 年毕业被安排在广东汕头的部队接受改造，三年后的 1971 年才得以回乡任教。但吕志鲁始终没有放下英语学习和练习，"因为外语毕竟不是长期使用的语言，如果放任不去巩固，曾经下的再大的苦功夫，到头来都会是一场空。"

针对英语口语学习，吕志鲁教授认为，必须肯下苦功夫，敢啃硬骨头，一天也不能懈怠，日积月累下来才能有收效。在大学里，他随时随地记诵单词句子，阅读速度越快，就读的越多，如此形成良性循环。"想说好一口地道的英语，还必须多听敢说。"他认为，要学就要学地道的口语，包括神态和语速，讲起来就要讲地道的英语，这就同时要求提升自己的观察能力。在学习过程中，除了天资与幼年时期环境的熏陶外，吕志鲁更看重后天的勤奋努力。

吕志鲁教授主编的《翻译应试指南》

当年在武汉大学最珍贵的圣地是图书馆，那里有浩瀚的藏书典籍，为吕志鲁的学习提供了很好的素材。他随时随地，边看边记，如此下来，终于达到融会贯通的效果。

治学：坚守译者心

吕志鲁教授一生研究涉及语言学、外国文学等多方面，形成了自己独到的见解和体系。"翻译学方面有很多存在争议的地方。我的观点和很多人的观点都不一样。翻译方面，我不赞同逐字逐句的翻译，要切合背景整体翻译，曾经有些人将'like stone'直译为'像一块石头'，而我坚持把它翻译为'坚如磐石'。"翻译译文亦译心，此刻吕教授双眸坚定，我们看到了一代文学气质的翻译宗师内心的坚守。

在语法学的研究方面，吕志鲁教授主张内容与形式结合。有很多语言学家却认为，形式就是形式，内容就是内容，泾渭分明。但吕教授认为，现代汉语语法没有英语语法那样简单，现代汉语语法研究最好将形式和内容结合起来，而其中的内容也只有得到一定的拓展才能起到顶梁柱作用。

在治学科研方面，吕教授始终秉持思辨态度和怀疑精神，本着"没有任何真理是颠扑不破的"理念去搞科研，以自己的眼光、能力和胆量，走自己的路，敢于向公理和权威挑战。他坚持认为，要在自己搞懂的情况下，还可以让他人看懂，要说出他人想说却由于种种原因没能说出来的话。"比如有一次我把《皇帝的新衣》用诗歌的方式翻译呈现了出来，不同的文体，它呈现的主题就比较鲜明了。后来就有人和我说，呀！这个方式我也想到了，只是你比我先写出来了。"

在生活中，吕志鲁教授只要有想法，就大胆把它写出来，敢于尝试难题，用他的思维分享出来从而为社会发展做出贡献。他非常尊重有才华的人，曾经去听很多其他专业优秀教授讲课，从他们的思维找到灵感和启发，从而为自身科研提供新思路、新方法。正是因为这种不走寻常路的探究精神和态度，吕志鲁教授在从事翻译理论与实践时独树一帜，取得累累硕果。

教学：创新求真理

在长达 31 年的教学生涯里，吕志鲁教授不仅带了一届届湖大的学子学习英语，搞科研项目，还教了不少外国学生学习中国传统文化。

吕志鲁教授从部队当兵回来后就被派往湖北大学当讲师，后来去了澳大利亚教学。澳洲自然风景优美，空气清新，地广人稀，他与当地人交流也没有困难，教学时以教授身份授课，学生们思维也很活跃，爱问问题。但他还是不喜欢待在国外。一年后回国下飞机的一刻，吕教授就闻到了本土芬芳的泥土气息，那时他就再也离不开这片钟爱的热土。回国后直至 2005 年退休，他一直在湖北大学任教。

吕教授教学生涯中有很多让他感到自豪的学生，"不论他们是天资聪明或是后天培养，从他们发表的英文作品都能看出来他们在学习中有开拓性思维，这样的学生发展还是不错的，有的还在武大、华师当博导"。说到这里，吕教授脸上露出了欣慰而自豪的笑容。

吕教授说，"至于教外国人学中文，要想最大程度化解文化之间的分歧，就要求教师的英文底子必须扎实，可以做到用翔实的语言去

英汉语法对比分析

A COMPARATIVE ANALYSIS OF ENGLISH AND CHINESE GRAMMAR

吕志鲁 著
电子科技大学出版社

吕志鲁教授著作《英汉语法对比分析》

15

营造特定的氛围，带入一定的情境，从而打破语言带来的障碍，让学生学起来毫不费力，老师教得也越来越带劲。"

【走访后记】

在访谈中我们了解到，吕志鲁教授退休后很注重调节身体。他根据古书记载的养生之道练就了一套独门"气功"，通过调整呼吸方式，用小腹吐纳气流，长此以往，以前饱受困扰的胃病都解决了，退休至今甚至连感冒都没有患过。如今已到古稀之年的吕志鲁教授，力量虽然会减弱，但思维还是很活跃，与我们交谈显得神清气朗。

走访吕志鲁教授的过程轻松而愉快。面对我们青年学子，他认为新青年的想法独特，其创新能力不可预估，其前途亦不可限量。"我主张青年人敢于突破前人，坚守本心去铺就自己的锦绣前程。"吕教授如是说。谈及当今大学生如何学好英语口语，他结合自己亲身经历建议我们："在路上遇到了外国人，方便的话你们尽可以大胆地走上前去打招呼，即使英语说得不好，外国人也能听懂，他们是非常乐意与你们交谈的。"吕教授对我们关怀备至，令人感动。

走访吕志鲁教授及本文成稿过程中，得到了离退休工作处、通识教育学院、外国语学院、数学与统计学学院有关领导和老师的大力支持和帮助，在此表达最衷心的感谢。

最后，我们走访团队集体为吕志鲁老师作诗一首：

> 良师益友，诲汝谆谆，笔墨湖大，纵横挥洒。
> 学贯中西，含英咀华，文史大雅，古今贯通。
> 焚膏继晷，旁搜远绍，如切如磋，如琢如磨。
> 其心雄，其志嘉，其译雅，其情诚，吕志鲁是也。

附： 《迷失的季节》

吕志鲁

应时荷花满园绽放
鲜红雪白艳丽皎洁
忙乱了辛勤的蜜蜂
搅扰了悠闲的蜻蜓蝴蝶

凉爽的清风习习吹拂

芦苇花草起舞摇曳

和煦的阳光躲躲闪闪

温润的细雨停停歇歇

水边徜徉的秋仙子早早赶来助兴

林中盘桓的春姑娘迟迟不愿道别

慵懒的夏女神独自安眠

武汉沙湖迷失了季节

吕志鲁教授与走访学生团队合影

走访学生团队成员：

通识教育学院 2016 级信息与计算科学专业　和诗雨

通识教育学院 2016 级应用统计学专业　马铂尧

通识教育学院 2016 级汉语国际教育专业　王雯琪

通识教育学院 2016 级数学与应用数学专业　汪悠然

通识教育学院 2016 级数学与应用数学专业　张荣嘉

（指导老师：陈冰）

陈怀新：
蚕蛹综合开发应用研究专家

【题记】

雍容敦厚，一丝不苟；儒雅祥和，诲人不倦。

陈怀新，1940 年 12 月生，又名陈怀兴，别名陈中茂，湖北蕲春县人，湖北大学生命科学学院教授。1965 年毕业于武汉师范学院化学系并留校任教，1969—1972 年在湖北省文教局教材编写组工作。曾任湖北大学生命科学学院系副主任、教研室主任、生物化学与分子生物学硕士研究生导师。主要研究领域为蚕蛹综合开发应用，获得多项研究成果。承担过省科委重点研究课题多项，在省级以上刊物上发表论文 50 余篇；参与编写供本校学生使用的《生物化学》《有机化学》等教材，是全国和湖北省生化学会会员。

平生不好其他事，尽把韶华付研究

陈怀新教授虽已 77 岁高龄，但当他走进会议室时，跃入我们眼帘的却是一位精神矍铄的白发老者。我们询问起陈教授平时的生活爱好，得到了一个让我们略感意外的答案："没什么爱好，就是喜欢搞研究。"

的确，在陈教授 70 多年的人生路上，治学与研究是其中的主旋律。1965 年，他毕业于武汉师范学院（湖北大学前身）化学系，毕业后转入了更感兴趣的生物化学系，用化学的方法研究生物。"化学专业是我的本行，生化是把我的化学内容结合在生物里面的新型学科。"谈到自己的研究方向时，陈教授这样解释道。

但因为一些狭隘的观念，陈教授具体从事的应用生物化学领域却一直承受着其他学科的偏见："在我们学校也好，在别的学校也好，老师们都有这个观念，即'搞应用研究比搞理论研究好像要低人一等'。"然而学科是不分贵贱的，研究领域更没有高低之分，有的只是一分耕耘，一分收获。对于倾注了自己心血的事业，陈怀新教授当然容忍不得这种偏见，"会议上我都跟很多老师争论这个问题，你搞理论研究，没有硬件与工作经验是不行的。"

陈教授不仅在不同场合多次发声，更是脚踏实地地在应用生化领域做出了卓越的贡献，为国家和社会创造更大的经济价值，以实际行动赢得尊重和地位。最终凭着言辞恳切、有理有据的发言与硕果累累的事业，终于使得其他老师对应用领域也重视起来，逐步提高了应用生化学科的地位。而这些"仗义执言"既是出于陈教授身为学者的担当，更是出于对应用生化学科的热爱。也只有真正热爱一项事业、投入到这项事业里的人，才会像陈教授这样，勇于承担起为这项事业"代言"的责任。

千淘万漉虽辛苦，吹尽狂沙始到金

要了解陈怀新教授的研究成果，就绕不开"柞蚕蛹的综合利用"。在他的这项研究成功之前，蚕蛹主要是用作食物，但人体不容易分解其中的营养成分，使得蚕蛹的利用效率极低，更多的蚕蛹资源被白白浪费掉了。陈教授在罗田、英山考察的时候，目睹了富含蛋白质的蚕蛹被弃置水沟里发臭的景象，于是萌发了从蚕蛹中提取人类易于吸收的营养成分的想法。

但想要将想法转化为现实其过程却困难重重。在 20 世纪 80 年代的中国，关于这项研究的设备几乎没有，这从侧面反映出了陈教授的远见卓识，但同时也意味着如果陈教授想要在这个领域开垦先河，就需要白手起家，自己设计制造出需要的实验设备。"工业放大既要有钱、有资金，同时设备也是要自己的。"困难自然重重，陈教授不仅没有退缩，反而迎难而上，自己设计出了真空负压等一系列实验设备，填补了中国在这个研究领域的空白。

回忆起当时的研究情景，陈教授笑着说："蚊子多得不得了，一些原材料时间长了也臭，不仅自己受不了，别人也

从蚕蛹中提取蛋白质获突破

■信息荟萃

一直被认为无甚用处的桑蚕蛹，终过湖北大学陈怀新副教授近 10 年的潜心研究，终于从中分离提取出大量蛋白质、蛹油、甲壳素等高价值物质。

今年 7 月 25 日，由陈怀新副教授主持的省重点科技项目"桑蚕蛹综合利用新技术"通过省部级鉴定。专家们认为，这项加于 1988 年的研究，达到了国内领先水平。

研究表明，15000 吨鲜蛹所含蛋白质相当于 12750 吨瘦猪肉，所含油脂相当于 6968.7 吨大豆，甲壳素则可广泛用于医学、食品加工、环保、高新材料等领域，用来制造人造皮肤、人造肾膜、防水衣、食品保鲜剂等产品。

陈怀新副教授和他的科研小组，探索出一套提取成本低、提取质量好、适合工业生产的综合分离提取技术。运用这种技术制备的食用蛹蛋白质，清白无蛹疑，其蛋白质含量高达 98%，蛹油、甲壳素提取率分别可达 98%、70%，剩下的废被还可培养光合细菌，用于农业生产。

据测算，目前我国年产鲜蛹在 20 万吨以上，将该分离技术投入运用后，1000 克鲜蚕蛹可得到 350 克蛋白质、230 克蛹油、20 多克甲壳素，其市场价格要比鲜蛹高出 3 倍以上，经济效益相当可观。□

（张小燕 栗爱平）

《农家顾问》1997 年 10 期报道陈怀新科研成果

有意见。"但也就是在这种艰苦简陋的研究环境中，他顶住压力，醉心研究，终于完成了"榨蚕蛹的综合利用"研究项目，从蚕蛹中成功提取出了甲壳素、蛹油、蛋白质等一系列营养素，并由此创造出了巨大的经济价值。

沉心研究自己热爱的事业，再将自己的研究成果转化为对社会做出的贡献，这是作为学者梦寐以求的追求，而陈教授将这个梦想转化成了现实。在其后的一次黑龙江"秋季国际交流会"上，陈教授的成果吸引了来自俄罗斯、日本等多国专家的兴趣，在交流会上大放异彩。当年只成交了两个项目，其中一个来自中科院动物遗传所，另一个就是陈教授的"榨蚕蛹的综合利用"。

三尺讲台育桃李，四秋春秋谱丹心

虽然陈怀新教授一生都投入在科研之中，但他一直以一位人民教师自居。他数次提到一个观点：搞科研的可以不用是老师，但高校老师一定得搞科研。虽早已离开三尺讲台，但陈老仍关注着学生的发展，诲人不倦，仍想尽力帮助我们这样一批又一批的学生，为湖北大学的教育事业继续添砖加瓦。教书育人，早已深深烙进陈老的心中。

在交流中，陈教授也与我们分享了他的多位优秀学生的先进事迹。他用中科院院士、华东理工大学副校长刘昌胜教授的事例告诉我们，即使基础薄弱，也可以通过后天的努力进行弥补，只有历经艰辛，方能收获成功；他用美国艾滋病研究中心次席科学家、美国乔治梅森大学终身教授吴云涛的事例告诉我们，好的人品和性格对于科研工作和未来发展同样重要；他用哈佛大学终身教授蔡传奇的事例告诉我们，家庭条件不是影响我们发展的借口，面对事情的态度将决定我们一生的走向。

这些优秀校友的事迹，既是陈怀新教授的谆谆教诲，更是他教书生涯的累累硕果。赤诚的园丁一生，终换来桃李满园。

【走访后记】

陈教授平静地讲述着当年的故事，眼神里闪烁着慈祥和对我们的期盼。岁月可能会将黑发催成白发，但永远也改变不了陈怀新教授醉心学术、教书育人的赤子之心。与陈教授的这次交流让我们深深被其宽广的胸襟与不变的初衷所感染。我们定会牢记陈老的教诲，继承和发扬陈老立志高远、不畏艰苦的科研精神与勤勤恳恳的育人之心，矢志不渝，时刻自勉，向那些优秀的前辈看齐，为世界的科研贡献出自己的一分力量。

走访陈怀新教授及后期成稿过程中，我们团队得到了老师们和辅导员的亲切关怀与鼓励，感谢通识教育学院、离退休工作处、计算机与信息工程学院、生命科学学院的领导与老师们给予的大力支持和帮助，在此表达我们最衷心的感谢。

最后，谨以曹操《步出夏门行》诗句赠送给陈怀新教授：

老骥伏枥，志在千里；烈士暮年，壮心不已；

盈缩之期，不但在天；养怡之福，可得永年。

陈怀新教授（前排左二）与走访学生合影

走访学生团队成员：

通识教育学院 2016 级播音与主持艺术专业　范琦琳

通识教育学院 2016 级物联网工程专业　朱天放

通识教育学院 2016 级通信工程专业　梁玥滢

通识教育学院 2016 级电子信息工程专业　邹鹏

通识教育学院 2016 级电子信息工程专业　胡刘磊

（指导老师：李天野）

乐传新：
治学严谨的物理哲学学者

乐传新，1942 年 4 月生，湖北黄陂人，解放初期随家迁入黄石市。湖北省优秀教师（1994 年），主要研究物理学的哲学问题，如爱因斯坦的相对论和量子力学等方面。华中师范大学物理系毕业，1966 年参加工作，曾担任长江日报社理论编辑，1978 年 2 月到武汉师范学院（湖北大学前身）政治系工作，2002 年 8 月退休后担任湖北大学老年协会哲学学院分会会长，2002 年 12 月当选武汉市自然辩证法研究会理事长和湖北省自然辩证法研究会第五届理事会副理事长。在《国内哲学动态》《自然辩证法研究》《哲学研究》《湖北大学学报》《江汉论坛》《德国哲学》等公开发表数十篇学术论文，纠正了学术界在相对论时空观、因果观等方面的一些错误哲学观点，产生了一定影响。有多篇文章获评为优秀学术论文，其内容也为自然科学和科技哲学提供了不少独特的思维方式和新颖的哲学观点。

与哲学的美丽邂逅

乐传新教授出生于一个工人家庭，从小就受到了良好的教育，对共产党和毛主席有着深厚的阶级感情。在校时表现优异，他既是党章学习小组的负责人，又是学习雷锋精神积极分子。

1966 年从华中师范大学物理学专业毕业后，乐传新教授本将前往当时的北京国防工业部七机部，从事军事科技研究工作。然时不逢机，"文化大革命"在这一年爆发了。中央颁布"516 通知"，随即，教育部也下发文件，决定对毕业生进行统一分配。于是，原分配计划取消，而乐传新教授则被分配到了长江日报社担任编辑。乐教授回忆说："自己当时也是觉得非常不可思议。我是个学物理的，满脑子都是 x、y、z 一类的数理公式。但是没有选择，只能适应环境，便接受了新闻理论编辑这份工作。"可以说，"文化大革命"改变了乐教授的人生轨迹，也为他日后潜心研究哲学提供了良好契机。

在报社工作的 11 年时光里，乐传新教授勤奋努力，始终对新闻编辑保持严谨认真的态度。没有文科生的文笔，他坚持不懈地练习写作；没有扎实的文学功底，他通过大量阅读来弥补。当别人享受假期的悠闲时，他却忘我地沉浸在阅览室的书海中，边阅读书籍边做着笔记，反复研习书中内容，然后将学习成果运用到工作和具体实践中，基础知识和编写功底日渐扎实。

期间，乐传新教授有机会接触到了哲学并逐渐对其产生了浓厚兴趣，他广泛涉猎《马恩选集》《列宁选集》《马恩全集》等在内的各类哲学名著。有一次，武汉市委宣传部理论处到报社询问有关马克思原著的问题，其中问到"协作产生新的生产力"这句话的出处。恰好当时乐传新教授在潜心研究《资本论》，便从容地给予了解答。也是在那个时候，乐传新教授了解到很多报纸刊登的文章对马克思主义原理的一些理解是有误的。于是，他便从原著出发，纠正了不少错误。凭借着对学习哲学的热忱和从事理论编辑工作时打下的基础，他将物理学与哲学相结合，开始向自然科学哲学方面发展。这便是乐教授与哲学缘分的由来。

严谨治学广育桃李

1978 年 2 月，乐传新教授转入武汉师范学院政治系工作，从此开启了哲学研究的大门。通过深入的哲学学术研究，他深刻领悟到哲学学科的重要性。

乐传新指出，"自然科学的研究，没有正确的方法、没有正确的思维方式是研究不下去的，而哲学便是为自然科学的研究提供世界观、方法论的指导；而自然哲学则是哲学的基础，没有自然科学做基础，现代西方科学哲学是无法进行教学的。"国外比较注重哲学和自然科学的结合，但在国内人们常常把两者割裂开来。

谈及哲学，不少人对其有着深深的误解，甚至对有"学科之母"之称的哲学不屑一顾："学了哲学有何用？""以后出来干什么？"他们常常这样问，仅仅将目光集中于学科即刻的实用价值，但乐传新教授却从哲学的深远影响出发，深刻认识到了哲学学科的重要作用。他说："爱因斯坦相对论的提出并非在于他所学习的物理知识，而是因为他的哲学知识。现在国内许多人都对哲学问题不了解，现在的科学技术要想发展，没有哲学思维方式、没有正确的先进的思维方法是不行的。如量子力学中蕴含着许多哲学问题，现在的量子力学的发展处境艰难，究其原因就在于思维方式突破不了，需要有新的哲学思维方式。"

乐传新教授治学严谨，敢于进行学术批评并坚持自己的原则。他勤恳治学，即便退休之后仍研究不止，尽己之力纠正自然科学哲学方面的问题。他说："做学问，需要有认真负责的态度，一是不要不懂装懂，二是不能凭借其他的材料而不靠原著就随意批评别人。"

行如其言。当在《国内哲学动态》上看到一篇"无论是物理知识还是哲学知识皆为'满纸荒唐言'"的文章时，乐传新教授立刻撰文逐条指出其中的错误。当了解到有一个博士生在批驳他人文章观点时引用二手资料，结果出了很多问题，闹了不少笑话时，撰写论文《必须科学地评价相对论时空理论》（1992年12期），纠正其错误。乐传新教授还到北京去拜访杜林《哲学教程》的译者（曾担任《哲学译丛》主编），从原著中弄清了困扰自己多年的一个问题，即我国哲学家长期以来将杜林的空间观弄错了，明明杜林从非欧几何出发，主张"空间无界"（但有限），而中央高级党校编的《〈反杜林论〉提要和注释》中却说"杜林主张空间有界"，实为分不清空间无限和无界、有限和有界的区别，更为重要的是杜林原著当时尚未传入我国，据译者讲是他第一个将杜林的《哲学教程》带入我国的。可见不根据原著，会造成讹传。为了纠正哲学家的错误观点，乐传新教授撰写了《论空间的无限性和无界性——兼论杜林"有限无界"的空间观》（《哲学研究》1999年第10期）。国内有所著名大学也被乐传新教授这种治学精神所触动，曾邀请他前去任职，但他出于对湖北大学的一腔热爱，最终留在了这片他扎根的土地上。

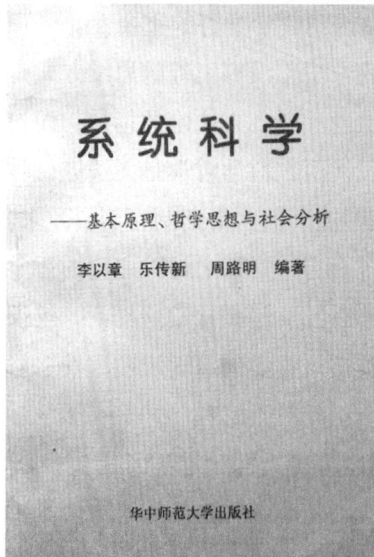

系统科学
——基本原理、哲学思想与社会分析
李以章 乐传新 周路明 编著

华中师范大学出版社

乐传新教授参编的系统科学教材

乐传新教授在相对论时空观方面的研究造诣颇深。1987年，我国哲学权威学术年刊《中国哲学年鉴》用800余字对乐传新教授《相对论时空理论评价探讨》（《哲学研究》1986年第10期）的论文进行了介绍，纠正了我国哲学届在阐述相对论上的错误，后为哲学著作和论文多次引用。

作为学者，乐传新教授认真负责、敢于批判；作为师者，他在教学中亦是严谨求实、诲人不倦。

湖北大学哲学研究所转为学科性学院"哲学学院"后，乐传新教授便开始了他的教学生涯。

针对本科生和研究生，乐传新教授采用不同的教学方法。他表示："本科是打好基础的关键阶段，对于本科生，主要按照教学大纲来进行教学。而研究生经过了本科基础知识学习后，需要了解一些前沿的热点问题，我会针对这些热点与学生进行讨论，调动他们的思维，增加他们的活跃度。"乐教授非常注重阅读原著从本科阶段抓起的教学方法，他要求本科学生在阅读著作时对于原著中尚不能理解的内容要敢于同老师讨论，或者借助相关书籍辅助思考。"学习是没有捷径的，需要花费更多的时间自己去探索，这样知识多则触类旁通。"乐传新教授的谆谆教诲感化了一代又一代的青年学生，教导并成就了很多优秀毕业生，激励他们在今后的人生道路中不断奋力前行。

陪毛主席横渡长江

乐传新教授不仅学术造诣颇深，业余生活也同样丰富多彩。他涉猎广泛，爱好游泳、乒乓球、足球等多项体育运动，尤其喜欢游泳。他说，"当年我在华中师大学习的时候，一位体育老师帮我测评游泳水平，测评结果证实我的蛙泳速度接近了国家三级蛙泳运动员的标准。"

1966年伟大领袖毛泽东主席畅游长江时，乐传新教授有幸参与毛主席畅游长江的群众活动，事后才知道。乐教授回忆道，因为被安排在第一排，他得以近距离瞻仰伟大领袖。"我很清楚地看到了毛主席、周总理等多位党和国家领导人，真的看到了很多平常无法看到的领导人！"说到这里，乐传新教授显得兴奋不已，同时又带着笃敬之情，半个世纪前的陪游情景，似乎仍历历在目。

1968年10月，乐传新教授被安排到一个农场接受解放军再教育。军训锻炼期间，他凭借着优秀的学习能力和出色的个人表现，担任了学生班长。1970年洪湖破堤，灾情严重，周恩来总理亲自乘直升机到现场指挥抢险救灾。正在洪湖旁接受劳动锻炼的乐传新踊跃报名，成为抢险队的一员。在一次执行任务返程时，他在湍急的洪水中听到有人跌落入水，呼救的声音不绝于耳，他当即与其他几个同学一起丢下了手中物资，改换方向游向落水者并将其救起。不久后当地农民敲锣打鼓送锦旗到军训营表示感谢，部队也对乐教授和其他同学进行了表彰。游泳技术也许并不足道，但救人一命，却是乐教授人生中浓墨重彩的一笔。

虽然由于年龄和身体原因，如今乐传新教授已经很少去游泳了，但那个曾经与毛主席同游的人、那个曾经奋不顾身救人的英雄，身上仍有"矫健"二字的影子。退休后，乐教授很多兴趣爱好都没再继续，可他从没有放下工作，他的书房就是一个微型图书馆，现在每天除了带孙子，剩下的时间基本全在里面度过了。"像我们搞学问、写文章，经常通宵达旦，因为这思维是不能断的。"已年逾耄耋的乐传新教授，对于哲学研究的热情没有丝毫减弱，对于学习的谦逊态度，也从未被消磨。"我现在也关注一些前沿问题，我也会尝试着去解释它，不懂的，我也会虚心地向别人请教。"

学哲学做"不一样的人"

走访中，乐传新教授除了认真讲解自己在求学、学术以及生活方面的事迹，还耐心细致地就哲学专业大一年级学生如何学好哲学指点迷津。

针对当前哲学专业的课程安排问题，乐传新教授说，本科哲学课程的安排应当是按照学生的基础由低到高、依据学生的最佳培养方式、凭据学生的日后发展方向来确定的。依照现在本科哲学课程安排来学习，可以保证学生学到一定的基础知识，为将来的深造打下坚实的基础。

乐教授指出，学哲学不能够浅尝辄止。学哲学能够开阔视野，学到独特有用的思维方式，这样在日后的工作中，看问题的方式会跟别人"不一样"、谈吐风度跟别人"不一样"、为人处世跟别人"不一样"、创新改革的思路与突破也跟别人"不一样"。教授告诉我们，当我们在哲学里有一定成绩时，眼光会变得比别人高远、视野较之他人更为开阔、理解问题也会比常人更为深刻，那时候就会明白哲学没有白学。

谈到哲学专业学生未来的就业问题，乐传新教授说，哲学是塑造人的灵魂的，中央也十分强调要加强学生哲学思维的培养，但当今社会对哲学的认识还存有偏见，要纠正人们的这种偏见，需要花费大量的时间，并且不能单靠个人力量实现。作为哲学专业的学生，今后可以从事行政工作或是中学教师，也可以考研、读博，到高校任教，进行社会科学研究，等等。但今后无论在哪方面工作都需要用到哲学，因为哲学是永恒的。

研究哲学几十年，乐传新教授也曾遇到不少困境和挑战。

随着对哲学越来越深入的研究和学习，他大胆质疑我国哲学界对爱因斯坦的相对论理解的错误，但新的观念需要足够的理论支撑才能使人信服。百思不得其解之间，他前前后后思考了两个多月，甚至达到了废寝忘食的境界：走路在想，吃饭也在想，就连睡觉都在思考这个问题。功夫不负有心人，终于有了灵感和顿悟，立刻提笔撰文，其见解受到了许多人的认可和赞同。

谈及这段经历，乐传新教授说其实思考问题就是逻辑思维和非逻辑思维的相互转换。逻辑思维中断了，就需要非逻辑思维。非逻辑思维具有创造性，能够产生出顿悟，但同时也需要逻辑思维做基础。不仅要有大胆质疑的精神，更重要的是找到质疑的依据。哪怕是对某个问题一时得不出结果和结论，也不要轻易放弃。享受坚持的过程，方能磨炼自己的意志，这也是人生的一种宝贵财富。

【走访后记】

青年强，则国强。走访中，我们深切感受到，乐传新教授对当代的青少年寄予了殷切期望。他教导我们，青年学生一定要实现好两个方面的转变：生活方面的转变和学习方面的转变。在生活方面，要学会正确对待物质发达和科技进步创设的良好条件，掌握必要的生存能力，学会将生活里的柴米油盐、零零碎碎的事变得井井有条，"自己的事情自己做""自己动手，丰衣足食"；在学习方面，不要仅限于分数的追求，要将能力镌刻在骨髓里，由内而外散发光芒，要学以致用、融会贯通，做一个满腹经纶的"茶壶"，侧身倾倒，袖锦茶香。这一点，正和湖大通识教育学院的核心理念相契合。走访中，乐教授严谨认真的治学态度和

乐传新教授（左四）与走访学生团队合影

不求名利只为求知的钻研精神，同样让我们由衷敬佩，值得我们学习并融入日常生活之中。

走访乐传新教授及本文成稿过程中，得到了离退休工作处、通识教育学院、哲学学院有关领导和老师的大力支持，在此一并致谢。

走访学生团队成员：

通识教育学院 2016 级哲学专业　詹雨菲

通识教育学院 2016 级哲学专业　庞雅丹

通识教育学院 2016 级哲学专业　易宗慧

通识教育学院 2016 级哲学专业　李玮娜

通识教育学院 2016 级哲学专业　涂念祖

（指导老师：顾文婷　陈文超）

周桃生：
一生致力于铁电压电陶瓷研究的材料学人

周桃生，1949 年 6 月生，湖北大学材料科学与工程学院教授，湖北省有突出贡献中青年专家，享受国务院政府津贴，主要研究方向为铁电压电材料与器件。科研上，先后主持省部级重点攻关项目四项，省厅级重大、重点及创新项目四项，横向合作项目四项；参与研究国家 863 项目两项，国家自然基金两项，省部级、厅级及横向合作项目十项。曾获国家科技进步奖二等奖一项，省科技进步奖一等奖一项、二等奖一项、三等奖两项，省级鉴定成果两项，国家专利三项，美国专利一项。在国内外重要学术期刊上发表论文 50 余篇，多篇被 SCI、EI

周桃生教授近影

收录。教学上，荣获湖北大学年度师德标兵，优秀教师标兵，省高校优秀共产党员。

"同学们——"楼道里传来一声亲切的呼唤，循着声音我们看见一位迈着稳健步伐、面带和蔼笑容的老者正从材料科学与工程学院实验室走出来。他就是我们几位大一学生约见拜访的"材料学人"周桃生教授。简单的寒暄之后，周教授把我们带到他的办公室，亲切地招呼我们坐下，采访就此开始：周桃生教授柔声地介绍着自己，当得知他已有 68 岁高龄时，我们都感到有些惊讶——周教授看起来身体非常健朗，对事业充满热情与活力，岁月也许偷去了他的黑发，但偷不去他的一颗赤子心。

求学：勤奋好学，始终如一

"路漫漫其修远兮，吾将上下而求索。"

周桃生教授毕业于武汉师范学院（湖北大学前身）物理学专业，一生致力于铁电压电陶瓷方面的研究，这项研究也伴随着他度过了青年、中年和退休后八年多的时光。对该领域的热爱，使得他在科研的道路上走得稳健和坚定。

当谈及选择该领域的原因时，周桃生教授笑谈道："从事什么专业，取决于社会的需要和你个人的机遇。一个人可能成为农民，也可能成为工人，还可能像我一样成为教师。从事一个专业，你就要爱好一个专业，事物都是有共性的。"我们以为，周教授从事物理方面的研究，一定对物理有着极大的、远超过其他科目的兴趣。但当了解到他的学习经历时我们才发现，周桃生教授可谓是"干一行爱一行"的典范。他表示，一个人只有"三观"（世界观、人生观、价值观）"不对路"，才会去吃喝玩乐、对酒当歌、人生几何。周教授是个"三观对路"的人：从小便有着极为强烈的求知欲，想要弄清楚世间万物的奥秘，于是踏上了求学理工科的道路；长大后，深谙文学素养对成长的重要性，于是慢慢培养自己对于文化、哲学、名人名家的鉴赏力。"无论学什么都会喜欢上它，都会深深地钻进去，并且学什么都要把它一门心思做下去。"正是周教授令人敬佩不已的求学精神和强烈的求知欲成就了他的学术人生。

一个人的求学生涯里，总会遇到一个或几个对自己影响深远的恩师。"三人行必有我师焉，择其善者而从之。"在周桃生教授的心里，这个"善者"当属大学时期曾带领他做课题的导师邝安详。邝教授勤勤恳恳的工作态度、严谨负责的教学态度、认真细致的科研态度，一直都为还是学生的周教授所学习、

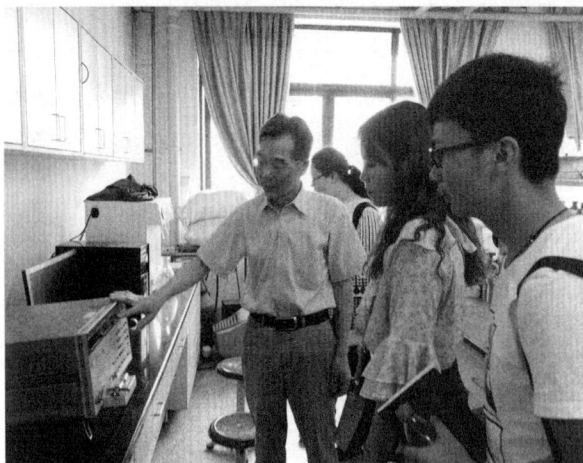

周桃生教授向走访学生讲解实验设备

所践行，并引领他在学术的道路上大步前进。而今，周教授也如人生导师般将自己做实验的经验毫无保留地传授给一届届大学生：做实验一要认真细致，二要懂得实验方法和实验原理，三要有悟性。只有坚持做到这三点，才能进行实验创新，才会真正有所为。

科研：目标坚定，坚持不懈

"纸上得来终觉浅，绝知此事要躬行。"

当我们请求周桃生教授为我们讲解一下他的科研成果时，周教授欣然应允，并拿出纸和笔来，一边耐心讲解压电陶瓷的形成过程与工艺，一边详细绘图来让我们理解，可是又觉得不够直观，便从抽屉里拿出了一叠叠的论文和一本本的书籍，用里面的电镜照片和结构示意图再次为我们加深印象：他生动形象地为我们介绍了压电陶瓷神奇的工作原理，让我们不禁感叹先人的智慧和科学的玄妙；同时为我们举例压电陶瓷在社会生活中的广泛应用，让我们感受到科研带来的便利。经过周教授的讲解，我们对压电陶瓷不再是丈二和尚摸不着头脑。当我们再次想到压电陶瓷，脑海就会浮现出他为我们讲解的场景、偶极子、ABO_3 结构等。

然而，纸上得来终觉浅，压电陶瓷的魅力岂是一朝一夕一番话一盏茶能讲清楚的；也可能是周教授觉得纸上谈兵还不过瘾吧，他便从办公室抽屉的小木盒里拿出许多形状各异的成果——大大小小的压电陶瓷片琳琅满目地摆满了桌子并分给了我们几片，对着实物更加细致地给我们讲解起来。然后又将我们领到实验室，实验室门口与多家公司联合科研开发的牌匾挂满了墙壁，大大小小的项目数不胜数，熠熠生辉地展示着这位闭眼微笑的老者身后的成就和专业造诣。走进实验室内部，周教授为我们详细介绍了压电陶瓷材料与器件从配比混合到压制成型、烘干烧制以及极化的制作过程，讲解了各式各样仪器的工作原理，一间教室大小的实验室仿佛不再是一个呆板的房间，他已然变成了周教授的一片小天地：周教授在这里科研实验，化零为整，从无到有，与门前的牌匾不同，这个小天地更多展现了周教授成功背后的辛劳和实验中的快乐——实验室里的周教授显得更加自如、轻松！

兴趣：博闻强识，文理兼蓄

"学而时习之，不亦说乎？"

访谈中，周桃生教授表现得很飒爽、富有活力。当我们问起他闲暇时的娱乐时，他津津乐道："读书！当然，年纪大了还会了解一些养生之道。"

读书应该是周教授课余时间最大的休闲娱乐：周教授的办公室有两个铁质的高大灰色书柜，除了铁电压电陶瓷的相关中文著作，还有很多国外顶尖的、时代前沿的全英文著作，以及两大本厚厚的、翻译用的工具书。虽然作为一名工科类学者，但就像上文提到的一样，周桃生教授的视野并没有局限在本专业科研上，同时也对文化哲学充满着兴趣，其中尤其对道家思想有非常深刻的研究和体会，言谈中时刻体现出文理兼备的学者风范。而这风范正与湖北大学举办通识教育、强调全人教育的理念十分契合。

读书之外，周教授最大的兴趣爱好就是教书育人了。在采访中我们每个人都能感觉到他对教书、对教育和科研的热情，相信也是这种热情浸染了材料学院一代又一代的青年学生，让优秀的材料学院学子走向社会，在各个岗位上为中国的材料行业做出属于自己的贡献。

周桃生教授的学生余海雁说："周老师渊博的专业知识，实事求是、严谨治学的作风和丰富的经验使我在研究过程中受到了很大的熏陶和促动；周老师平易近人的态度，以及对我的无私关爱，都使我受益匪浅，受益终生。"

育人：教学不厌，诲人不倦

"十年树木，百年树人。"

谈到教育问题时，周桃生教授根据其几十年的教学经验总结出了大学阶段应该学到的三件事：做人、做事、做学问。其中任何一项都离不开"坚定信仰"这一准则。

周教授认为，教育的目的最基础的应该是塑造学生正确的"三观"，一个人成就的大小，从本质上来说与其"三观"有密切关系。周教授还举例说，一个人若是"三观"消极，生活中浑浑噩噩、不求上进，那可想而知这种人不会取得什么成就；反观那些"三观"积极的人，多半是可以取得一定成就的。拥有积极的"三观"，就可以收获良好的习惯。周教授表示，大学阶段是"三观"养成的重要时期，同学们应该利用这段时间多多磨炼自己，养成正确的"三观"，为自己未来美好的生活打下良好基础。

谈到目前大学普遍采取的通识教育，周教授告诫我们不要小看通识教育阶段。在这个阶段的基础课中我们学到的都是重要的基础知识，在未来的专业课学习中会派上很大的用场。也许有同学对自己专业感到迷茫，但我们还是要做好自己的本职工作——学习，并且要摒弃"实用主义"的学习，即是"就算现阶段看起来用不上的知识，我们也应该好好地保存下来，说不定在未来的学习生活中会派上大用场呢！"青年学子不应该有急功近利的心理，慢慢提高自己，为还未到来的机会做好准备。

通过后期的走访了解，周教授的学生及同事对他的评价都非常高，说他为人亲切和蔼。在科研过程中，当他的学生长期得不到理想结果，周教授会细心地观察他的实验过程，并指出他在试验中存在的偏差与错误，适时提出修改意见。而当事人在回忆后往往也发现这些建议简单实用，蕴藏着很多理论与实践所得出的经验。

在生活中，周教授对学生也十分亲和。从周教授的学生那里我们了解到，在他们心中，周教授更像是一位亲近的长辈，引导他们成长的方向。在平时的聊天中，一旦有学生表现出沮丧与苦恼，周教授就会主动问起这些学生的家庭状况等生活背景，他的学生们也会主动向周教授谈及自己的心结。例如某次一位学生在一段时间内不在状态，周教授通过聊天了解到是他家里出了事情，便主动开导帮助他走出低落的状态。

最后，周教授建议我们，要根据个人学习情况来选择未来是否从事科研。他结合自身数十年的科研生涯的体会教导我们，实验是工科专业学习的基础，也是培养科研能力最有效的途径，工科生必须重视实验；在实验与理论学习中还必须保持认真、细致的态度，把握好基础的实验原理。此外，还应该掌握一定的哲学基础，因为哲学是科学之科学，并向我们推荐了他在科研与生活中受益颇多的《辩证唯物论》一书。

【走访后记】

2017年暑假前夕，我们有幸采访到了正在潜心进行课题研究的周桃生教授。采访中，无论我们问什么问题，周教授总会耐心回答。当讲解有关压电陶瓷原理的时候，他还拿出了书本，拿出了纸和笔，为我们画图做演示，让我们对他的认真和亲切十分感动。

与周桃生教授同办公室的材料学院尚勋忠教授，过去是周老师的学生，现在又是同一个课题组成员。尚勋忠教授告诉我们，周老师是对他一生影响最大的好老师。而在尚教授身上，我们同样感受到了周桃生教授严肃的科研精神和执着的学人品质。两位教授带领我们参观材料学院实验室时，我们几位大一年级的材料学子看到了各种各样先进的仪器设备，提前感受到了投身科研和实验的氛围。通过两位教授的耐心讲解，我们的好奇心和求知欲也被激发出来了。最后，周教授又主动提出与我们走访团队在材料学院大楼的大厅处合影留念，墙面上"融才求道，琢材成器"院训和鼎形标志的院徽彰显着材料科学的真谛和学院精神，也激励着我们孜孜以求，自育成才。

走访周桃生教授及本文成稿过程中，得到了离退休工作处、通识教育学院、材料科学与工程学院有关领导和周桃生教授本人及其学生同事的大力支持，在此一并致谢。

周桃生教授（左三）与走访学生团队合影

走访学生团队成员：

通识教育学院 2016 级高分子材料科学与工程专业　张心怡

通识教育学院 2016 级高分子材料科学与工程专业　黄依然

通识教育学院 2016 级高分子材料科学与工程专业　朱皓宇

通识教育学院 2016 级高分子材料科学与工程专业　王锐

通识教育学院 2016 级高分子材料科学与工程专业　丁宇高

（指导老师：王斌　周惠玲）

周世秀：
中国和巴西交流合作的友好使节

周世秀，1947 年 3 月生，湖北郧县人，湖北大学历史文化学院教授，巴中工商总会顾问。周世秀于北京广播学院外语系毕业后被分配到华中师范学院任教，后到湖北大学工作。1985—1987 年初借调到中国驻葡萄牙大使馆任三等秘书，1989—1991 年应邀赴巴西利亚大学讲学，回国后继续在湖北大学任教。曾任中国拉美史研究会秘书长、《拉美史研究通讯》杂志常务主编、湖北大学历史系主任和拉美史研究室主任、巴西利亚大学客座教授、巴西门德斯大学亚洲中心外籍研究员、武汉市政协委员和市人民政府第三届决策咨询委员、中国驻巴西大使馆一等秘书、中国拉丁美洲学会常务理事等职。

周世秀教授近影

周世秀教授掌握葡萄牙语、西班牙语、英语和俄语等多种语言。先后出版专著两部，合著、合译、合编著作八部，发表论文数十篇，著述达 100 多万字，代表作有《巴西独立运动》《巴西历史与现代化研究》等。今年暑假前夕，恰逢周教授从巴西回国参加会议，他在百忙之中抽出时间，欣然接受了我们学生团队的访谈，后成此文。

艰难困苦玉汝成的求学之路

机遇总是眷顾有准备的人！若不想让机遇从指尖溜走，就得提前做好准备，当机遇来临时，方能从容地抓住它。

谈起自己 70 年人生路上的第一个机遇，周世秀教授非常感激自己的姐姐。

小时候姐姐胆子小，不敢上学，于是他就陪同姐姐一起去上学。参加入学考试时，有一道题是"一斤棉花和一斤铁哪个重"，不少考生落入圈套，粗心大意地答错了。周世秀认真审题，凭借自己掌握的生活常识顺利通过考试。正因为抓住这次机遇，周世秀在给姐姐"陪读"的过程中上了学。因为比同龄伙伴提前一年上学，他幸运地赶上了"文革"前最后一批高校招生。及至1977年恢复高考，"文革"前后两届学生竟拉开了十年的差距，这一点着实令他感慨。

由于提前入学，周世秀和其他同学相比，难免有些差距。但在哥哥姐姐的影响下，他逐渐养成了乐于学习的好习惯。刚入学时，周世秀就意识到要学的东西太多了，为了有更多的时间学习知识，他就想着"那就少玩一会儿吧"，抓住任何可能的机会去学习。除了在学校里念书，周世秀还积极拓展获取知识的其他途径，就在这时，藏书丰富的县文化馆向他敞开了另外一扇知识的大门，那里的杂志、画报满足了一个少年的求知欲。功夫不负有心人，勤奋刻苦、怀揣梦想的周世秀最终如愿考入大学。

周世秀原本报考的是北大中文系，但由于外语考了满分，被当时属于保密专业、具有优先招生权的北京广播学院（现中国传媒大学）提前录取。当时录取通知书上只有"外语学院"的字眼，并没有确定专业。进校以后分配专业，除英语播音班外，没有其他大的语种，有的只是平常人不熟悉的他加鲁、阿沙姆等小语种。学生科老师悄悄对周世秀说："你高考俄语考了满分，把你分配到最大的语种——葡萄牙语班吧！"就这样，他与葡萄牙语结下了终身不解之缘。

周世秀教授（右二）在参加外事活动

北京广播学院校园非常小，专业也并非自己所愿，周世秀心里难免会有些失落。清华的同学来看望他时感慨道："你们学校真好，清华太大了，我的腿都快要跑断了。"一句小小的玩笑话，背后却有些许的心酸不为人知。周世秀和他的伙伴们大多是小城镇和农村的孩子，买不起富家子弟标配的自行车。学校小就不需要买自行车了，换个角度看问题，也未尝不是一件好事。周世秀听了同学调侃之后也便释然了。

大学那会儿，周世秀生活拮据，每月 17.5 元的津贴，全部用作了生活补给，仅剩下的零花钱是万万不敢滥用

2010 年巴西《环球报》专题报道周世秀推动中巴合作交流

的，便一点点攒着。周世秀好学习、爱看书，每到周末，就会约上几个同学一起步行到王府井的旧书店，把积攒的零钱置换成书籍。北广到王府井的路程有十多公里，坐车需要两毛钱的车费，这是一笔非常大的开销。为了节省开支，他们选择了步行往返。如今回忆起当年到王府井那段步行的路程，周世秀依然难忘一路相伴的三两好友以及淘书之乐，对于路途的艰辛却只字未提。苦中作乐，故而乐在其中。

不管遇到什么艰难困苦，周世秀教授始终有坚定的意志，把所有的磨难当成锻炼，保持积极的心态和昂扬的精神面貌。他求学的经历离奇而又坦然，就如同山寺桃花那般，花期不时，但花开有时。心有芬芳，纵使花时离奇，依旧坚定，坦然等待属于自己的人间四月天。

孜孜不息硕果香的研究之道

周世秀求学的道路并非一帆风顺。不久"文化大革命"波及大学校园，几年"斗、批、改"的动荡后，北京广播学院被解散，毕业的学生大多分配到基层接受再教育，周世秀也被分配到军垦农场锻炼。除了基础劳动外，每天早上要走 20 里，晚上又要走 20 里。在这样每天来回 40 里的艰辛奔波中，周世秀始终坚信，要有自己的主心骨，吃得苦中苦，方为人上人。凭着这股精神信念，在那段看不到未来的岁月里，他始终笔耕不辍，勤于写作。

作为连队宣传队长，周世秀便在每天午饭时办"土广播"，站在高处给大家念报刊和自己写的文章。有一次他朗读自己的文章，恰好被思政部的一位领导听

见，领导觉得他文章写得很好，就留意了他。或许，上天总是不愿意辜负那些努力上进的人。1972年分配工作时，由于家乡郧阳是贫困山区，其他地区的学生不愿去郧阳，郧阳籍的学生几乎全部被分回到原籍，周世秀也做好了返回故乡的准备。出乎意料的是，他并没有被分配到原籍，而是分配到了高等院校，又和同事一起在华中师范学院外语系创建了一个西班牙语翻译室。就这样，他很幸运地留在了武汉，开启了为师治学的漫漫生涯。周世秀教授说："打好基础，机遇才能更好地眷顾你。"

西班牙语和葡萄牙语虽属同一语族，但随着历史的发展，两者其实已有很大的不同。因此，西班牙翻译室的工作是非常辛苦的，但周世秀并没有畏难止步。通过努力，他翻译出版了《阿根廷地理》《委内瑞拉经济地理》等书籍。闲暇之余，他常去华师一号楼二楼的历史系阅览室如饥似渴地博览群书，这也给了他学习历史的机会，激发了他对历史的兴趣。

1980年，周世秀被调到武汉师范学院（现湖北大学）开始从事拉美史研究。在语言和历史两方面的深厚知识积累，为他日后从事拉美史研究工作提供了极大的便利。

从事拉美研究工作之初，周世秀有很多的知识盲区。但他坚信，做学术不能盲从自守，要另辟蹊径，抓住空白点，即便当时不懂，但假以时日，必有所成。

周世秀教授主编的《巴西历史与现代化研究》

周世秀教授著作《巴西独立运动》

果然，功夫不负有心人，周世秀在研究拉美一年后就发表了《哥伦布最早在美洲登陆的地方》一文。1985年，他独立完成了国内第一本专门研究巴西历史的书籍《巴西独立运动》，该书由商务印书馆出版，获得了"湖北大学优秀科研成果奖"。

其后十年间，周世秀陆续发表《葡属美洲与西属美洲独立运动的比较研究》等多篇论文，与人合译了西班牙文版的《委内瑞拉经济地理》《阿根廷地理》等作品，合编了《世界地名辞典》《简明中外历史辞典》《中外历史人物辞典》《现代资政纲鉴》等多部辞书，合著了《新世界的震荡》《外国文化史》等作品，参与了国家"六五"社科重点项目《中国大百科全书》中"外国历史·拉美史"部分的撰写。1994年，《巴西现代化进程中的地区经济差距和南方分立运动》一文刊发在中国社科院权威杂志《世界历史》上，引起了中国经济界的重视。

周世秀教授为师治学充满热情且硕果累累，就如同映日荷花，孜孜不息地抓住每一次展颜的机会，在无穷碧的接天莲叶中，大绽异彩，风姿卓然。

学问不止重躬行的外交之旅

出于对事业的更高追求，1980年，勤奋刻苦的周世秀选择西班牙语为考试语言，考取了北京大学历史系世界史专业研究生。由于葡萄牙语人才极其稀缺，学校的工作使他无法分身。进退两难之际周世秀作出一个两头兼顾的选择，他放弃了读研究生的机会，以远程函授的方式，边工作边进修。如此奋发执着，使他获得北大著名学者罗荣渠的赞赏及青睐，罗教授破格收他为编外弟子，周世秀亦不负所望，利用业余时间，三年即修完了全部课程。

1983年，经老师介绍，周世秀得以到中共中央对外联络部拉美研究所开始见习工作。两年后，他被借调到中国驻葡萄牙大使馆担任了秘书、翻译，正式开始了他的外交生涯。葡萄牙大使馆的工作相比欧洲其他地区略显清闲，但周世秀并没有因此而放松自己，闲暇时间他就去国家档案馆充实自己，认真研读在国内少有的关于拉丁美洲的历史，有时也去大学里听课。他认为，任何工作都离不开学习。

1987年初，周世秀回国休假，学校希望他能留校工作。此时他已买好出国的机票，但他必须在出国与留校之间做出选择。外交工作更光鲜，也拥有美好前程，然而想到1982年学校克服种种困难让他到中联部拉美研究所进修的情景，考虑到学校发展正处于用人之际，他二话没说退掉了飞机票。两年后，他的行李才从国外运了回来，不少好衣服已经被虫蛀坏。

1989年，周世秀作为巴西教育部聘请的第一位中国教师，赴巴西利亚大学讲学，这次讲学使他的拉美研究有了一种设身处地的真实感，他格外珍惜这次机会，圆满完成任务，其讲学也受到广泛好评。该校校长当时曾两次给湖北大学写信，要求延长讲学时间。圣塔卡达林纳大学等几所学校也慕名向他发出了邀请。但他又一次服从学校安排，回到祖国。

后来周世秀教授重新接手外交事务，出任中国驻巴西大使馆一等秘书。拉美研究接轨拉美外交，他的所学有了在现实中施展的机会，不再是"纸上谈兵"，而且更多了一番"要躬行"的迫切。

在外交事务上，周世秀教授不局限于"处理"，而更提倡"建立"。在国与国外交关系的大背景下，他提出了省与州、城市与城市的小关系圈。在充分因地制宜的调研考虑下，他最大化考虑双方利益，积极向巴西南大河州政府宣传推介与中国湖北建立友好省州关系。在周世秀的推动下，巴西南大河州和中国湖北逐步建立起不一样的外交情谊，后来成为友好省州。除此之外，周世秀还为武汉市介绍了葡萄牙的阿维罗市、巴西的戈亚尼业市等友好城市。里约热内卢州科技厅厅长曾对湖北省一位领导说："周先生是你们湖北在巴西的'友好使节'。"

外交又不仅限于外交，历史研究亦是周世秀教授的事业，巴西外交正是他"身临其境"的好时机，他不忍心就此错过，便利用空闲时间遍访巴西，在自然地理与风土民情中感悟颇多，撰写发表了许多文章。特别值得一提的是，周世秀教授通过对巴西莎巴拉市中国古代木雕壁画的调研和考察，提出了以澳门为起点的中巴文化交流上限，这一成果比传统说法提前了100年。

在献身学校事业和从事外交工作的数十年里，周世秀多次转换，插曲颇多。但他的每一次选择，都承载着一种厚重的使命感和责任感，如同戚戚秋日里依然盛开的菊花，在百花待谢的时候，更添一份装点世界的道义与责任。

热心献智促建设的拳拳之心

独特的生命跨度与人生经历，使得周世秀教授对历史研究有不同的见解。他认为，历史研究要结合现实才有意义，对国家才有贡献，学历史不能忘记历史发生了什么，结果是怎样，历史要比较。基于这种考量，他发现中巴两国国情有相似之处，而巴西的现代化早了中国50年，巴西的现代化之路于中国有很大的借鉴作用。

周世秀教授总想使自己的研究具有更多的社会价值。中国掀起西部大开发的浪潮时，他在《世界历史》上发表《巴西向西部进军的历史经验》一文，从巴西"向西部进军"的原因及成败得失出发，为我国西部开发献计献策。国家提出"中部崛起"战略后，周世秀又积极研究介绍巴西中部经济的发展经验，分析湖北的区位优势、交通优势以及湖北在中部崛起对全国经济发展的促进作用等。担任武汉市政协委员和市人民政府咨询委员时，在参政议政的道路上，他又发挥着一个历史学者不一样的见解，以一颗热忱的心贡献学者智慧。

一生执着勤奋的周世秀，始终在为宣传中华文化和加强中巴交流合作奔走忙碌。周世秀教授践行其座右铭：天行健，君子以自强不息。在中巴交流中完成了几个第一：第一个被巴西教育部聘请的中国教师；第一个在巴西大报《环球报》《圣保罗页报》发表评论性文章的中国人；第一个在巴西用葡萄牙文出版学术专著的中国学者。

退休后的周世秀教授却是"退而不休"，他身兼数职，生活依旧忙碌而充实。拉美会议有他的文章，参政议政有他的见解，治学为师有他的著作，亦曾参与湖北大学——巴西圣保罗州立大学孔子学院的前期建设工作。他积极关心国家和雄安新区建设，撰写《巴西新首都设计规划的创新之处及对雄安新区的参考价值》一文，并被中国社会科学院编发上报中央作为决策参考。

周世秀教授的经历告诉我们，年少立志，对成为一个能为国家民族做出贡献的人非常重要。我们正值青春年华，时不我待！追忆过去，立足当下。

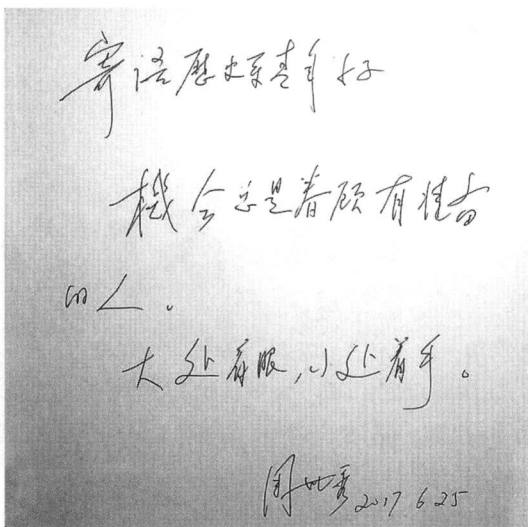

周世秀教授写给历史系学子的寄语

【走访后记】

在周世秀教授和蔼的谈吐中，我们感受到他对后辈的深切关怀，他就像在给自己的孩子讲述一样，为我们揭开不为人知的奋斗经历。跟学者聊天时，我们通常都满怀崇敬又小心谨慎，绷着神经，生怕言辞不当，尴尬了场面。跟知识渊博的学者聊天则要顾虑更多，担心话题不对，气氛不好，对方有可能敷衍，或者直接推掉采访。然而这次采访，大家没有拘束，周教授侃侃而谈，逻辑严丝合缝，我们很少插话，他面带笑容，浅浅几句波澜不惊，又深刻地沉淀在眼神里，真实无惧。

周世秀教授结合自己的亲身经历，教导我们如何做一个好老师。他认为，一个好老师的标准有三："一手好字，一张好嘴，一肚子的好学问"。正所谓：一支粉笔两袖清风，三尺讲台四季晴雨。老师将知识教授给学生，除了把握关键点，掌握系统性的知识，也要加入自己的研究成果，不是泛泛而谈，讲授的知识要高于学生的见解。他谆谆教诲我们：年轻人都要有志向成为人才，珍惜自己的年轻时代，珍惜青春。特别是，学习历史不光要知道历史上发生了什么，结果是什么，还要与现实的需求结合起来，以问题为导向做对策研究，最大程度发挥历史研究的价值。这些都让我们增进了对历史学科的专业认知，受教了学习专业知识的科学方法。

周世秀教授与走访学生团队合影

走访周世秀教授及本文成稿过程中，得到了离退休工作处、校党委宣传部、通识教育学院、历史文化学院有关领导和老师的大力支持，也得到了2015级历史学专业王玉雪同学、李鹏同学的帮助指导，在此一并致谢。

走访学生团队成员：

通识教育学院2016级历史学专业　周锦

通识教育学院2016级档案学专业　薛晨蕾

通识教育学院2016级法学专业　高章琪

通识教育学院2016级历史学专业　朱瑞婷

通识教育学院2016级历史学专业　何义垚

通识教育学院2016级档案学专业　卞笑寒

通识教育学院2016级国际事务与国际关系学专业　蔡晓桐

（指导老师：严秀红　陈文超）

洪威雷：
痴心攀登应用写作学高峰

洪威雷教授近影

洪威雷，1949年7月生，湖北新洲人，湖北大学政法与公共管理学院教授。曾任湖北大学行政管理系主任，硕士研究生导师，湖北省民政厅干部培训中心兼职教授，新世纪出版社特约编审，《秘书苑》杂志社顾问等职。1984年起先后出版《应用文写作学概论》《读写研究》《公务调研学》《行政文化概论》等学术专著、教材18部，其中《写作技巧教程》一书先后九次再版。在《人民日报》《光明日报》《求索》等报刊发表学术论文、评论等186篇。有的论文被其他报刊、书籍摘录、引用，并收录在专题论文集中。16项成果获湖北省和武汉市人民政府、湖北省和武汉市社会科学、湖北大学优秀科研成果奖。16次在全国和国际大型学术会议上作专题报告。对中国纪实文学和应用文写作学研究独具见解，曾得到文化部副部长陈荒煤、中国作协书记处书记柯岩、著名作家徐迟的肯定和赞扬。其业绩被湖北省社会科学界名人和世界名人录收录。

学术之路，痴心以求

用"痴"来形容洪威雷教授的治学之路再恰当不过。

洪教授的"痴"源于他经历的苦难。青年时期，洪威雷饱受贫穷与非议的困扰，他经历过饥荒、文荒、学荒。但不管面临的处境多么荒凉，最终他还是坚持了下来。经历过苦难的洪威雷极为珍惜改革开放带来的大好时光。年轻时，他挑灯夜战，熬夜通宵是常有的事。有时他写作到了废寝忘食的程度，甚至忘记了昼夜；有时他在图书馆发现一个很有价值的案例，赶着拿去复印，却忘记了办理借阅手续，导致发生被保安拦下的尴尬事；三伏天里，他坚持在蚊子多的楼中进行写作教研，把脚放在有水的脸盆里，竖起衣领，扣好长袖纽扣，就这样坚持着写下去；有时他边锻炼边看书，一不小心头撞上了篮球架；有时他一个人在家，边看书边吃着馍馍喝着椰奶咖啡，不觉中把放在另一侧的面粉当作椰奶咖啡掺着馍馍吃了下去。

洪威雷教授的"痴"表现在他对所热爱的应用文学术怀揣的赤诚之心。2011年在香港参加一次国际应用文学术研讨会时，洪教授感到那些用高价请来的美国、印度、新加坡应用写作专家的发言，仍然停留在写作规范性、技巧性这个浅层次，便打破国际学术会议的惯例，自告奋勇地提出要发言。获得大会主席的许可后，他即兴作了"应用文写作中的人道、文道、王道"的发言，并获得全场热烈而长久的掌声，该发言随后在《应用写作》等境内外三个期刊上同时刊发，引领着应用文写作研究的方向。2017年10月在重庆召开的"国际汉语应用文写作学术研讨会"上，洪教授以"学习、传承、超越"为题致开幕词，提出了今后应用文写作应当研究"三大课题"和"一大使命"，即在"云计算、大数据与互联网联姻后，应用文写作如何跟上时代的大潮，搭建联系网的应用文"。此时虽然已是退休的年纪，洪教授仍然充满热情地进行着他的学术研究。

无论是发表论文还是参加学术讲座，洪教授坚持把"诚"作为主旨。他先后在《澳门写作学刊》《内蒙古电视大学学报》等刊物上，把"诚"作为应用文写作的灵魂，从"诚恳、诚实、诚心、诚挚、诚然、诚朴、诚谛"七个方面进行了全面而深刻的阐述。这份"诚"不仅指的是应用文写作中的诚，

洪威雷教授部分著作展示

更指他对应用文写作这门学科学术研究的热忱和孜孜不倦的赤诚以待，全心探索。

正是在不断钻研之下，洪教授如同一颗金子，逐渐闪闪发光。改革开放初的80年代，国家急需人才，自学考试在全国兴起，洪教授主编的《应用写作教程》作为行政管理、中文、财经等多专业的指定教材，在应用文研究领域中起到了重要的推动作用。洪教授的才学自此展露，接着便绽放出更加夺目的光彩。1988年2月他在《人民日报》（海外版）发表《勤恳掘宝人》一文，被美、英、法、德、日、意等国家全文翻译转载；1997年其撰写的《企业使用写作技巧》由科学出版社出版；2001年与王颖教授合编了《应用文写作学新论》，该书以"传播应用文写作知识、介绍应用文写作技法、研究应用文写作理论、探索应用文写作体系、提供应用文写作范文、指导应用写作实践"六大特色获湖北省人民政府的褒奖；1998年、2007年湖北科技出版社和中国社会科学出版社先后出版了其著作《公务调研原理》，首次提出了"公务调查研究中的哲学思考""公务调研学的科学特征"等一系列话题；2005年他与毛正天教授合编的《应用文写作新编》被中华书局列为"全国统编精品教材"。

洪威雷教授在全国的名气越来越大。2005年，全国应用写作学科核心期刊《应用写作》迎来创刊20周年，是年第一期《应用写作》作为庆祝专刊，"我国应用写作界著名学者中国应用写作学会会长、湖北大学洪威雷教授"名列其中。2011年3月、6月、8月，洪威雷教授连续三次被教育部遴选为全国五位应用写作专家之一，参加党政公文写作规范性问题研讨大会。

洪教授的学术成果不是朝夕所得，而是他历经苦难的磨砺却始终怀着一颗赤诚之心、数十年如一日沉醉于学术研究的结果。

教书育人，理念为先

为人师者，洪威雷教授坚持把"因材施教"放在教育理念的最重要位置。他主张在教学中根据学生的认知水平、学习能力以及基本素质，选择适合学生特点的教学方法进行有针对性的教学，发挥学生的长处，弥补学生的不足，激发学习兴趣，树立学习信心，从而促进学生全面发展。

退休后，洪威雷教授受聘担任东湖学院传媒与艺术设计学院院长。他做出一个重大决定：凡在报纸或杂志发表30篇以上文章的学生，可以申请不上课，到报社电台或杂志社实习。这个决定在高校是极少见的，却足以证明洪教授因材施教的勇气和决心。后来筛选出 24 名符合条件的学生，洪教授把他们介绍至《长江日报》《楚天都市报》等九家著名报社实习。其中有的学生在大三下学期获得新华社的青睐并被委以重任，并引起教育部的重视，这正是洪教授重视应用文写作和因材施教的结果。

当谈到如何在高校教育中真正实现因材施教时，洪教授说，小班化教学是最好的路径，理想状态是实现一对几甚至一对一的教学。如果英语课采用大班教学，就没有办法实现一对一的口语训练，更不用说老师在课程结束后即拿书走人，基本和学生零交流这种情况，这种教育方式不值得提倡。

洪教授认为，教学上真正"得体"的老师，课堂上只讲重点难点，在学生自学的基础上，老师将这门学科的前沿、外延，以及国内外最新的资讯、动态传递给学生，引导学生自己探索。这就体现了他不局限于所学课程，而重于视野拓展的精神。

访谈中，洪教授对湖北大学实行通识教育的做法给

洪威雷教授牵头的部分重大调研项目证书

予充分肯定。他举例说，西南联大在八年抗战中达到了中国高等教育的"珠穆朗玛峰"，能够在很短时间内取得卓越不凡的成绩，与那时倡导的知识交叉密不可分。今天的通识教育也倡导知识交叉，注重培养学生的思辨能力，且对不同的学科有所认识，以至能将不同的知识融会贯通，最终培养出"博而专"的人才。而因材施教和通识教育均是不可或缺的教育途径，两者是相辅相成的关系，并不冲突。同时洪教授在自己的教学过程中，也坚持在教育实践中拓宽学生的知识面，意在提升学生的综合素养和就业竞争力。

洪教授坦言，知识的交叉对他的职业来说非常重要。他本是文学专业出身，之后才转入行政管理系，但文学的积累为他奠定了扎实的写作基础，使得他后来在行政管理的道路上越走越宽广，并在学术研究方面做出了更高的成就。

洪教授时常告诫学生，要有意识地将文字变成自己的文章，无论是考研还是找工作，作品都必不可少。洪教授还陈述了他在行政管理专业招研究生的经验，

那就是以文章的发表量为重要考核标准，在了解学生的知识面后，综合决定最终结果。黄海涛是洪教授的得意门生，大学期间热衷写作，在洪教授指导下，大三大四时他就在《中国教育报》《中国青年报》《光明日报》都发表过文章，并最终凭借1600篇文章被《中国青年报》报道，受到珠海市委的关注和录用。谈起自己的学生，洪教授眉宇间洋溢着幸福、欣慰的神情。

洪教授倡导的又一重要教育理念是"知行合一"。"知"是理论上知识的吸收和理解，"行"是实践中知识的运用和精准掌握，"知行合一"才能达到对一项研究足够深入的探求和分析，才能成为洪教授想要培养出来的、国家真正需要的合格人才。在具体实践中，他总是通过带领学生们一次次实地调研，促进学生多思、多悟、多写，让他们意识到理论与实践相结合的力量才是最强大的。

洪教授在指导2005级学生毕业论文时，发现一个学生的论文虽选题不错，但是内容太过空洞，于是反复要求学生深入到城市流动人口之中调研，并要以图表数据为依据进行论文阐述。这名学生经过反复调研，最终撰写成《城市流动人口管理：政府的服务缺失与重建》，获湖北省优秀毕业论文一等奖。洪教授还多次带领学生到归元寺、长春观等寺庙实地调研，调研发现女人比男人更容易有宗教信仰，老年人比青年人更容易有宗教信仰，穷人比富人更容易有宗教信仰，等等，由此得出结论"有宗教信仰的以社会中的弱势群体为主"。洪教授最有趣的一次调研是在武汉三镇的公交车上假扮残疾人，比较武汉三镇不同人群的让座情况，通过让座率高低对比分析，归纳推导出产生与之相关的各种缘由，提出改进对策。

洪教授的教育理念体现了他紧跟时代、重视现实的个人风格。《论语·公冶长》云："闻一以知十。"意指学问厚积的人能融会贯通，善于由此及彼。洪威雷教授便是如此，在深厚的知识积累下有着一颗火热的教书育人的心，以东风化雨之情，春泥护花之意，栽培莘莘学子成为傲人之才。

老当益壮，青云之志

洪威雷教授如今已年近古稀，但精神仍十分矍铄。退休生活里，他醉心于如初爱一般的学术研究之中，甚至干劲更足了。所不同的是，退休后洪教授有了更多时间去研究自己更感兴趣的话题和方向。"以前的研究是为了完成教学任务，受到诸多限制，现在我可以思我所想，做我所想，这更有价值。"过去在职做科研时总是有完成任务的压力，必须要发多少文章，要研究多少课题。现在时间比较充裕，可以把自己的内心的东西讲出来，以推动社会发展，洪威雷教授觉得这样的研究有价值和现实意义。

当我们问到近十年来专攻的公务调研学，洪教授解答道："公务调研是管理决策所必需的，中国与西方发达国家在调查研究上还有很大差距，随着互联网与大数据的结合不断紧密，调研变得更为重要，只有利用好一切资源，调研才会更准确，建立在调研之上的决策也才能更科学。"他无时无刻不心系天下，以前瞻性的目光和忧国忧民的情怀治学。

学界里不乏一心逐利、只为一己私利做象征性研究的人，而在洪教授纯净炽热的心里，自然是不会接受这样不纯粹的学术研究的。他的学问就是他的爱人，对他的爱人至真至爱，给予它最纯粹的感情，是对这一门学问的尊重，也是对自己研究的艰辛历程的尊重。所以退休之后，洪教授的研究成果反而更加丰富。这些研究是他最大的乐趣，只要可以与学术相伴，他无怨无悔。

很多同龄的教授退休后在家颐养天年、含饴弄孙，还有的效法陶渊明"开荒南野际，守拙归园田"，完全断绝了和学术研究的联系。但是洪威雷教授"退而不休"，从没有停止学习，继续进行学术研究。"人的价值、人的才华一分一毫都不能浪费。"退休后洪威雷教授仍然笔耕不辍，先后研究了四项课题，发表了九本专著。

洪教授还坚持与时俱进，以自己始终不灭的热情紧跟时代步伐，接触新鲜事物，并且积极将新事物纳入自己的研究范畴。为了更好地深入研究，他对逐渐兴起的大数据进行了解，而这些了解是他学术研究所必需。所以，对"互联网＋""大数据"之类的比较新潮的领域，洪教授也有自己独到的观点。

洪威雷教授除了搞学术研究以外，最喜欢的便是旅游了。褒禅山游记里面有一句话："世之奇伟、瑰怪、非常之观，常在于险远，而人之所罕至焉，故非有志者不能至也。"想要看到常人所看不到的景色，就要去常人所到达不了的地方，这就是旅行的魅力所在。旅游是一个学者人生经历积累的重要方式。洪威雷教授差不多已经看遍了中国的大好河山，祖国的大部分地方都留下了他的足迹。洪教授在旅行中充实自己，丰富自己的人生阅历。退休以后，洪教授有更多的时间来旅行了。"旅行不仅可以丰富头脑，还可以强健体魄。"洪教授建议青年学生，要在年轻的时候多出去走走，锻炼自己的身体，磨炼自己的意志。

这就是洪威雷教授——一个屹立于应用写作学高峰，却仍然在探索着更高山峰的巨人。

【走访后记】

2017年7月的一天，我们"学子访学人"团队与洪威雷教授相约在本部政法与公共管理学院访谈。洪教授顶着烈日骑着自行车"奔驰"而来，丝毫不像年近70的长者，倒像是一个追风"少年"。访谈过程中，洪教授充满着年轻人的活力，亲切随和，思维敏锐，精神矍铄，意气风发。和他交谈，我们感觉如沐春风，受益良多。

一位优秀的老师，是学校也是这个社会的巨大财富。在如今这个浮躁的时代，潜心学术的人越来越少。而洪教授却始终如一，不忘初心，以笔为径，开拓出了属于自己的一片天，他对于写作的热情深深感染了我们。"大学之道，在明明德"，品格的塑造也是大学的重要任务。洪教授让我们知道了，品格比学识更重要。他以自身做表率，告诉我们怎样才是"德艺双馨"的教育工作者。洪教授还在访谈中告诫我们，要多读书，扩大知识面，可以选修双学位，因为"一个人知识的宽度，决定其职业生涯的高度"。他还注重哲学的普及，并热情地为我们推荐了哲学入门读物——艾思奇的《大众哲学》。这些都让我们团队一行既受到了深刻的

洪威雷教授（前排中）与走访学生团队合影

教育，也为之深受感动。

走访学生团队成员：

通识教育学院 2016 级电子商务及法律专业　郑俊曼

通识教育学院 2016 级法学专业　刘欣

通识教育学院 2016 级法学专业　杜霞卿

通识教育学院 2016 级法学专业　罗卓然

通识教育学院 2016 级行政管理专业　邱钰婷

通识教育学院 2016 级公共事业管理专业　曹丽颖

（指导老师：张程）

李宗荣：
国际信息科学界的开拓者

李宗荣，1947年1月生，湖北荆门人，湖北大学计算机与信息工程学院教授，理学博士、哲学博士。1969年毕业于武汉大学数学系；2002—2004年在华中科技大学攻读理学博士学位；2007—2008年赴加拿大麦吉尔大学做博士后研究工作；2012年再获华中科技大学哲学博士学位；2012—2015年又在武汉大学发展与教育心理学研究所攻读硕士学位。主要研究方向包括：计算机软件工程、理论信息学、信息心理学等。主持国家自然科学基金与卫生部、国防科工委及湖北省自然科学基金等项目六项，出版《社会信息学导论》《理论信息学》《信息心理学：背景、精要及应用》等专著四部、教材五部，翻译、出版 M.A.Bunge《涌现与汇聚》一书，在国内外发表中英文论文100余篇。

2018年寒假，我们学子访学人团队与李宗荣教授取得联系，在其工作室和家中开展多次访谈活动，后成此文。

筚路蓝缕启山林，克难奋进求学路

"人这一辈子活着，期望后有来者，也力争前无古人！世界上只有文化是永存的，我们要活出自己的价值。"初见面时，李宗荣教授便向我们陈述了他的人生态度。

李宗荣出身于农村家庭，爷爷是老师。受爷爷的影响，他小时候就特别喜欢读书。新中国成立后的三年困难时期，吃饱饭都困难，全荆门市的高中毕业班除了李宗荣所在的班之外都被解散回家。他感慨：生活不易，唯有知识可以改变命运。1964年勤奋刻苦的李宗荣凭借优异的成绩考入武汉大学数学系。大学五年的求学经历很大程度上塑造了他的人格。回忆起在武大求学的日子，李宗荣教授感慨："正是在大学里，我坚定了继续学习的想法。在浩瀚无边的知识海洋面前，大学学习仅仅是探索的开始。"大学期间，他力求在精修专业课的基础上全方位发展。

在李宗荣教授求学的那个年代，计算机还是天方夜谭般的存在。幸运的是，他所就读的武大数学系拥有全校唯一的一台计算机。从那台机器上，李宗荣捕捉到了未来的方向。作为最初一批从事计算机学习的学生之一，他付出了更多的精力钻研。读论文、看英文原著、抓住每个上机操作的机会，李宗荣几乎是"泡"在了图书馆里，在丰富了学识的同时也在同学们眼中增添了一抹人格魅力。李宗荣的同班同学田爱景，同样对计算机有浓厚的兴趣，两人在学习、生活上互相扶持，渐渐萌生出朦胧的情愫。

"在大学时，我最幸运的便是遇到了我的夫人。我们志同道合，对学问都有一股钻劲儿，在大学时我们也经常一起自习，一起探讨。"说完自己求学的经历，李宗荣谈到自己的夫人田爱景副教授，脸上洋溢着幸福的神情。在 1970 年大学毕业之际，"文革"尚未结束，李宗荣和田爱景同时被分配到了湖北潜江解放军农场。1972 年又分别到十堰市竹山师范学校和竹山县中学任教，并在那里登记结婚。

李宗荣教授与妻子田爱景副教授的合影

"文化大革命"结束后，为了弥补"文革"十年没有大学招生的人才"断档"，教育部决定通过考试从 1968—1970 届大学毕业生中选拔一批"回炉进修"。李宗荣与田爱景一同考入武汉大学 1969—1970 届进修班，结业后又一道留在武汉大学参与建立"计算机中心"。在此期间，李宗荣先后学习系统科学、哲学、心理学、生物学等专业知识。从 1964 年初入大学开始，十余年转瞬即逝，这段艰苦的求学生涯为他的人生之路奠定了基础。

天道酬勤志四海，力学不倦进修涯

李宗荣苦心孤诣地钻研学术，自身得到了极大的提升，同时也获得了国家的重视与认可。1992 年 8 月至 1995 年 9 月，受国家派遣，他作为高级访问学者赴美国密苏里大学医学信息研究所进修。在与国内学术氛围差异极大的美国大学中，他一面钻研专业知识，一面适应国内外学习氛围的差别。

在李宗荣上大学的年代，学生们主修的第一外语大都是俄语。进修时面对完全陌生的英语，他也曾有过烦恼。"我进修时，武汉大学的英语教材有清华、北大两个版本。为了迅速提升英语成绩，两个版本的教材我都学。多读、多听、多讲，学成英语自然不是难事。"

早在美国密苏里大学深造的时候，李宗荣心中就有一个"博士梦"，无奈密苏里大学没有设置所学专业的博士点。1995年，李宗荣进修结束回国，便计划在国内考取博士，却又因为年龄超过国家规定的45岁门槛被拒之门外。即便后来担任湖大数计学院信息科学研究中心主任、系统分析与集成硕士生导师组组长，他依然没有放弃考博的梦想。2001年国家放开考博年龄限制，一直在为考博准备的他在次年终于如愿考上华中科技大学系统分析与集成专业的博士生。那时，李宗荣的孙女已经三岁，他自己也已当了六年教授。2002年5月30日《楚天都市报》曾以《湖大55岁教授考上博士》为题进行报道，引发广泛关注。回忆起这段往事，李宗荣笑道："我考取博士一直是处于保密状态，怕考不上别人笑话。当时我和自己教的本科生一起去听考硕的英语讲座，学生问我，我就说是帮别人'做笔记'。"

"爷爷辈"的李宗荣在湖北大学任教期间，还要往返于华中科技大学修读博士课程。热爱学习和工作的他从未感到疲倦，反而习惯于这种充实。"有一种信念一直支持着我，这些根本算不了什么。"他坚定地说。

后来，李宗荣又成为武汉大学发展与教育心理研究所的在职研究生班的学生，还同时就读于武汉大学咨询心理师培训班，并于2012年考取了二级心理咨询师资格证。此外还在人工智能、信息科学、中国文史哲学、管理学、心理学、西方哲学等方面有较深造诣。对于受旁人称赞的学习和进修经历，李宗荣本人倒是显得很淡然："学习是我的兴趣，早已深深地融入我的生活，成为我的自觉习惯了。"

砥志研思诣精微，真知灼见研究道

李宗荣先后研习数学、计算机、英语、哲学、心理学、法学、生命信息学等多学科知识。知识量的累积带来的是更加理性、逻辑化的思考方式和更加独特的视角。在信息科学方面，李宗荣教授更称得上是信息科学世界观的"开拓者"。

2010 年，李宗荣教授在其博士学位论文和博士后研究工作报告的基础上，撰写并出版了《理论信息学概论》。国际信息科学学会主席、奥地利计算机科学 Wolfgang Hofkirchner 教授在为该书英文版写的序言《一个国际信息科学发展的里程碑》中说："该书不仅对信息科学的理论基础做出了杰出的贡献，而且更为重要的是，它将成为在世界范围内信息科学发展的一个里程碑。"因为李宗荣的第一篇博士论文——《理论信息学：概念、原理与方法》把相关的

李宗荣等著《理论信息学》（2014）

信息学科组织成为一个完整的有机的知识体系，促进了信息科学的加速发展与成熟。李宗荣的博士后研究报告《论信息科学的世界观》，把人类工业时代以来占主导地位的自然科学的世界观、方法论与科学观，提升到"信息主义时代精神"的高度，开创性地提出了信息科学的世界观、方法论与科学观。

李宗荣等著《信息心理学：背景、精要及应用》（2017）

李宗荣的原创性理论不仅结束了人类科学史上"科学＝自然科学"的传统观念，取而代之以"科学＝物质科学＋信息科学"的崭新科学版图，而且终结了人类思想史上"科学与人文""心理学＝科学心理学＋人文心理学"等两分法的合理性。当信息世界观、方法论与科学观被用于心理学研究的时候，得到一个被称之为"信息心理学"的新的学科系列。武汉大学哲学院副院长、心理学系首任系主任张掌然教授在《信息心理学：背景、精要与应用》的"代序"中说，李宗荣教授有开拓信息科学"新大陆"的智慧，有持久追求一个目标的执着精神和坚强毅力，期望

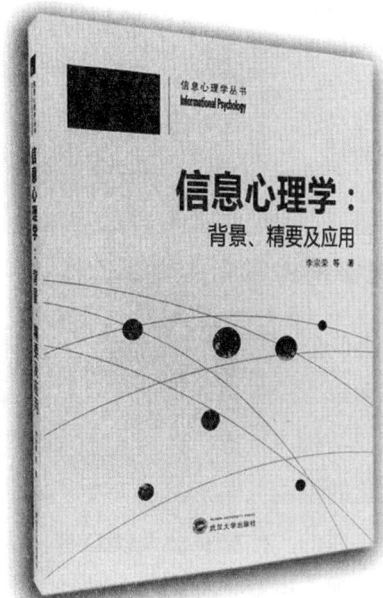

李宗荣、田爱景合著《社会信息学导论》
（2009）

李宗荣早日登上新大陆。

上述成果和影响力是李宗荣教授退休后致力研究而水到渠成的结果。退休多年的他在华科大附近有一间小工作室。一个书柜、一块白板、一张书桌、两张整洁的床将小小的工作室塞满。方寸之间，书香溢齿。李宗荣教授退休后已出版《理论信息学概论》等专著三部，翻译、出版 M.A.Bunge 的《涌现与汇聚》。M.A.Bunge 是加拿大皇家学会会员、麦吉尔大学哲学系终身教授、国际学术界"科学实在论"的一位领军人物，他年届 90 岁的时候招收李宗荣为关门弟子，做博士后研究工作。

此外，李宗荣教授在国内外发表中、英文论文近 30 篇；2017 年 10 月出版"信息心理学丛书"第一辑第一本《信息心理学：背景、精要及应用》。1999 年，李宗荣教授组织召开首届中日韩医学信息学大会（杭州），并出任会议主席。退休后，2010 年他发起第四届国际信息科学大会（北京），出任会议秘书长；还发起成立国际信息科学学会，出任第一、二两届理事会副主席；先后参加海峡两岸心理学研讨会，以及在华盛顿、伦敦、温哥华、东京、首尔等召开的国际学术大会。

锐意进取出机杼，明修饱学精神气

访谈期间，李宗荣教授向我们简要讲述了信息心理学的内容。他解释道："计算机、个人心理与社会文化有着共通的'结构三角形'。如果不考虑计算机输入与输出，可以得到'控制、存储与运算'的计算机结构三角形。而个人心理系统的结构三角形是'动机、知识与智慧'，社会文化的结构三角形是'人文、自然与社会'。"三者看似各有其特点，但其本质是共通的。比如社会系统自身作为一个"主体"，它也需要有"控制"的力量，价值观，也就是人们的价值选择，即"人文理念"。人们的"自然"理念与科学技术，构成我们生活中庞大的知识库，而"社会"理念，则使得"社会主体"自主选择知识库中的内容，通过特定的逻辑运算从而得出治理社会的国策、法律、法规。既然社会、人类和计算机的组成和结构是相通的，当然在功能上计算机可以帮助人们处理社会信息，机器人可以代替人们进行工作。

讲解之余，李宗荣教授向我们访谈队员提问："社会文化与个人心理具有什么样

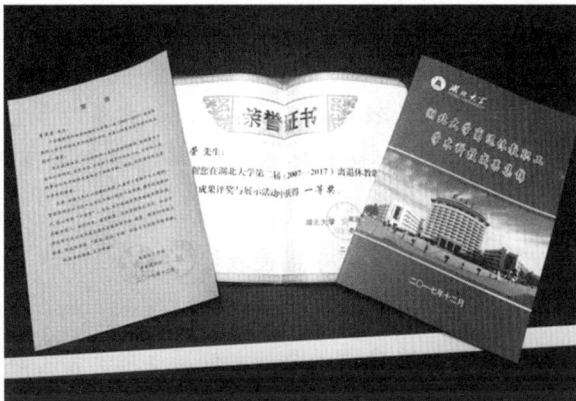

李宗荣获得离退休教职工学术科技成果一等奖（2017）

的关系？"团队伙伴们各抒己见，却总觉得描述略为生硬。他向我们解释："个人心理总是成长于社会文化之中。"打个比方，其间的关系就像"酱缸与泡菜"。泡菜的味道有酱缸里的一般性，还有泡菜自身的独特味道。同样，文化对于心理的塑造包含同构性和选择性两种。通俗点讲，就是共性和特性。"大学生接受教育既有公共的价值、知识和能力，也有自己个人的动力、选择与特长。每个人都要有自己的特性，要活出不一样的自己。"

李宗荣教授多次提及"信息能"——即一条信息所带来的爆炸般的能量效应。"我们要理解，并掌控这个能量。信息世界浩瀚无垠，我个人的开拓微乎其微，需要更多的后来者扩充版图。"

研究始于一瞬间的灵感，成于长久的思考。李宗荣教授认为研究并不是阳春白雪般的存在，每个人都可以尝试研究，但这也需要学识的积累，需要有一股信念支撑你不懈地进取。要想活出自己的价值，为这个世界做点什么，知识与勇气，两者缺一不可。

李宗荣教授强调，人活在世界上，无非都是一副100多斤的躯体，但真正使之有质的差别的，是我们的大脑——智慧。在漫长的时间洪流中，我们单个人类个体实在是太过渺小，能留下的只有基因与文化。人类学家说，6000多年以来，人类基因的进步甚微，但是人类的文化变化巨大。人类进化的主要形式，不再是"自然选择"，而是"价值选择"，即知识体系的"升级进化"、对新兴产业尽可能快的接受速度、各项能力的逐渐强化等。如何创新文化，如何留下震古烁今的新的文化基因，才是我们人生中最应该思考的。

【走访后记】

在与李宗荣教授的交谈中，我们更多的感受到的是他的谦和与包容。在访谈之前，我们一直处于神经紧绷的状态。我们都是第一次访谈造诣如此深厚的学者，害怕自己的言行出了纰漏，使场面尴尬。直到见到李宗荣教授，他的热情随和化解了我们的顾虑。在李宗荣教授讲解专业学术知识时，他总会举各种生动的例子帮助我们理解。针对我们提出的问题，他也是有问必答。李教授与我们侃侃而谈三个多小时，在床前的白板上边写边用手势比画着，绘声绘色，充满激情。当我们让教授坐下来讲解时，他却说："没事，我给学生讲课一站就是四个小时，中途不用喝水也不进洗手间。"

"身为湖大的教授，我最遗憾的是没有为学校做出什么突出的贡献。湖大虽实力不及武大华科，但是作为湖北省和国家教育部共建的高校，还是有较大的影响力，而且越办越好。"李宗荣教授勉励我们："湖大的青年学子，希望你们在学好自己专业知识的同时，多在自己感兴趣的方面研究，眼光要放长远，摸索出最适合自己的道路，坚持通识教育，提升各个方面的能力，学习之余要坚持锻炼身体。湖北大学将是你们成长中优秀的平台，今天我爱湖大，以湖大为荣，明天湖大爱我，以我为傲。"

作为后生，在访谈中我们无时不感受到李宗荣教授身上的雄心壮志，耄耋之

李宗荣教授与走访学生团队合影

年的他已达"从心所欲不逾矩"的境界，仍想再多为这个世界留下些什么，这份精神深深地打动了我们。

2018年1月下旬，我们访谈小组受李老邀约，有幸在湖北大学本部李宗荣教授家中再度会面。他的夫人田爱景老师也恰在家中，我们围在一张桌前，听两位老师为我们解答大学生活中的问题和研究写作的技巧，其乐融融，我们与教授一家成为朋友，也像是家人。我们何其有幸，通过学子访学人活动和李宗荣教授有这样的相遇。言短意长，与他的交流虽短暂，但必将使我们受益一生。身为新时代青年的我们，一定要为这个时代留下属于我们的价值。

走访李宗荣教授及本文成稿过程中，得到了离退休工作处、通识教育学院、计算机与信息工程学院有关领导和老师的大力支持，在此一并致谢。

走访学生团队成员：

通识教育学院2017级软件工程（产业计划）专业　胡晨
通识教育学院2017级软件工程专业　黄嘉华
通识教育学院2017级计算机科学与技术专业　金灿
通识教育学院2017级通信工程专业　李雅婷
通识教育学院2017级物联网专业　谢闯闯
通识教育学院2017级物联网专业　谢淑琴

（指导老师：严秀红　王珩瑾）

涂怀珵：
德艺双馨、成就卓然的诗联家

涂怀珵教授近影

2018 年阳春三月，时逢湖北大学加紧提质进位"双一流"建设之际，我们有幸采访到"跟时间赛跑、为校院争光"的文学院教授涂怀珵。

他"跟时间赛跑"的成绩如何？远的先不谈，仅最近的三则文字信息，就让我们感受到面前这位埋头苦干的老师之学者修养、大家风范。

消息一：2017 年 10 月华中师范大学出版社出版的《荆楚诗坛撷英》一书中有一则说明文字："涂怀珵先生 80 岁才决定陆续出版搁置多年的七部著作，即《中国格律文学新探》系列的'诗词论说卷''诗词作品卷''汉诗源流卷''楹联论说卷''楹联作品卷'；《含川斋见闻文选》系列的'散文、报告文学卷'以及'小说、影视作品卷'等。"他题记在封面上的一句话意味深长："我在含川斋里苦度写作生涯，以传述社会正能量为己任。"

消息二：2017 年 10 月 24 日，中国社会科学院文学研究所一位专家给涂怀珵发来一则短信，信中说："认真拜读了涂先生在公开刊物上发表的系列科研学术论文，论文中提出的若干新观点，如'对联应在文学史中占有一席之地''联律萌芽的四个阶段''对联初生代'等都很有道理。"北京专家建议："将这些文章结集成为专题出版更有影响！"仅记发表在权威期刊上的论文，《人民日报》有两篇，《光明日报》有三篇，《新华文摘》有全文一篇，《文艺研究》刊登全文两万字一篇。至于国内重要报刊，如《中华诗词》《人民教育》有多篇。

涂老师遵嘱已将公开发表的文章整合成学术专著《中国格律文学"两探"》。他另一部书稿名为《大学写作课教师教学实践：多种文体写作成果——多有代表作获全国奖》。封面题记说："实践者涂怀珵：教写多种文体，难在打通关。既要讲理论，更要重实践。——实践了，——有真知。"这部书稿整合了涂先生发表于各类报纸杂志上的多种文体：有新闻、通讯、散文、报告文学、小说、学术论文、中华诗词、中国对联、游记、序文、书评、点评、影视文学、编写讲义、回忆录、甚至译注文言文作品等。其中有的文体代表作获全国大奖，有的文学作品被译为几国文字，有的新闻通讯已经被介绍到国外。

涂怀珵教授为岳飞庙所题诗词

消息三：2018 年 3 月 20 日出版的《荆楚对联》杂志，连载了涂怀珵的长篇论文《对联美学初探》，该文曾发表在面向 32 个国家和地区的世界华文传播媒体协会教育类核心期刊《现代学术研究杂志》上；接下来载有一则题为《锲而不舍，创作不止》的"简讯"，说："2018 年春节期间，老学者、老诗人、老联家——原湖北大学教授、湖北省楹联学会副会长涂怀珵先生，不顾 83 岁高龄，仍然坚持夜以继日创作。先后创作出一批紧跟时代步伐、服务人民大众的高质量作品。"

透过这几则信息，我们了解到：

涂老师在科研学术中有理论创新的喜人成果！

涂老师在文学创作中有多种文体写作实践的出色成果！

其实早在 1985 年 1 月 28 日，涂老师就凭借小说《"含川斋"见闻》荣获国家征文教育文艺"红烛奖"大奖，时任全国人大常委会副委员长周谷城为小说《"含川斋"见闻》授"最佳作品奖"，并且此小说已经被收入全国重点高中课本《现代文选读》；1989 年，由涂老师担任主笔的以讴歌人民教师为主题的大型电视专题艺术片《共和国之光》，在中央电视台播映后，荣获全国"星光奖"一等奖。1995 年 10 月 6 日，《深圳特区报》署名文章就说涂老师的"人生经历充满了传奇色彩"！且看涂老师传奇的人生经历：

峥嵘岁月锻心志，激扬文字点江山

1936 年，涂怀珵出生于江西省新建县（今南昌市新建区）一个贫穷的乡村家庭。尽管当时战火纷飞，但作为乡村私塾教师的父亲丝毫没有放松对儿子的教育。涂怀珵曾在《文学小传》中深情回忆自己从小就在父亲的戒尺旁硬着头皮背书的情景。父亲的教导让幼年的涂怀珵对文学产生了浓厚的兴趣，并且对其一生如初、矢志不渝，最终成就了一段无大中小学文凭却能执教高校的传奇。

涂老师是地地道道的"自学成才"。

他生于穷苦人家，在父亲的教导下接受儒家思想熏陶并且将这份源远流长的儒家思想深深镌刻进了生命之中。但是由于战争的炮火和生活的艰难，刚刚上完两年私塾的涂怀珵不得不辍学去给人家放牛。尽管如此，他仍旧利用一切可利用的条件坚持自学，效法古人"负薪、挂角"。艰苦的生活没能掩埋他那颗求学上进的心，反而磨炼了他自学成才、为国家和人民做贡献的意志。

"朝鲜开战激，为国我参军。拜别爹娘去，血肉筑长城。"

1951 年，抗美援朝战争拉开了序幕，年仅 15 岁的涂怀珵怀着报效新中国的壮志豪情，辞别家人，志愿入伍。在"吹角连营"的军旅之中，年幼的涂怀珵在训练之余经常拿起自己稚嫩的笔杆写饱含深情的文章，抒发对新中国的无限赞美。例如，他在新中国成立两周年之际创作《国庆节感想》，"凄惨的浓雾尽散，天空变得明朗了，出现了一轮红日，照耀着千百的贫困同胞……"这篇在军队中诞生的处女之作在连队里引起了不小的轰动，对他日后从事文学事业有着不可磨灭的影响。

涂怀珵小说《"含川斋"见闻》荣获全国"红烛奖"最佳作品奖

抗美援朝战争结束后，涂怀珵转业到农业厅机械厂当起了统计员。尽管工作辛劳，他还是积极寻求一切学习的途径，不仅在当时位于武昌阅马场的湖北大学旁听工业经济函授，还在华中师范学院（华中师大前身）中文系听汉语言文学的课程。

在自学完成中学课程后，涂怀珵于 1963 年带薪参加全国高考，仅中文一科就考了 95 分，凭优异的成绩按填报的第一志愿被华师中文系录取。于自学而言，涂怀珵无疑是成功的，然而现实又给了他沉重的一击。一场洪水使涂怀珵的父亲在江西家乡受灾而死，母亲因心生焦虑患上"青光眼"以致失明。为了照料行动不便的母亲，他放弃了上大学的机会。幸而长江日报社接收他为记者，并为正在为生计发愁的母子俩提供了一间小屋居住，母子两人长年相依为命，从此涂怀珵便开始演绎他一生中最为重要的的记者角色。

时人不识凌云木，待到凌云始道高

初入报社，涂怀珵经常受到别人的轻蔑与无视。但他怀着一颗进取上进之心，将别人的轻视化作前行的动力，在自己的岗位上铆足干劲耕耘，花比别人更多的时间学习，下比别人更多的功夫做事，向经验丰富的记者虚心请教，每日奔波于各地收集素材以至于顾不上吃饭。在报社工作期间，他积累了 200 万字的采访。

让同事改变对他的看法的，是他于 1965 年发表的事件通讯《失去亲生儿子之后》。这篇通讯表现了工人阶级的高尚情操，引起了社会轰动，国内许多报刊相继转载并介绍到国外，他也因此被推荐进入《中国当代著名编辑记者》史册。2000 年 1 月，《武汉晚报》甚至连续三天在头条的位置，重提他当年采写的这篇作品并配上他的"工作照"，以期再度"点燃亿万人心中圣洁的感情"。

雄关漫道真如铁，而今迈步从头越。

十年的"文革"浩劫给高校的教育事业带来了难以想象的巨大冲击。为了恢复高校教育，涂怀珵在上级领导的要求下从长江日报社调到武汉师范学院（湖北大学前身）中文系讲授写作课程。41 岁的涂怀珵又踏入了一个全新的领域。为了把每一节课讲好，讲出自己的特色，涂老师对自己提出了更高的要求。他认为，一个写作课老师，凡是教学大纲里规定要讲的体裁，都应该能写，而且要写得出色。要求一个写作课老师同时在诗词、小说、报告文学、新闻通讯、散文、影视脚本等均有建树，这是何等难事，简直近乎苛求！

而涂怀珵正是这样"苛求"自己的，并且也奇迹般地达到了预期的目标。上述各体裁的全国性评奖中，他均有作品获奖。如小说《"含川斋"见闻》获全国"红烛奖"最佳作品奖；电视艺术片《共和国之光》在中央电视台播映后，获全

涂怀程主编的教师节专题艺术片荣获全国电视艺术星光奖一等奖（1990）

国"星火奖"一等奖；报告文学《为赢得21世纪：开拍！》获得全国"红烛奖"一等奖；《潘庆洪兴教记》荣登《光明日报》；散文《告慰》和《说来也巧》均获全国性散文征文一等奖，并被收入《学生写作经典范文》一书中。多种文体获奖充分证明他达到了将多种文体打通关的目标。

未出土时先有节，已至凌云犹谦温

"同学们，我知道你们都想知道我是哪个大学毕业的。我实话实说，不是清华，也不是北大，我是社会大学毕业的，放过牛，当过兵，干过工人。"

涂教授向我们讲述他第一次登台讲课的情形，并且从一个发黄的硬袋中取出了一沓纸摊在桌上，看得出来有年岁了。

"这可都是我的宝贝啊！"涂教授骄傲地说。

我们一看，原来纸上尽是学生对他讲课音容的描写和受益匪浅的心得，涂教授视其如珍宝。

"古之学者必有师，师者，传道授业解惑也。"

作为一名大学教师，拿得出手的科研成果只是"术"层面上的要求，能做到想学生之所想，俯下身子和学生共成长才是真正的"师者"。

在20年的教学生涯中，涂怀程探索出具有个人特色的三个"乐学"公式：一是积极性＝目标价值 × 期望概率，这是美国社会心理学家蒙佛龙提出的一种"期望理论"，并将其内涵归为上述公式：只有当目标价值大，而且目标适度、切实、不偏高、不偏低的时候，人的积极性才高。实践证明，它是激发人们积极性的有效方法。二是1+1=3，这是电影蒙太奇学派的著名公式，也可列为：A+B=A × B。它不是表示两者简单的添加，而是两个组合在一起便能派生出新意的符码。三是8-1 ＞ 8（小时），一位英国教授在《教学与艺术》中说过这么两句话："如果我们不能获得一声出自内心的笑，那么这一天的教学就白费了。""假设你担任一个有 30 个年轻人的班级的老师，当你感受到他们在一起费力地向文化知识山峰爬进时，如果你能合理地给他们一些享受，那他们的工作效率就会是 30 个人分别在压抑状态下工作效率的九倍。""引导学生准确定位，激发想象，善于鼓励"成为涂老师的教学指导思想。

涂老师在教学中引导学生尽早进入完全主动、高度自觉的乐于独立工作的积极状态，为他们每一点进步给予意见与鼓励。涂怀珵认为教师不仅应该做学生指路人，还应当是学生的"人梯"，他曾写诗呼吁：

> 高霞得月方成彩，劲竹依岩始自顾。
>
> 长愿人梯如岱岳，敢肩芳草拂云飞。

为催诗国中兴早，尚愿多人作郑笺

20 世纪 80 年代初期，改革开放拉开序幕不久，文学界百废待兴，许多领域亟待"拨乱反正"。恰在此时，著名古代文史学家、国学大师程千帆先生顺应时势，发表《关于对联》一文为对联鸣不平，"（对联）它本应该在文学史中占有一席之地，但不知为什么，却被我们的文史学家一致同意将它开除了……"

当涂怀珵读到程千帆对楹联的发声之作后，心中波澜起伏，他暗暗发誓，一定要平反对联的错案。

有谁曾想到，只此一诺，便是一生。甚至有人称涂怀珵是"把心'嫁'给对联的人"！

"程老师，我觉得杜甫不仅是伟大的诗人，也是伟大的对联作家。"

1986 年开春不久，程千帆先生应邀到湖北大学讲学授课。课余之时，涂怀珵将自己对杜甫的看法告知程千帆，程老师沉思片刻后微微颔首，鼓励涂怀珵在楹联研究道路上前行。

实际上，程千帆先生对涂怀珵的研究颇为上心，即使回南京卧病在床时，亦书信嘱托涂怀珵"要学孔子那样重视诗歌理论研究"。涂怀珵后来感念程老，亦曾作七言绝句：

> 诗作知其所以然，仲尼导论在秦前。
>
> 为催诗国中兴早，尚愿多人作郑笺。

"板凳需做十年冷，文章不写半句空。"在楹联文学这个边缘性学科上踽踽独行了 20 年后，涂怀珵终于以一篇《论联律萌芽四个阶段》震惊了学术界。

在楹联学界，关于楹联的起源争论已久但无统一之论，但涂怀珵的《论联律萌芽四个阶段》对楹联的产生时间和评判标准做了明确解释，解决了长期以来令人困惑的楹联起源问题。

涂怀珵在《论联律萌芽四个阶段》中提出对联体制从出生到成熟要经历四个阶段的心理历程：一是有意识地运用对仗句，二是自觉地把对仗原则由意义推广到声音方面，三是在声律上进行革命性的变化，四是提出了音步的设想（学术界称上述理论创新名为"联律萌芽四个阶段完成说"）。在此评判标准的理论指引下，涂怀珵进一步提出，沈约晚年的"若前有浮声，则后需切响"的平仄交替理论是"完成萌发对联文体之花的最后一瓣芽"。至此，涂怀珵将对联的起源从占据主流观点的唐朝上溯到南北朝齐梁时期，对联的起源终于有了较为清晰的定位。

涂怀珵的理论研究成果"发前人所未发"，将对楹联历史的讨论推向了更为深入的阶段，受到海内外楹联学者和爱好者的关注与认可，并屡获大奖。

老骥伏枥未敢歇，其志尤在天下文

"夸父持筇志未移，此情最是退休时。欲书长卷心难静，不话生平党亦知。"

1996 年，涂怀珵从湖北大学光荣退休。本该是颐养天年、含饴弄孙的时候，他偏偏选择继续在学术和社会上发光发热。

人有数事绕心头，怎易安宁静如水。

他坚守初心，总在强调中国传统文化在今天的意义，最重要的在于我们的传承。为此他身体力行，积极参与筹建湖北省暨武汉诗词学会、湖北省楹联学会。为了表彰他在楹联文体创作、文化研究和教育普及等方面做出的贡献，中国楹联学会于 2004 年在人民大会堂授予涂怀珵"德艺双馨楹联家"称号。2014 年涂教授荣获中国楹联最高奖"梁章钜奖"提名奖。

在学术上，退休后的涂怀珵依旧保持着旺盛的学术生命力。远的不说，仅在湖北大学第二届（2007—2017）离退休教职工学术科技成果评奖与展示活动中，他交出这十年内公开发表的论文就有 33 篇之多。并且有多篇论文发表在国家一级刊物上，如《人民日报》的《散文的香》，以及《人民日报》新闻战线上的《新闻标题与诗学》；《光明日报》上的《论〈渴望〉编剧的得与失》以及《滕王阁竹刻楹联堂序言》；《文艺研究》上的《试论毛泽东"两行诗"》；《新华文摘》上的《选谁、挖透、写够》等。

一个没有接受过系统教育取得文凭的人何以取得如此辉煌的成就？也许正如与他共事多年的老同事所说，他的成就是在别人抽烟打牌的时候努力得来的。涂怀珵的特点一是非常认真，二是非常执着。

"我在含川斋里苦度写作生涯，以传递社会正能量为己任。"

在我们采访涂怀珵教授时，他已是耄耋之年，但仍旧黎明即起进行文学创作和整理过去的文学成果，日复一日，坚持多年。

涂怀珵曾写过一首《沁园春》寄语青年学子，"君不争雄让与谁？"这又何尝不是对涂怀珵教授自身最好的诠释呢？我们将32年前《湖北青年》杂志约请他写的《沁园春·寄语自学青年》转呈读者诸君，以期共勉。

西蜀贫僧，能朝南海，一钵何奇！故囊萤映雪，善凭地利；悬梁刺股，不待天时；凿壁偷光，负薪挂角，未靠人和靠自为。普天下，凡学林勇者，都是吾师。

青春来去如期，经不起花前月下移。况书山峭壁，停攀则坠；江山巨翼，怨滞思飞；峡内三通，国中四化，君不争雄让与谁？寒窗夜，寄心头数语，不尽依依。

不做昙花枝上蕊，甘为雪地火中薪

2019年夏至，华中师范大学出版社出版了《涂怀珵诗词论集》一书，该书图文并茂，独具匠心。有篇书评短讯中报道说"作者出书，也需要'农民心态，工匠精神'"。其实早在此书出版之前的1992年3月14日，87岁高龄的臧克家老先生就在北京写信给56岁的涂怀珵，寄予希望的同时也告诫道："出书不要趋时髦，要扎实工作，以高质量争先。"臧老的指教，在涂老师心中"警钟长鸣"，他以此严格要求自己，到80岁才决定陆续出版搁置多年的七部著作。说是搁置，其实是在时间的更迭里不断酝酿与修改。《涂怀珵诗词论集》一经面世就普获好评，湖北省中华诗词学会办公室驻会专家发来短信说："大著已经分赠诸同仁，一致评价水平高。"可以说人见此书，眼前一亮，美如一现之昙花。楹联家陈东成曾咏昙花"一世辉煌争一瞬，千般绚丽越千年"，湖北省著名诗人黄金辉亦有诗云"一现昙花称壮美，三思事业要恒常"，但是涂老师则言志曰"不做昙花枝上蕊，甘为雪地火中薪"。这预示着83岁高龄的涂老师要继续老有所为。我们翻开《涂怀呈诗词论集》，在其封面有"作者简介"，言简意赅，让我们不禁感叹这位自学成才的老师能有现在的成就实属不易。"作者简介"如下：

涂怀珵，1936年生，江西新建人。五岁从父学蒙书及对课。11岁从伯父（同盟会会员）学诗半年。13岁被乡农会委任为全乡儿童团团长。15岁（抗美援朝时期）参军，战争结束后转业到国营工厂任共青团干部。在任共青团干部期间带薪参加高考，被华中师范学院（今华中师范大学）中文系录取，但为了照顾双目失明的母亲毅然弃学，转调武汉市委机关报社工作。因有采写新闻通讯的成名作，故被推荐列入《中国当代著名编辑记者传集》。后被调入湖北大学教写作课，其间当选中华诗词学会成立大会正式代表，并参与筹建湖北暨武汉诗词学会。后当选湖北及武汉诗词、楹联学会副会长，荣获"德艺双馨楹联家"称号。有多种文体作品获全国奖，其中小说《"含川斋"见闻》已被收入全国重点高中课本，电视艺术片《共和国之光》在中央电视台播映后获全国"星光奖"一等奖，还有不少诗词、楹联作品被刻挂于名胜景区。所著七部著作将陆续出版。

【走访后记】

此次采访前后共历五次，期间涂怀珵教授的热情、专注给我们留下了深刻的印象。

第一次约见涂怀珵教授是在湖北大学退休教授活动室里。约定的时间是九点半，可当我们八点四十到达活动室想早到一会儿等涂教授时，不曾想涂教授竟早

走访团队与涂怀珵教授（前排右二）合影

早地到了活动室，并且带来了他分门别类准备好的资料。见到我们，他第一句话就是："同学们好，我不是不想站起来欢迎你们，实在是我腿有毛病，站起来很费劲。"（在涂教授后来的讲述中，我们知道他的腿疾是 1997 年在外地讲学的路上出车祸导致。）初次的见面交谈我们就感受到这位耄耋老人身上那一股子认真劲。

第二次是在涂老师家里。刚入屋内，视野就被随处垒着的书籍、证书、字画和绿色盆栽填满，一处角落里的简易老旧的饭桌、几张凳子和一个小圆桌就是客厅中的家具。身处其间，却自有一番"斯是陋室，惟吾德馨"的超然之感。

在对话的过程中，涂教授让我们有不清楚的地方就问他，不要不好意思。只有亲身接触才能感受这位学者的风采。也难怪学校党委书记尚钢教授在得知我们走访涂怀理教授时特意叮嘱我们，"学子访学人"活动是一个素质教育平台，也是一次非常好的学习实践机会，要我们多向他们交流如何做学术，他们是最生动的教材。走访归来，我们收获满满。

走访学生团队成员：

通识教育学院 2017 级汉语言文学专业　王志广

通识教育学院 2017 级汉语言文学专业　张璇

通识教育学院 2017 级汉语言文学专业　寿雨超

通识教育学院 2017 级汉语国际教育专业　李梦

通识教育学院 2017 级编辑出版学专业　陈可欣

通识教育学院 2017 级新闻传播类　李心月

通识教育学院 2016 级汉语国际教育专业　陈仕佳

（指导老师：叶云岭　邓琪）

饶士奇：
湖大行管系的重要创始人之一

饶士奇教授近影

饶士奇，1936年7月生，湖北大学政法与公共管理学院教授，湖大行政管理专业筹备组重要成员之一。曾任湖大行政管理系主任，为湖大行政管理系的创办与发展作出了重要贡献。编著有《公文写作与处理》《秘书学概论》《文书学》《行政文书学概要》等，在《理论月刊》《中国行政管理》《秘书之友》等刊物上公开发表学术论文多篇。

湖大行管系创办初期，饶士奇曾将王沪宁、王邦佐、夏书章、王惠岩、王松、赵宝煦、梁守德等一批全国一流的学者专家请到学校给学生授课；他曾主导并自筹经费创办行管系语言实验室和办公自动化实验室，《光明日报》时任总编王晨（现任中共中央政治局委员、全国人大常委会副委员长）特地来校参观，并评价说："高校建文科实验室，你们是首创。"《中国行政管理》杂志1995年第九期曾为湖大行管系建系十周年开辟专栏，介绍行管系的发展成果，同时还发表了饶士奇教授撰写的《论新时期高校行政管理专业走向的选择》一文。

乘风——人生经历

饶士奇教授一生从事教育工作，是湖大行管系的创始人之一。作为老一辈的知识分子，饶士奇与和他同时代大多数知识分子相似，都经历了坎坷的治学之路，拥有普通却并不平凡的人生经历。

饶士奇出生在战火纷飞的抗战时代。1951年，年仅15岁的他参加工作，成为一名小学老师。由于他热爱写作，又能吃苦，寒暑假期间，常被县里抽调出去搞中心工作（如防汛、查田定产、整顿农业社等），经常协助领导写调查报告等文书。凭借着较好的文字功底、负责的工作态度，饶士奇被领导看中。领导十分欣赏他并鼓励、推荐他考大学，继续接受高等教育。但当时备考资料稀缺，教育资源又是少之甚少，考大学谈何容易？

但困难从不是智者逃避的借口。经过不懈努力，1956年，饶士奇终于考入了武汉师专（湖北大学前身），完成了自身从初中毕业生到大学生的蜕变。大学期间，饶士奇刻苦学习文化知识，同时也担任了校学生会干部。正当他意气风发之时，却遭到了严重的打击，因为一些言论饶士奇被划为"右派"。1958年，他被下放到鄂州鸭儿湖农场劳动。那里环境很差，劳强度又大，有的人很消沉。但饶士奇认为，既然来了，就得好好干，绝不能消沉下去。是感叹命运还是愤然前行，这是一个严肃而又必须回答的人生课题。泰戈尔《飞鸟集》中的诗句给了他勇气和动力。至今，饶士奇教授依然记得，采访期间他也吟诵了出来："如果你错过太阳的时候流了泪，那么，你也要错过群星了。"要做生活中的强者，要征服苦难，闪烁在夜空中的群星会给你力量和信心去勇敢地迎接明天的太阳。他以出色的表现成为当时武汉市第一批摘掉右派帽子的大学生。回到学校，他依然带着对知识的渴望和对工作的热情投入到学习生活中。毕业后，他留校工作。在接下来的20年，饶士奇经历了各种磨难，吃尽了苦头，却也取得了骄人的成就。

为顺应社会改革发展对人才的需要，湖北省教育主管部门决定在湖北大学设立行政管理专业。饶士奇被学校委以重任，参加行管系筹备组，他和同事们摸着石头过河，从1985年开始筹建工作。行管系从无到有、从弱到强，离不开他们多年的付出。湖大行管系创立后，为社会培养了一批批优秀的行政管理人才。

1998年，62岁的饶士奇从工

饶士奇教授主编的《公文写作与处理》

作岗位上退了下来。退休后，又受国家教委聘请主编全国高等教育自学考试行政管理、秘书等九个专业使用的指定教材《公文写作与处理》（2000 年出版），至今仍在使用。此后，饶士奇前往美国照顾孙子，现同老伴居住在湖大教师公寓，过着安逸的老年生活。

饶士奇教授一生充满坎坷，但从未屈服于任何一次波折。痛苦能够孕育灵魂和精神的力量，几多磨难，几经蜕变，成就了集学识、智慧与干劲于一身的饶教授。

破浪——创办行管专业

20 世纪 80 年代，行政管理专业人才为时代所需，然而在当时全国高校中设立行政管理专业的学校仅有复旦大学、中山大学等几所院校。1984 年初，湖北省政府为统筹安排发展湖北省地方高等教育事业，将武汉师范学院更名改制为湖北大学。湖北大学的行政管理专业也应运而生，饶士奇作为筹备组成员之一，看到了行政管理专业人才培养的必要性以及行政管理专业大好的发展前景。

湖大行政管理专业在创办之初主要面临着资金、师资和基础设施等方面的问题。提到创办初期的基本情况时，饶士奇教授幽默地说：“当时有人把我们筹备组戏称为搞‘321 工程’，这个‘321’是什么意思呢？就是 3 个人、2 张桌子和 1 间房子。我们三个人在一间屋子里摆着两张桌子就开始干了，哈哈！”说完饶士奇笑了，但我们却从他看似轻描淡写的言语中体会到当时开展这项工作的道路之艰、困难之大。

为了办好行政管理专业，饶士奇全身心地投入到筹备工作，竭尽所能，抓住外出参观学习的机会。将当时全国一流的学者专家请到学校给学生授课，其中有：来自中山大学的著名行政学家夏书章教授讲授行政学；吉林大学的王惠岩教授，复旦大学的王邦佐教授、王沪宁教授（现任中央政治局常委、中央书记处书记），华东师大王松教授讲授政治学；北京大学的赵宝煦教授、梁守德教授讲授国际政治学；同时，他还请来一些有丰富实践经验的学者型官员，如中共中央办公厅秘书局局长李欣、中共湖北省委秘书长吕乃强、中共武汉市委副书记殷增涛（曾任中共武汉市委秘书长）、江汉大学校长王千弓（曾任武汉市政府秘书长）为同学们讲授秘书学和秘书工作专题。饶士奇教授自谦地说：“我们虽然自己没有什么本事，但是能把有本事的人请来也是一种本事，其目的就是要让来我们行政管理专业就读的同学们学到真本事。”正因为有很多知识渊博、实力雄厚的名师专家过来授课，湖北大学行政管理专业的同学们眼界得以开阔，知识得以丰富，行政管理专业初现勃勃生机。说到这里，饶士奇教授表现出一种愉悦的神情，他感慨地说："那个时期的同学现在多数是工作岗位上的骨干，不少人还走上省市级领导岗位，有的人看到了我常谈起那段难得的学习岁月，听名家讲课，受益终身啊！"

行政管理专业最初被很多人所误解，认为行政工作就是"打杂"。但事实上，行政管理是探索行政管理规律的一门科学。它以党政机关、社会组织和企事业单位以及地方各级机关的行政管理事务为研究对象，培养适应现代化社会需要的高素质的行政管理人才。筹备组经过认真调查分析，了解到我国各级行政组织的负责人大多是从基层行政实践中择优选拔出来的，特别是高级行政长官，往往是有丰富的行政实践经验和一定的行政业绩，经过各级党校或行政学院的系统教育而选派到领导岗位的。因此，作为一个地方高校的行政管理专业，不应以培养行政长官为目标，而应将培养目标定位于基层的行政管理人才。

1986年，受中共湖北省委组织部和武汉市委组织部的委托，行政管理专业开设了两年制的干部专修科，连办了三年，总共培养了240名毕业生。同时还招收了行政管理、秘书两个专业的专科生（1991年开始招收本科生），在课程设置上提出了"一主两翼"的教学模式，即加强主干课程政治学、行政学、秘书学、法学、公文写作的教学，在理论和实践环节加强力度，为胜任基层行政工作，打好坚实基础；同时狠抓外语和计算机教学，以适应对外开放和实现办公自动化的需要。

基层行政管理工作也需要秘书型人才。饶士奇教授强调，作为秘书，应该具备办文、办会、办事的能力。办文，即是起草和处理公文；办会，即懂得办会的学问，对会议有总体的把控，又不疏于细节，如经费、规模、发言、生活安排等多方面的问题；办事，即要全方位考虑事情。秘书要办好分内的事，不可一切事务都向领导请示，不要给

饶士奇教授主编的《秘书学概论》

领导出难题。同时人才本身还需具备临时交办的能力，即能够处理领导临时交办的事情。在礼节方面作为秘书则要谨记，要跟在领导身旁，不能随意越过领导或远落在领导身后。

湖大行政管理专业日益发展。1991年，饶士奇为了加强外语和计算机教学，向学校提出建两个实验室：语言实验室和办公自动化实验室。在当时，很少有人能想到为文科专业建设实验室，而饶士奇下定决心要把这两个实验室建设起来。但是建实验室的经费却成了问题。为此，他们大力发展成人教育，用办班的收入购进了40台计算机和40台语音设备等硬件设施。《光明日报》时任总编王晨（现任中共中央政治局委员、全国人大常委会副委员长）特地来我校参观文科实验室，并评价说："高校建文科实验室，你们是首创。"《光明日报》还为此做了专门报道。饶士奇说："我们要培养的是适应社会、具有实干精神和动手能力的人才，不能光是嘴上说说，必须要有硬件支撑才能实现。"

行政管理系创办至今已有30多年的历史，培养了一批又一批优秀的行管人才。大批毕业生进入省、市、县级党政机关工作，其中有很多人担任领导职务。国务院办公厅主办的《中国行政管理》杂志1995年第九期还曾以《发展中的湖北大学行政管理系》为题，为湖北大学行管系建系十周年开辟专栏，用文字和图片介绍行管系的发展成果，同时还发表了饶士奇教授撰写的《论新时期高校行政管理专业走向的选择》一文。同年10月，湖大行政管理系举办了庆祝建系十周年的纪念活动，受邀参加的有夏书章、程连昌（国家行政学院院长）、王惠岩、王邦佐、王松、刘德厚等全国知名的专家学者20余人，与会总人数达500余人。

饶士奇教授说，既然要创办行政管理专业，就要把专业办好，培养适应社会发展的人才，总要有人去做、去尝试、去努力。而饶士奇真的做到了。不忘初心，牢记使命，坚持不懈，勇攀高峰，饶士奇教授身上所体现的正是这种精神。

引航——寄语青年

饶士奇教授有着深深的教学情怀，也有着浓烈的国家情怀。他跟我们谈起中共十九大时，激动不已。他说："十九大是中华民族历史发展的里程碑。十九大指出，中国特色社会主义进入新时代，全国各地都在学习十九大精神，甚至有宣讲团去国外宣讲，这足见十九大有着重大的国际影响。"是啊，饶教授的话里充分表现了他对祖国发展的自信与自豪！对于中国当下的发展，饶士奇教授用自己的见解给我们解读：中国现今之所以在世界舞台上有着重要影响，是因为我们自己硬实力和软实力并举。近几年来，中国的国际影响力越来越大，在国际舞台上的实力也越来越强，这一切都基于我国的科技实力的提高，同时以此来告诉我们，自身要强大，那就先要把基础发展好，要拿得起，放得下，才能说话有分量，别人才能信服。提及文化软实力，饶士奇教授谈到了社会主义核心价值观。他说，简简单单的 24 个字，彰显着中国几千年的传统文化，从国家、社会、个人三个层面弘扬中华民族传统美德。欧阳修曾告诫后人："忧劳可以兴国，逸豫可以亡身。"提及当下的反腐工作，饶士奇教授为之大大点赞。铺张浪费、官场贿赂等乃社会不良风气，应当坚决制止。腐败落后的政治环境是一切腐化落后的思想的温床，风清气正才有利于培养优秀的人才。

如果说青年一代是民族的未来，那么就要人为之指引方向。饶士奇教授引用人民教育家陶行知的话寄语青年："先生不应该专教书，他的责任是教人做人；学生不应该专读书，他的责任是学习人生之道。"他说，这番话，无论是教师还是学生都应该仔细品味并熟记于心的。饶教授告诫我们须要不忘初心，砥砺前行。学习固然重要，品德修养同样不能忽视，做人要有正气，做事需靠真本事；同时语重心长地提醒我们要培养自律能力以及实践能力，善于学习、观察、总结，夯实基础，提高自己的写作、计算机、外语、表达等综合能力，做到厚基础、宽口径、强能力、高素质。细节决定成败，态度决定人生。不管外部环境如何，无论学校怎样，最关键的还是要靠自己。每个学校都有各自的特色，关键在于我们如何去利用，又如何去找到自己的航向。平台只是一个铺垫，能飞多远、能有什么样的舞台都掌握在自己的手里。

【走访后记】

拜访饶士奇教授时，他的谈吐十分有力，家中布置也井井有条、大方温馨，虽值耄耋之年，但饶教授所表现出来的精神矍铄和对生活的细致给予了我们很大震撼。在交流过程中我们了解到，饶教授虽然已经退休多年，但是对湖大行政管理系仍然保持了高度关注。提及行管系，老先生面容上满是自豪与回忆，他一再强调，湖大行政管理专业的创建和发展，是他们团队共同努力的结果，他个人只是尽力做了一些具体工作而已。

"冬天已经来了，春天还会远吗？"当我们问到怎样看待过去的磨难时，饶士奇教授引用英国著名诗人雪莱的一句名言回答我们，艰难困苦，玉汝于成。真正的勇士敢于直面惨淡的人生，从逆境中看到光明，在奋斗中获取成功。不管经历多少风雨，无论道路如何泥泞坎坷，坚持初心，砥砺奋斗，这就是饶教授所要传递给吾辈的忠告和诚言。

访谈结束时，饶士奇教授对我们提出了殷切的期望：路都是人走出来的，平台的高低并不能决定什么，你们正值奋斗的大好年华，一定要踏踏实实，向更高的层面努力！我们定会铭记饶教授教诲，不忘初心，砥砺前行。

走访饶士奇教授及本文成稿过程中，我们得到了通识教育学院、离退休工作处、政法与公共管理学院有关领导和老师的大力支持和帮助，在此表达最衷心的感谢！

饶士奇教授与走访学生留影

走访学生团队成员：

通识教育学院 2017 级公共管理类专业　陆艳丰

通识教育学院 2017 级公共管理类专业　孙浩

通识教育学院 2017 级法学专业　廖芸菲

通识教育学院 2017 级法学专业　王禹

通识教育学院 2017 级法学专业　曹蕊

通识教育学院 2017 级电子商务及法律专业　吴梦婷

（指导老师：吴秋爽）

张广立：
中共党史红色记忆的坚定追溯者

张广立（1934.2—2019.2），河南新乡人，湖北大学马克思主义学院教授，中共党史人物研究的知名学者，湖北地方中共党史研究的著名专家，湖北大学中共党史学科的主要开创者之一，长期致力于中共党史、中共党史人物研究。曾参与编著《中共党史人物传》（百卷本）《湖北英烈传》《湖北解放战争史》《中共一大的湖北人》《为革命献身的湖北省委书记》《湖北历史人物辞典》等多部著作，多次获得国家级、省级、市级社会科学成果奖。

求学也勤　治学也精

张广立教授出生于知识分子家庭，其父毕业于燕京大学中文系。在父亲的影响下，年轻时的张广立便怀有那个时代青年的理想抱负，笃定为祖国为人民服务的志向。他原本在当地一所中专院校从事学生工作，因办事勤恳得力受到校领导的赏识而获推荐，于1953年前往当时的中南局所在地武汉华中师范学院读书。张广立本不是文科生，但为了服从祖国的建设需要，便毅然接受组织安排，走上了思想政治教育研究的道路。张教授的夫人姚唯新是广东梅州人，通过全国统考来到武汉。在当时的中国，所读大学都要靠国家分配，张广立和夫人就是这样带着满腔热血留在武汉这座城市不懈奋斗，为祖国的教育事业贡献力量。在华中师范学院政教系学习后，张广立进入武汉师范专科学校任职，后来又被学校推荐到中国人民大学进修，师从著名党史研究专家胡华先生。

在求学的过程中，胡华先生在党史方面的造诣让张广立受益匪浅，他带给张广立的不仅仅是学问，还有"甘坐冷板凳，一心做学问"的精神，这种精神后来在张广立几十年的治学生涯中起到了关键性的支撑作用。党史上那些舍生取义的事迹让他动容，那些为了民族解放和人民幸福抛头颅洒热血的英雄事迹也让他深受震撼。张广立坚定了研究党史的决心，立志要把更多英雄事迹挖掘出来。他努力学习，希望能把所学的知识带入今后的工作中，去鼓舞更多的人去为理想事业而奋斗。不料学成之后，"四清"运动、"文革"相继到来，研究工作曾一度被迫停止，直至"文革"结束才逐步得以恢复。

张广立教授是湖北党史研究的发动者，他综合运用田野调查法和文献法等研究方法进行了大量的实地研究工作。但由于中国共产党在有正式武装力量之前都以地下活动为主，且湖北在一段时间里自红四方面军战略转移后并没有大规模的革命根据地，所以采集党史研究资料极其困难，很多时候需要深入实地探访。加上战时长期兵荒马乱的影响，亲身经历过革命年代的人很难找寻。采用田野调查法需要在当时还很落后的老区与当地居民同吃同住，环境条件十分艰苦。此外，很多时候相关记载都是在各种碎片化的资料里，因此张教授的学术研究并非简单的因循前人足迹，而是自己去开创湖北地区党史研究的新天地了。

就是在这样艰难的情况下，张广立坚持马克思主义的研究方法，实事求是，脚踏实地，编撰出了《湖北解放战争史》《鄂豫边区抗战史》《鄂豫边区民运工作史》《国民党崩溃前夕的武汉经济》等足以光照湖北省党史研究历史的"开山之作"。而这些成就在张教授看来却是自己的分内工作，他说："党和人民的要求、时代赋予的任务，是我治学的出发点，党史研究是我们这代人继往开来、承前启后、责无旁贷的光荣任务，我力求适应党和人民的需要，努力担负起时代赋予党史工作者的重任。我对自己的专业和工作的热爱，还有事业心、责任感，这是我治学的动力，可以说这是我取得成果的关键。"

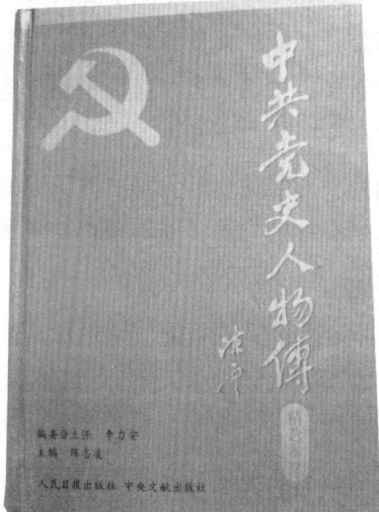

张广立教授参编的《中共党史人物传》

改革开放后受同学邀请，并得到中共元老何长工、习仲勋等同志的支持，张广立教授又参与了组织编撰《中共党史人物传》。该书由何长工同志牵头，胡华先生担任第一任主编，全国各省市设置编委分会收集整理党史人物事迹，定期汇总至总编委会进行修改并出版。这套书自1980年开始出版，到21世纪初已经完成了100余本，张教授亲身参与其中大部分工作。这套书籍既是一套不可多得的史料丛书，又是一套完整的爱国主义教育教材，更是一套建设马克思主义学习型政党的必备书，党

员干部的案头书、工具书，在党史研究历史上具
有划时代的意义，堪称党史研究的里程碑之作。
就参与编撰此书的初衷，张教授跟我们谈到了英
雄的意义，他说："英雄对民族，对国家都有十
分重要的意义，我们建立了新中国，但是我们绝
不能忘记为了这个国家而牺牲的先烈，不能忘掉
那些为了民族振兴而抛头颅洒热血的人。"

张广立教授在求学路上自觉服从组织安排
并且全心投入，学有所成，在治学过程中虽条件
艰苦却依然满腔热忱，做出不菲成就，实令我辈
后生仰止。

张广立教授参编的《湖北英烈传》

在马言马　一生言马

张广立教授将自己的毕生精力奉献给了马克思主义研究事业。从当年的青葱
小伙，到如今的耄耋老人，张教授一直沉浸于党史研究之中，孜孜不倦，始终抱
着"我故乐此，不为疲也"的态度。他始终笃定：马克思主义正确揭示了人类历
史发展的客观规律，是不以人的意志为转移的。实现共产主义是历史发展不可阻
挡的必然趋势，这个过程可能比较长，道路比较曲折。最典型的就是苏联解体，
表面上是资本主义战胜了社会主义，实际上苏联解体是由于苏共未搞好自身建设，
脱离了社会主义轨道，这本身已经背离了马克思主义，因而并不能拿苏联解体来
说明马克思主义是错误的。张教授还表示，中国共产党始终坚持把马克思主义作
为党的指导思想，并将其和中国国情紧密结合，不断提出新思想，我们用实践证
明了马克思主义是正确的、颠扑不破的真理。他还拿出茶几上的报纸，为我们解
读了纪念马克思诞辰 200 周年大会的相关文章。张教授清晰的思路，鞭辟入里的
分析，深入浅出的表达，让我们由衷佩服。

谈到当代青年，张广立教授说："现在越来越多的高校毕业生只通晓书本上
死板的理论知识，而走向社会时却发现所学知识不能运用到实际问题中。"针对
这个较普遍的社会现状，他从教学和学生自身两个方面提出解决办法。一方面，
从教学的角度来说，教师上课首先不能照本宣科，只着眼于教材，应开展启发性
教学，通过教授学生分析问题和解决问题的方法，启发学生自主研究，得出结论。

张广立教授参编的《为革命献身的湖北省委书记》

这样学生收获的不仅是书本上的理论，更重要的是学会了解决问题的方法。正所谓"授之以鱼不如授之以渔"。其次教师要鼓励学生根据自己的兴趣爱好，在单独某方面进行深入研究。学习并不是用考试成绩来衡量的，学生是要真正的"学进去"。以个人兴趣为导向的学习才是最有效的最符合学生自身发展的。另一方面，从学生自身来说，要学会扩展所学知识，真正知识的获得其实是源自工作经验的积累。在大学阶段，学生就要运用所学的研究方法去研究自己感兴趣的领域和擅长的领域，不断积累经验，为今后就业和实现自己的价值打下坚实基础。

结合 2018 年全国两会，张教授指出，习近平新时代中国特色社会主义思想是当代的马克思主义，是符合改革开放潮流的。我们改革开放四十年所取得的成就也证实了马克思主义是科学的理论，我们有理由相信在党的领导下，中华民族能实现伟大复兴。张教授就当今复杂多变的国际形势发表了他的见解和看法。如"中美贸易战"焦点问题，他认为在这场没有硝烟的战争中我们必能立于不败之地，因为这不仅是中美两个大国之间的较量。中国代表了世界上众多国家的利益，和美国在经贸方面的抗衡实际是中国代表各国积极维护国际既有格局、促进多边贸易、共享发展的成果。中国一直以来都在为维护国际协定公约而努力，这体现了中国在处理国际问题上的魄力。此外，张教授还为我们解答了朝韩问题、中印边界问题等方面的疑惑。我们都深深地被张教授的真知灼见所折服，感受到了老一辈知识分子开阔的眼界，同时也坚定了理想信念，我们对中国的未来更加充满信心。

心系后生　诲人不倦

张广立教授虽然年事已高，多年不在教学研究一线，但他十分关心青年学生的学习生活。他向我们询问学生入党情况以及学习状况。张教授表示："在当今社会，学历不高肯定会影响到以后发展的。不过作为大一新生，不要去考虑太长远的事情，你们就做好当前，从小事做起。平时多看书，多参加社会实践，积极在校园媒体上发表自己的看法与观点，培养独立的思维和思考方式。但是现在你们可能社会实践经验不足，那就要从小文章写起，涉及的面不要太宽泛，要练，慢慢来。"在张教授看来，我们这一代人，是年轻富有活力的一代，是不服输、勇敢闯的一代，是承担着中华民族伟大复兴的一代。他对新一代寄予厚望，也认为我们必将很好地完成新时代的历史使命。

张教授亲切地询问我们的课程进展和学习问题，并对我们团队中思想政治教育专业的学生有一些特殊的、更为严格的要求。他说："马克思诞辰200周年的研讨会有部分高校马克思主义学院的学生和老师出席，这充分说明党和国家对马院学生思想工作的重视。学生不论是志愿填报还是调剂而来，既然学了思政专业，就要以马克思主义为指导，安排自己的一生，'在马言马'。在大学阶段，具体来讲，大一大二就要积极向党组织递交入党申请书，争取成为入党积极分子并认真接受党课培训，在毕业之前争取入党或成为预备党员。若毕业之前未能如愿加入中国共产党，那毕业后也要继续努力争取。只有在这方面严格要求，最终才能一步步达成目标，提高自己的思想觉悟，让马克思主义深入我们的骨髓，真正成为我们毕生的信仰和追求。"

回顾之前英雄辈出的时代，我们总觉得当代大学生似乎缺少了英雄前辈那种斗志，我们这一代真的是"垮掉的一代"吗？针对我们的疑惑，张教授表示："这主要是由于时代不同所造成的。我们国家之前曾以阶级斗争为纲，国家要求那个时代的青年要有坚定的革命精神，随时准备为党和国家牺牲一切。而现在国家以经济建设为中心，你们青年人只有学好专业知识才能投入到社会主义建设的事业中去，为国家富强、民族振兴贡献自己的力量。"

英烈们的革命精神在今天转化为改革创新精神，以"大国工匠"为代表的建设者就是我们当代大学生的楷模。即使国内也有一些不利因素，一些错误思潮的大肆传播，易

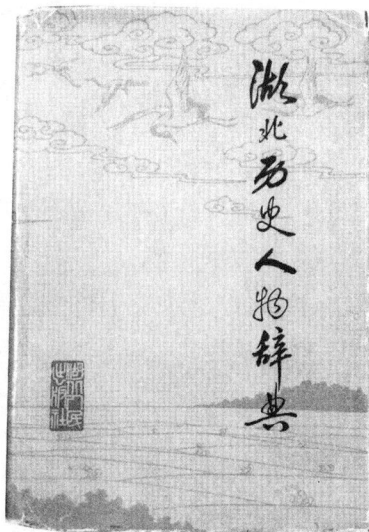

张广立教授参编的《湖北历史人物辞典》

使部分青年人忘记初心，迷失方向。但最重要的是，我们青年人要加强自身建设，要坚定理想信念，抵御错误思潮的入侵，一心一意跟党走！

白首不渝　相濡以沫

张广立教授与夫人姚维新教授结婚至今已风雨同舟五十载，二人相知相伴。姚教授说自己当年是军体委员，而张广立是团组织书记，1954 年两人在武汉因抗洪相识、相恋，当时生活很艰苦却没人喊苦，闲暇时大家聚在一起唱苏联歌，或是全班同学一起去看电影。婚后，由于工作原因张教授只有周末才能回家，虽然时间短暂，交通也不方便，但回家依旧是他心中最美好的事，那条通往家的小路也不知被张教授走过多少遍。两位老人的爱情故事配上歌曲《从前慢》中那句"从前车马很慢，一生只有够爱一个人"再合适不过。如今老两口没有和子女在一起生活，但日子过得却丝毫不逊色于年轻时候的二人世界。张教授喜欢去学校老年活动中心阅览室读书看报，坚持看新闻写日记，他说："我的日记本能放三四个箱子那么多啦！现在看完新闻后还会在日记里写下自己的看法。"姚教授则参加了合唱团，每周两次参加活动。姚老师拿出自己参加合唱比赛的照片给我们看，神采奕奕的她简直像一个活力满满的少女，快乐的笑容感染了我们团队的所有人。

姚教授还向我们展示了自己整整一抽屉的唱碟，说自己在家没事的时候就会拿出来听一听。我们打趣地说："让张教授陪您跳跳舞嘛！"两位老人被我们的调皮逗乐了。老两口互不干涉生活却也相濡以沫，不管两人各自的安排怎样，总会抽出时间一起去外面走一走，沿着沙湖散散步。在姚教授向我们讲述的时候，张教授眼神似水，十分宠溺的眼神看着姚教授，嘴角挂着幸福的笑容。这大概就是爱情最好的样子了。

张教授数十年如一日的敬业奉献，钻研学术，给后辈留下了许多珍贵的研究成果。虽然从教学岗位上退下来了，但他依然坚持阅读，做到思想与时俱进。张教授"活到老，学到老"的精神深深感染了我们，我们青年人更要多读书，从前辈那里汲取更多的智慧，才能开阔眼界，提升自己的境界。这就是我们此行最大的收获。

【走访后记】

与优秀的前辈学人进行面对面交流，未免有高山仰止之感，因此在第一次去拜访张广立教授的路上，我们团队几个人内心是很忐忑的。然而，敲开家门后我们才发现，所有的顾虑与担心都是毫无必要的。张教授精神矍铄，满头银丝，却毫无凌乱，面目慈祥，待人热情。我们也见到了张教授的夫人姚教授，虽然时光已经染白了姚教授的头发，但是岁月却使得姚教授更加具有知性美，更具有那种知识分子的风骨。张教授家的客厅整洁而明亮，桌面皆是一尘不染，他们热情地招呼我们坐下，随后便愉快地开始了此次访谈。

我们第二次拜访张教授时，恰逢习近平总书记考察湖北、马克思诞辰200周年纪念日和五四青年节等重要节点。张教授虽然早已远离教学研究的第一线，但对于当今国内国际的热点问题依然保持关注并有自己独特的见解，并毫不吝啬地向我们讲解和传授。在与张教授的交谈中，我们明白了"学习"的真正内涵，发现了自己学习方法方面的不足，进一步了解了在大学阶段就要发掘自己的兴趣和特长的重要性，并运用正确的研究方法深入研究。

张广立教授一生在中共党史、中共党史人物研究方面倾注全部心力，以勤勉求是的精神作出了突出的贡献，也培育出了很多的优秀学生，其成就让我们后辈敬仰。但这些在张教授眼里却是"谨以这样的实际行动，告慰湖北革命先烈和革

张广立教授夫妇与访学人团队留影

命前辈，报答党和人民对我的教育培养，仅此而已"。张教授的虚怀若谷、习静如山让我们无比敬佩。

走访张广立教授及本文成稿过程中，得到了马克思主义学院、通识教育学院、离退休工作处有关领导和老师的大力支持，在此一并致谢。

走访学生团队成员：

通识教育学院 2017 级思想政治教育专业　胡炜杰

通识教育学院 2017 级思想政治教育专业　雷晶琳

通识教育学院 2017 级思想政治教育专业　周越

通识教育学院 2017 级思想政治教育专业　姚奇君

通识教育学院 2017 级哲学专业　张硕

通识教育学院 2017 级哲学专业　胡守稷

（指导老师：姜艳艳）

刘凤想：
一生与蛛为伴的"蜘蛛神捕"

刘凤想，1954年5月生，湖北天门人，昆虫学专家，湖北大学生命科学学院高级实验工程师。1970年起在湖北天门一农技站从事病虫害预测预报工作，1977年调入湖北大学。他人生的大半辈子都与蜘蛛为伴，被誉为中国的"蜘蛛侠""蜘蛛世界第一人""蜘蛛神捕"。40多年来，他跋山涉水，跑遍大江南北的野外森林寻找蜘蛛的身影，视蜘蛛为自己的"心肝宝贝"。迄今为止，国内发现的六只里氏盘腹蛛全是他捕到的。

刘凤想参与了20多项国家自然科学基金和10多项湖北省基金的研究工作，以及部分武汉市的项目工作，曾获国家教委科技进步二等奖、三等奖，国家科学大会奖和湖北省

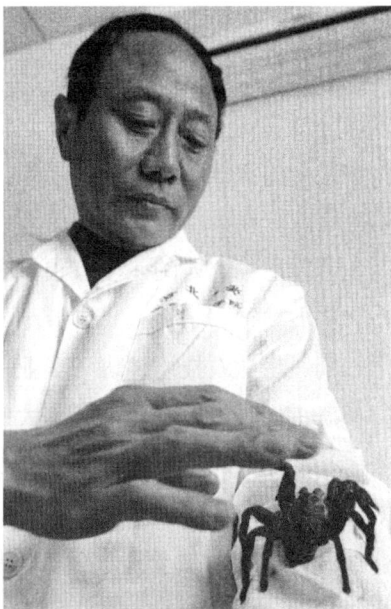

"蜘蛛侠"刘凤想和他的蜘蛛

科学大会奖，湖北省科技进步二等奖，以及武汉市科技进步二等奖。发表科学论文50余篇（其中第一署名14篇，合作40余篇），被SCI收录11篇，合作专著一部《中国林业昆虫天敌》。研究之余，刘凤想还承担党务工作40余年，获湖北大学优秀共产党员称号四次、优秀党务工作者一次；积极参加学校工会工作30余年，曾获学校十佳服务标兵，获评优秀工会干部四次。

刘凤想潜心研究蜘蛛，在业界大名鼎鼎；孜孜不倦教导学生，在学生心中是最受尊敬的班主任。虽已退休，却依然奋战在研究前线，不为名利指导学生，即使身负伤痛仍然在外奔波研究。他的学术精神值得我们尊敬和学习。

刻苦求学，勤奋为舟

谈起自己的求学经历，"蜘蛛神捕"刘凤想笑着说："我没有读过大学，但是我学到的东西很多。"1970年初中毕业后，刘凤想进入天门市农技站，主要负责病虫害的预测与预报。在农技站的工作中，他渐渐爱上了昆虫，抓住每一个机会去研究昆虫。他搜罗一切能找到的关于昆虫的理论书籍，自学动物行为学和生态学。刘凤想每天跟着负责昆虫研究的农技员从早上五点天不亮就开始一起去收集昆虫、进行分级、回收工具等。

就是凭着这一股不畏艰辛的执着劲儿，刘凤想在农技站里出了名。1977年，武汉师范学院（湖北大学前身）生物防治专家赵敬钊教授到天门农技站开设一个生物防治的农技培训班。刘凤想抓住机会，参加培训，一头扎进了他热爱的昆虫研究事业。在天门农技站的培训经历是刘凤想一生的重大转折点，他不止一次地对我们说道："人的一生有很多机遇，我们要善于抓住这些机遇，并且一定要勤奋、努力！"

刘凤想从农技培训班"毕业"后即受聘到武汉师范学院，跟随赵敬钊教授进行科研工作。赵敬钊开创了湖大蜘蛛学研究的先河，他一手带出了一批蜘蛛研究专家。此前湖大生命科学学院在做一项关于草间钻头蛛的研究，却一直没有进展。刘凤想来到湖大后，开始着手饲养草间钻头蛛，进行观察研究。功夫不负有心人，这项研究在理论和实践方面都取得了很大成功。如今再提起这项研究，刘凤想还

刘凤想（后排右三）在缅甸采集标本

是感到非常自豪："正因为这项研究，赵教授应邀参加了当时在日本召开的世界蛛形学大会。这项研究成果也立即在学界引起了轰动，湖大蜘蛛研究也在国际上出了名。"

对于刚进湖大跟随赵教授做研究的那段时光，刘凤想表示："我们每天都在实验室里工作，休息时间不超过四小时，吃饭睡觉都在实验室里解决。

我们睡觉的时候也要每两个小时就爬起来看蜘蛛蜕皮了没有、产卵了没有。每天还要清理饲养动物的试管、捉苍蝇蚊子来喂动物。很多人经历过一次，就再也不想干了。"

　　在做科研的同时，刘凤想还会挤时间去武汉大学、华中农业大学听课和做实验来丰富自己。他攻读了武汉

刘凤想参加央视《走近科学》节目

大学的专科文凭和华中农业大学的几科单科文凭。在还差四门课结业就能拿到本科文凭的时候，他为了专心研究蜘蛛而放弃了继续拿文凭，"当时没想到要去评职称，只想着一心把蜘蛛研究搞好。"

兴趣为引，经验为基

　　"哇，好大的蜘蛛！"当刘凤想老师带领我们前往实验室参观他捕捉的蜘蛛时，大家不约而同发出了惊叹。

　　蜘蛛——大多数人闻之色变的昆虫，在刘凤想眼里却是宝贝。在实验室，比水瓶盖还大的蜘蛛让人不敢靠近，刘凤想将其放在手心让大家摸。胆大的同学伸手感受了一番，胆小的同学怕被咬不敢触碰。刘凤想回忆说，一次上课，他向学生展示一只毒蜘蛛时，手指不小心被咬了一口，他没有慌乱，不动声色地等蜘蛛安静下来，再轻轻将其放回器皿中，然后迅速从被咬的伤口处挤出毒血。"其实一开始我也害怕，但是接触的时间久了也就不怕了。"

　　刚开始接触蜘蛛时刘凤想对此并不是很了解，但是接触蜘蛛的机会越多，他对蜘蛛的兴趣也越浓厚，一有时间就会扎进书堆，如饥似渴地阅读各类动物学、植物学的书籍，闲暇之余经常观看中央电视台《人与自然》等科普类节目。"恶补"各种相关知识后，他开始慢慢摸索如何寻找各类蜘蛛品种的方法。经验日积月累，研究的时间长了，也慢慢成为捕蛛专家。

　　关于捕蛛路上的传奇经历，刘凤想回忆起一段记忆深刻的往事。有一次，他和赵敬钊教授前往云南省德宏州采集蜘蛛标本，正值下雨，刘凤想带了蓑帽，于是他将外披给了赵教授。就在这时，不远处传来一声巨大的轰隆声，赵教授说："不好，快跑！"还没来得及思考，两人拔腿就往回跑。忽然眼前横出一道不窄

的山沟，刘凤想使出浑身解数纵身一跃，可身旁的赵敬钊教授却一不小心掉进了山沟。刘凤想大惊失色，本能地一把扯住披衣将他拽了起来。随之轰鸣声伴随着脚底山路的阵阵摇晃，二人不敢有半分松懈，尽全力奔向安全地带。当他们回头再去眺望那条山沟时，刚才站立的地方已被山洪冲刷得什么也不剩。"因为这次经历，我和赵教授成了生死之交。"

还有一次在从西藏回来的路上，汽车正从6000多米的高山上行驶下来，保险杆突然脱落，方向盘和刹车同时失灵，司机焦急万分中对汽车丝毫使不上劲，局面完全失控。山路狭窄，窗外就是万丈深渊，一瞬间所有人都感觉死亡就在眼前了。刘凤想回忆，那时候心里已经做好了等死的准备。除了听天由命，他所能做的就是将千辛万苦搜集来的标本紧紧护在胸前。或许是他们坚忍执着的科研精神感动了上天，又或是天悯英才着实不愿伤害他们，就在此时，汽车前方出现一块巨石卡住了车轮，在千钧一发之际汽车的行驶方向发生改变，撞向山坡后停了下来，挽救了一车人的性命。

说起这些往事，刘凤想已是云淡风轻。捕蛛路上的艰辛远远不止于此，每一次经历都是惊心动魄，"经历得多了也就看淡了。"

除了这些惊心动魄的场面，在捕蛛路上更多的是平常的困难与险阻。1977年，刘凤想一行人前往恩施一座长满松树的荒山采集标本，松树低矮只有一两米高，他们只能勾着头、弯着腰小心翼翼地往山上爬。一行人好不容易爬到山上，顾不得腰酸背痛立即投入到紧张的工作之中。当原路返回时，刘凤想心中不禁犯难了。俗话说"上山容易下山难"，这话放在当时的情景再贴切不过。荒山上找不着一条道路，加之低矮的松树重重叠叠，根本无法正常行走。一路上山弯腰前行，劳乏过度，他们无法再继续弯腰下山。经过一番思索，刘凤想发现只有匍匐下去才是唯一可行的办法。在绝境下，一行人顾不上被泥土弄脏，顾不上一路碎石的磨蹭，一步一步地匍匐下了山。

刘凤想接受武汉教育电视台《教视新闻》栏目采访

刘凤想在十分艰苦的环境中坚持了数十载，所有的动力都来自两个字——兴趣。"人生于世，当要脚踏实地，怀着一颗好奇之心，心中充满兴趣、立下坚定的信念，然后去踏实做事，这样的人生必然充满魅力与精彩。"刘凤想语重心长地说。

桃李不言，下自成蹊

除了搞科研，刘凤想还主动担任学生班主任，多次被评为"优秀班主任"。提到自己的学生，"骄傲"是他从嘴里说出的频次最高的词。"彭宇啊，28岁就是正教授；刘杰呢，30几岁就是正教授；黄亿发表的论文分量很足；张金阳、李美丽他们都是广东省十大杰出妇女……"

刘凤想对于学生们的成就如数家珍，不论时间过去多久，他依然把每一个学生放在心里。有一个叫韩春子的学生，刚来学校时紧张得不敢考试，刘凤想鼓励她放松心态克服紧张情绪，结果她出乎意料地取得了第四名的好成绩，最后还成功考取研究生。

刘凤想自己错过了上大学的机会，所以他不希望自己的学生也因为学历犯难。他劝导学生们要不断深入学习，鼓励学生考硕读博，在学术上得到更深的历练和锻造。他经常对学生说："对学科的兴趣是在不断地学习中培养出来的，要保持积极向上的学习心态。"

刘凤想担任班主任期间，班上常有家境贫困的学生，有的没钱买票回家，有的吃饭困难，有的买不起日常生活用品。刘凤想作为班主任看在眼里记在心里，他拿出自己为数不多的班主任津贴补贴给学生们，只对学生说，"这是学校给你们的。"年复一年，已经数不清他到底帮助了多少学生。一位曾受他帮助的新疆学生结婚生子给他打电话报喜时，他乐开了花。"只要老师对学生好，学生是能够感受得到的。"刘凤想像一位父亲般对待学生，他将每个学生当作自己的孩子去爱、去教育，不求任何回报。

在对待师生关系问题上，刘凤想也有自己的想法和建议。他认为对待学生要换位思考，既要站在学生父母的角度替学生考量，也要站在学生的角度去理解他们。正因为这份对学生的理解，刘凤想对某些个性独特的学生万分包容。"自己的孩子犯了错误，我们不会把他丢掉，学生犯了错误，老师也不能执着和苛责，首先一定要搞清楚是什么原因犯错，什么性质的错误，再去疏导学生。"曾有一位外国语学院的学生连着偷了同学九辆自行车，院里想要开除他，刘凤想听说后找到学院领导，给他们做思想工作："我们不要马上开除他，先了解他为什么偷。

我们大家可以一起教育他！"刘凤想与这位学生深入谈心了解原因，并帮助他改正了偷窃的毛病，还时常给予他鼓励和支持。这位同学后来成为一名大学教授。

生物科学是一门实验性很强的学科，采集样本、发掘物种、观察习性，样样都需要老师带学生去野外考察。考察时跋山涉水，精疲力竭，时刻面临危险，刘凤想身上大大小小很多伤。"我希望可以帮学生把材料采集回来，让他们不受伤，又觉得他们应该自己实地去看看，这是矛盾的。"

刘凤想的理念就是要一直走在学生前头。"我做过了，觉得可以做的，我才让学生做；我做不了的，是不会让学生去做的。"

老骥伏枥，延续辉煌

年过耳顺的刘凤想已经退休近三年，但他看起来仍然神采奕奕，并且不久后又要远赴缅甸进行标本采集工作。我们还没有开始发问，他就已经将很多故事娓娓道来。

"虽然退休了，但是事实上生活更加忙碌，我只是相当于从一线退居二线罢了，依然还在指导学生做实验……"在刘凤想看来，建立一个优秀的学科队伍需要几代人垒塔式辛辛苦苦地奋斗，然而一个学科要垮掉却十分容易，这源于后继乏人。

如今刘凤想已经退休，但他放不下科研工作，仍一如既往地四处奔波、寻找蜘蛛。刘凤想深知培养接班人的迫切性和重要性，因此他手把手地教年轻老师如何寻找蜘蛛、观察蜘蛛、了解蜘蛛的习性。这其中的缘由，一方面来自他对于蜘蛛生物、生态学的热爱和对于学科建立起来的情怀；另一方面则来自他扎根湖大任教40年的责任感和使命感。他不仅提供学生实验材料，传授他们许多实践经验，让他们尽快掌握学科基础操作，还会义务带队去野外指导学生进行采集活动。这样的活动几乎每个月都有一次。

早年因采集经历而屡屡受伤的刘凤想已经不大适合再继续这样的工作，但他依然义无反顾："我觉得我能多做一些就是一些，这是值得的。"

除了在学校进行义务指导，刘凤想还远赴东南亚等地继续他的采集收藏工作。谈话间，无论是跋山涉水、远渡重洋，还是险象重重、劫后余生，他都说得十分平静，仿佛是在谈论别人的遭遇一般。"一来自己早已习惯并且十分庆幸有这样常人没有的经历以供老来回忆；二来是因为这是自己的兴趣所在、追求所在、信念所在。"

除了研究搜集蜘蛛和培养学生，书籍也是退休后的刘凤想不可舍弃的一部分。虽然最开始接触的都是关于昆虫生物之类的书籍，尤其是充满花鸟鱼虫的生物书籍，那些博古通今、练达人情的文学作品也是他书桌上的常客。其中让他印象最深、最为推崇的文学作品是四大名著之一的《西游记》。"我最喜欢他们师徒四人选定方向后即便前方千难万险也永不退缩、一往无前的精神！"其实在刘凤想看来，无论是什么种类的书籍都可以学有所获、给生活增添光彩。

刘凤想通过前半生的经历，总结出了许多人生经验。在采访过程中，他最常挂在嘴边的就是"奋斗"和"吃苦"。他认为人生的机遇有很多，但能否把握住靠的是个人的努力。40年的执教生涯，让刘凤想总结出了一套行之有效的与学生相处的方法，其要领便是"以心换心，换位思考"。回想这些年与学生相处的岁月，他十分欣慰也十分自信。

退休后的刘凤想并没有选择享受津贴安度生活，而是再一次选择了事业，选择了奔波。在旁人眼里他可能是一个为了学科研究"上山下乡"的"狂人""野人"，但只有他自己知道，他爱湖大，爱这门学科，爱得深沉！

【走访后记】

老骥伏枥，深入深山老林一心做科学研究的，是他；吃苦耐劳，克服艰险困苦到忘我之境的，是他；和蔼可亲，对待学生如同儿女一般的，也是他。在没有见到刘凤想老师之前，我们一行人怀着新奇而又忐忑的心情等候在生命科学学院门口，我们想象中做科学研究的"学人"应该是寡言少语和严肃内敛的。可是接下来的采访打破了我们脑海里先入为主的形象。

见面的时候，刘凤想老师精神矍铄，谈笑间一路领着我们到他日常工作的地方。在后来的交流过程中，他十分欣喜地向我们讲述了人生中许多难忘的经历，尤其是讲到自己与同伴入藏的奇

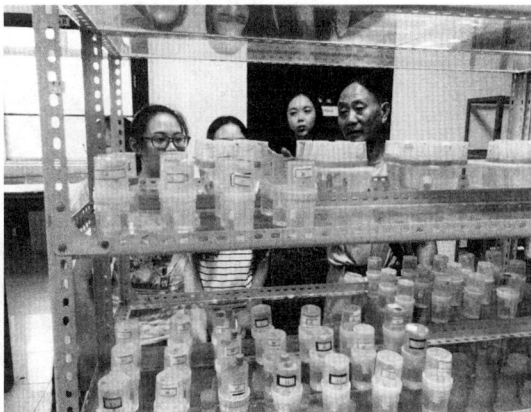

刘凤想在实验室为走访团队讲解蜘蛛品种

幻冒险之旅的时候，他身体微曲，双手卷起裤腿，指着大大小小的淤青和伤痕告诉我们，自己经常被蜘蛛、蛇等咬到，这已然成为"家常便饭"。尽管危险，他还是拼着一股子劲儿，在这一行做了几十年。我们不禁肃然起敬。

一个多小时的采访过后，我们请求进入刘凤想老师工作的实验室参观，他欣然答应，领着我们进入放有各种各样蜘蛛标本和活体的实验室。我们都是第一次近距离接触这些望而生畏的小动物，难免心有余悸。可刘老师告诉我们，蜘蛛本身并不可怕，许多蜘蛛性格温柔，并不会主动攻击人类。在他的眼里，充满着对蜘蛛的疼爱与怜惜，介绍蜘蛛宛如介绍他收藏的奇珍异宝，介绍的过程中，还时不时拿起来放在手心抚摸。实验室里的每一只蜘蛛，记录着刘老师和他的团队背后夜以继日的观察、记录和研究成果，记录着他从初入此行到如今退休的几十年荏苒时光，也记录着以他为代表的科研工作者心甘情愿坐冷板凳却笑对青灯黄卷的刻苦钻研精神。

"三更灯火五更鸡，正是我辈发愤时。"刘凤想老师自青年时期开始，一直秉承着勤奋刻苦和坚持不懈的精神，几十年如一日。他对待学生的态度也是如此。在他看来，拥有敢于吃苦的精神远比机遇来的重要。通过他的讲述，我们明白了人生总是先苦后甜的一个过程，只有敢于吃苦、迎难而上、勇于坚持，人生才会有成功的可能。

刘凤想（前排中）与走访学生留影

"高山安可仰，徒此揖清芬。"同刘凤想老师交流以后，我们都深有感触。采访过程是一次心灵的对话和交流，对于我们而言更是一次难忘的学习体验、一次精神的洗礼。

本次走访得到了通识教育学院、生命科学学院有关领导和老师的大力支持，汉语国际教育专业2015届校友徐砚颖给予了很多帮助和指导，成稿过程中参考了其撰写的《刘凤想：甘当一辈子职业"捕蛛人"》一文，在此一并表示感谢。

学生走访团队成员：

通识教育学院2017级新闻传播学类 术竞予

通识教育学院2017级汉语言文学专业 聂雨涵

通识教育学院2017级新闻传播学类 张俊柳

通识教育学院2017级新闻传播学类 袁佳瑞

通识教育学院2017级新闻传播学类 陈欣颖

通识教育学院2017级公共管理类 魏锦荣

（指导老师：王娟）

严家宽：
当代中国重彩写意山水画的领军人物

【题记】

重彩淋漓扑面风，严家画法自不同；

神形俱俏清而远，骨格兼饶秀且雄。

楼台几处心尽醉，关山万里目难穷；

得失毁誉复何计，敢辟蹊径破立中。

——湖北大学艺术学院原党委书记阳涛平诗赞严家宽教授

    严家宽，1950 年 10 月生，湖北鄂州人，湖北大学艺术学院教授，1986 年留校任教，历任美术系主任、艺术学院副院长、院长等职。主要从事中国画的教学与研究，在《美术》《美术观察》《画界》《荣宝斋》《艺术界》等杂志发表美术作品及论文 500 余篇（幅），著有《严家宽画集》《重彩写意山水画研究》等。中国当代著名画家，艺术教育家，湖北省教育厅高等学校美术教学指导委员会常务委员，湖北省工艺美术大师评委，文化部第八届中国知识产权文化大使，作为 2008 年北京奥林匹克美术大会艺术委员和特邀艺术家，其作品被国际奥委会永久收藏。曾在世界各地举办个人画展达 10 余次，获 2011 年北京国际艺术博览会特等奖第五名、第六届全国中国山水画大展金奖，其作品被国际奥委会永久收藏。

严家宽教授近影

艰苦创作，不言弃；功勋卓著，杜骄奢；

声名远播，守初心。严家宽教授就是这样一位兢兢业业、热爱创作、忠于绘画事业的艺术家。他的一生，虽无戏剧般的跌宕起伏、坎坷不平，却似清溪静流，以数十年如一日的创作姿态使自己汇涌入海，得海之广博。

为传承学人精神，挖掘湖大故事，通识教育学院"学子访学人"团队慕名走访了严家宽教授。通过采访，严教授独具魅力的艺术人生在我们面前铺开了长卷。

入湖年岁语芳华

说起严家宽与湖北大学的联结，时间要追溯到1974年。那一年他退伍返乡，做了一名面朝黄土背朝天的农民，但他务农的同时手中的画笔从未搁下。半年后，严家宽被推荐到武汉师范学院（湖北大学前身）读书。自此，严家宽与湖大的故事拉开了序幕。

当时因为招生专业有限，严家宽不得不选择进入数学系，但他对艺术的热爱从未停止。读书期间他遍览学校图书馆内有关艺术方面的书籍，创作出许多画作。这期间在中文系教师的引荐下，严家宽得到了国画大师张振铎的指点，从而备受启发。1977年，严家宽凭借优异的成绩和绘画才能留校工作。

20世纪50年代，国家对高等院系做进一步的调整，将武汉师范学院和华中师范学院的美术系、音乐系进行合并，组建成新的武汉艺术师范学院（后分别建为湖北美术学院、武汉音乐学院）。当时的武汉师院并没有美术专业，可刚毕业的严家宽仍旧义无反顾地选择了绘画艺术，最终留在图书馆上班，编制是干部，常常做搬书等打杂工作。图书馆内保留的大量艺术类图书，为严家宽提供了宝贵

严家宽教授向学校捐赠个人画作

的资源。在馆工作期间，他翻阅了大量有关画理、画论的书籍，也临摹了许多古今中外的名画，学到了绘画艺术等知识，这为日后的艺术生涯奠定了坚实基础。严家宽说："我在图书馆待了七到八年时间，现在回想起来也感到很重要。"

随着湖大各项事业的发展，艺术教研室于 1985 年重新组建，严家宽也成为一名美术教师。那时的湖大艺术教研室只有三名教师，师资力量十分薄弱。这一年，澳大利亚代表团来到湖大访问交流，偶然看见严家宽在学校画廊展出的画作，备受震撼，点名要他前往澳大利亚讲学。由此严家宽得以看见澳大利亚浓烈的阳光和壮美的沙漠，这一段经历使他由心而发的画作有了质的飞跃。就这样严家宽厚积薄发，迎来了绘画事业的成功，国内外高校纷纷抛来橄榄枝。然而，任名利纷扰，严家宽寻找的也只是自己内心深处的桃花源。虽负盛名，但最终他选择回到武汉，留在湖大，"为湖北大学做些事情，把艺术专业恢复过来"，他希望改变学校在艺术办学方面的薄弱境况。

为发展湖大的艺术专业，严家宽多方奔走。2000 年，他参与了湖大第一届美术学专业本科生招生与教学，此时的美术系隶属于教育学院。刚开始的三年里美术系招生规模小，每届仅有 25 人。严家宽担任美术系主任后，不断思索如何推动美术系更好地发展，认为在保证教学质量的同时应适当扩大招生规模。另外，为了完善湖大作为综合性大学的学科体系，他提出要成立单独的艺术学院。倡议一提出，质疑声随之而来，有人甚至说他是在"搞独立"。但严家宽不惧人言、坚定态度，积极推动艺术学院的创建。2005 年，湖大艺术学院正式挂牌成

《严家宽画集》

立，严家宽先后出任副院长、院长。为了使艺术学院在强手如林的武汉发展壮大，他面向社会广招人才，带领学院一步步向前发展，大力培养富有创新精神的高素质人才，直到 2014 年退休。

退休后，严家宽依然心系湖大，经常指导学院年轻教师，同时他还希望"艺术学院的专业再多一些，变化一下"。湖北大学 85 周年校庆期间，严家宽为母校献上礼物，捐赠了自己的作品原作和个人作品集给学校。他说："在湖北大学生活了几十年，从

20 多岁到 60 多岁，早已把这里当成自己的家，每时每刻关心学校，希望学校发展得越来越好。"

如今校标中采用的"湖北大学"四个字，即是严家宽在刚工作时主持设计的，校名字体由其最终选定，采用"毛体"书法艺术，一直沿用至今。他还主持和带领美术系的师生一起完成了新校徽设计。校标的整体形状为编钟，凤凰于编钟之上，编钟和凤凰均为楚文化艺术代表，以此为湖北大学象征。编钟材质为青铜，具有阳刚之美，凤凰取材为丝绸，具有阴柔之美，刚柔相济，湖大学人精神品质通过这一设计展现得淋漓尽致。

从一名数学专业学生到湖大艺术学院的奠基者，严家宽与湖大的联结在挥毫泼墨间愈发紧密。

乘风而上九万里

当年在众多高校中，严家宽选择了武汉师范学院。这样的决定成为他人生的机缘巧合，使他得以用画笔绘出不一样的人生华章。

严家宽教授认为，只有充满机遇的时势才能创造英雄。他自身便深受时代的恩惠。那时正值中国解放初期，农村尚未摆脱贫穷，生在农村的严家宽没少吃苦。然而，经历过时代阵痛的他恰巧赶上了改革开放这样一个特殊的时期，凭借自身努力，搭乘时代的快车，"草根"的他最终获得了留校任教和出国访学的机会。

谈到严家宽当时所遇上的时代机遇，不得不提及他的求学时光："文化大革命"以后，许多老先生尚健在，当时的学生有幸能直接接触到中国优秀传统文化，并将先生们的绘画技艺继承，严家宽便深受老先生们的影响，这也为他后来的创作打下了坚实基础。像传承手艺一般，得要有人教，学生也得有功夫学，只有两头都抓好了，技艺才能够得到传承。由此看来，严家宽那一代人是幸运的。

早期严家宽在国内还没有广泛影响，他自比为"草根"，那时他的画作得不到专家的赏识，绘画思想超前的他在校内也没有得到认同，学校认为他教授的课学生不能听懂，甚至要将他解雇，严家宽此时遭遇了生活危机。所幸他在重彩写意山水绘画上得到突破，绘画才能得到很好的挖掘和展现。（注："重彩"是中国画展色彩上呈现出一种新的、现代的面貌。中国画范畴，属于写意画的一种，但在色彩上更加夸张，表现力更加突出）

严家宽教授总结道，大体上成功的画家有这么两种：一种是生于书香门第，家庭文化底蕴深厚，他们成功的概率很大；还有一种就是生于富庶人家，无须忧虑吃穿住行。就当今社会而言，他认为钻研绘画的人群基本上还是以家庭背景比较好的为主。正如管子所言："仓廪实而知礼节，衣食足而知荣辱。"往往都是富裕之后才能做艺术，太穷的人难以做艺术。如果你是一个"草根"，除非遇到极大的机遇，否则搞不了现代艺术。

艺术界有言："色彩靠天才，素描靠功夫。"若是简单地学拼音、认汉字，只需多读多练，但创作就得靠天分、靠灵感，绘画也是这个道理。至于原创性，严家宽指出它与创作者的经历、人生观和世界观有关。

在科技迅猛发展的当下，数字媒体方兴未艾，艺术也必须与科技碰撞，要把握数字化时代的机遇，就要将高科技与绘画相结合，发展技术，培养人才。严家宽担任艺术学院院长时深知这一点，他曾考虑过挑选计算机、物理、文学、历史等学院的教师组成一个团队，加强相关专业与动画、数字媒体技术专业的合作交流，充分利用这些团队的计算机编程知识和文字功底，但由于时代的局限最终未能变成现实。

重彩写意绘先河

作为当代中国重彩写意山水画的领军人物和民间文化的友好使者，严家宽教授不拘泥于世俗之见，敢于打破传统、创新发展。重彩写意山水，是他的标签；画好重彩写意山水画，是他的信念。

有人说艺术不是技艺，而是对意境的把握。对此，严家宽教授有着不同的见解："按照传统的说法，艺术最高的境界是意境，我倒认为更应该强调技法方面的突破。"他把构图、色彩、线条、写意笔墨融合在一块形成自己的创作技法，该技法超越了目前大多数画家绘画时使用的技法，获得了行内人的肯定。在严教授看来，当今社会里，不乏艺术家将"意境"二字当作自己的"免死金牌"，用"意境"来捧高自己，吹嘘自己，将自己塑造成大师、大家。其实说得天花乱坠，最终站得住脚的却只有技法，每一个画种都有它自己的规则，倘若技法功夫不到位，再怎么标榜自己也是徒劳。严教授还借此告诫我们青年学子：只有学好真本领，才能在以后的发展中站得住脚。

尽管严家宽的绘画对技法要求颇高，但实际创作时却是随性的、豪迈的、不拘小节的。他在创作大幅画作时，将画纸挂在墙上，就开始创作。"我画画就像是漫无目的的旅游一样，从家里出发，走到哪儿就画到哪儿。当然有时候也画坏了，画得不满意。但有时候在快失望的时候又绝处逢生，一下子把一幅画救回来了"。随性却不随意的作画，虽似信马由缰的旅游，但心境却是通透的。

唯有创新才能进步。严家宽绘画时格外注重创新，并在这方面下了苦功夫。就西方油画和中国画相结合进行创作来说，几十年来他也一直在努力钻研。中西方的绘画风格大相径庭，西方的绘画例如油画，以绚丽夸张的色彩吸引眼球。但是中国画却抽象一些，注重意境的表达，要将二者结合进行创作难度非比寻常，但是他却做到了。

赴澳大利亚的经历让严家宽深受西方文化影响，他的画作开始有了强烈的色调感。但这并不是坏事，反而在进行中西方文化的交流和碰撞之后，将中西方绘画技艺加以融会贯通，开创了"重彩写意"这一新的领域。此后，严家宽笔下的中国画更具独特的魅力，吸引了越来越多的国际友人，让中国重彩写意山水画走向了世界。

严家宽早在 20 世纪 80 年代便已经确立了自己的绘画风格——重彩写意，而此后他的艺术人生也始终不离重彩写意。正如他所说，大部分画家都是这样的，比较专一，可能越到老，画的内容范围越小，着力却越深一些。而重彩写意就是他的追求与信仰。甚至在退休以后，他也四处寻找灵感，如旅游、收藏等，为的便是创作出更好的重彩写意山水画。他说，就像学生翻阅教科书以外的参考书一样，他也需要通过这些爱好来补充一些绘画方面的知识，这样的重彩写意才能更加完善。

是不为人知的"草根"也好，是功成名就的艺术家也罢，严家宽从未停止学习和创作。开拓创新，精益求精，稳中求进，正是他作为重彩写意山水画先锋派人物的大家风范。

无言师心桃李知

人们赞叹严家宽教授绘画艺术的技巧之高超、意境之奥妙，但他作为湖大教授，在琴园留下的耕耘足迹与润物春雨却鲜有人知。当被问及在数十年间的执教生涯中与学生之间的故事时，严教授表示，其实自己与学生之间的交流还是太少了，这也是他一生中比较遗憾的一件事。

但事实上教授所说的"少"只是在对于学生的教学上不像很多老师的"手把

手"式教学，更多的是"点到为止"，在大的方向上进行指导，留给学生自己创作发挥的空间。要说严教授对学生的教导，除了在课堂上，还在他那间属于自己的小小的画室里。白日，他在画室挥毫泼墨、摹山画水，有学生来求问，必当悉心指导；夜晚，他则主动去学生教室，看看学生们作画。正是在这样一个个夜晚，严教授了解到自己的学生们，知晓他们绘画的优劣，明了他们技法的长短。

在严家宽教授的执教理念中，"老师重视学生的评价"是十分重要的一点。他认为，一个老师教得好坏与否，学生最清楚，受学生喜爱的老师才能够在教育事业上有所成就，并借"得人心者得天下"来比喻这一理念。"人心"是学生的喜爱之心，而这"天下"则是一座桃李满园的盛景。即便一边肩负艺术学院发展的重任，一边忙于绘画创作，严教授也始终是尽己所能去教育学生。备好每一堂课，讲好每一幅画，认真教导每一个学生，是他作为师者的初心所在。

2010年10月，严家宽教授的五幅经典作品被湖北省博物馆收藏，并获得了6万元的奖金。他接过这笔数额不小的奖金后不是收入囊中，而是当场悉数捐赠给湖北大学设立奖学金，资助艺术学院品学兼优的学子。"这份奖金不是奖励给我个人的，而是奖励给湖北当代绘画艺术家的，我设立奖学金就是要传承这份厚重的荣誉。"这般，可谓是沙湖水绵绵不尽，师者心悠悠不绝。

退休后，严教授将大部分时间花在了画室。他的画室藏匿于闹市，寻常人去却并不好找。他曾经教过的学生举办十周年聚会时，全班同学特意来寻老师，也是找了好久才找到他。学生们的热情便足以说明，严家宽教授在学生们心目中的地位，是即使毕业多年也不能忘怀，是即使久不联系也不会陌生。

回顾自己的经历，念及湖大莘莘学子，严教授语重心长寄语道，他成长于改革开放的时代，碰上了机遇，才能够以草根身份走到许多画家都希望走到的高度。而今湖大学子成长在一个最好的新时代里，更应将目光放得比时代高远一点，把握时代机遇，乘时代的浪潮去完成自己的目标，并学会在这个浮躁喧嚣的当下，尽可能沉淀下来。

严教授虽年近古稀，但仍思维敏捷、精神矍铄，仍未放下手中的画笔。实现自己未完成的绘画理想，那是他的毕生追求。作为艺术领域的大家，严家宽虽渐少问事，但仍不乏对绘画事业的热情和对后人的希冀："我建议你们尽量早一点定位，明白自己最感兴趣做什么、最想做什么、能够做什么，对自己有一个科学的分析，然后再去考虑怎么学好，最后才是求职的问题。"所有的成功源于对事业的热爱，因为热爱所以能够坚持初心，因为热爱所以有动力前进。这大概就是心如止水、一心钻研艺术的严家宽对于当代青年最好的劝解与教诲了。

【走访后记】

正式采访之前，我们预设采访时间为一个小时。然而访谈时严家宽教授兴致高昂，不仅向我们详述了他的人生经历，也用浅显的语言向我们几个非艺术类学生介绍了绘画的技巧与发展，不知不觉两个多小时后我们才从校本部动身回阳逻。然，夕阳西下，茶尽事毕而情未止。

在回阳逻校区的路上，我们团队成员一直在兴奋地讨论这一次的采访过程，共同的感受是严家宽教授十分真诚坦率、平易近人。在我们收集资料之时，脑海里勾勒的是一位有着名家傲气且不喜言谈的艺术家的刻板印象。但见到严教授，他在我们面前侃侃而谈，丝毫没有名家架子。他耿直而不在意虚名，在采访中从未刻意将自己塑造成多么大义无私的人，他只是真诚地表达自己。

严家宽教授介绍自己的作品

我们在本次采访中认识到，名师大家也是有血有肉的普通人，他们也有自己无异于常人的情感，有自己的喜乐。他们之所以能够从寻常人中脱颖而出，是

严家宽教授在画室中作画

因为他们比寻常人多了几分坚持与热爱。同时他们的初心始终是赤色，而未被社会的纷繁复杂所染。严家宽教授因对绘画的热爱而日益精进，用数十年的积累成就自己画坛领军人物的地位；因对湖大的赤心衷肠而带领艺术学院栉风沐雨，奠定了艺术学科发展的重要基础。

一场面对面的采访之后，我们团队四人分模块记录本次采访所得，再汇总、探讨、整理，最终在指导老师和魏来学姐的指导与帮助下，我们完成了本篇采访文稿。严家宽教授在看过本文初稿后赞叹"长江后浪推前浪"，并为湖大通识教育学院把学生培养得如此优秀而高兴。

在"学子访学人"项目的进行中，我们对湖大全力推进该项目的良苦用心有了深刻的理解，面对长者的壮志情怀与殷殷期望，我们又怎敢懈怠了青春？

走访学生团队成员：

通识教育学院 2017 级新闻传播学专业　王敏慧

通识教育学院 2017 级新闻传播学专业　朱佳月

通识教育学院 2017 级工程管理专业　刘婷

通识教育学院 2017 级会计学专业　胡玉莹

通识教育学院 2015 级播音与主持艺术专业　魏来

（指导老师：叶云岭）

张建民：
以哲学思想书写诗意人生的经济学者

张建民，1949 年 10 月生，湖北大学商学院教授、国际贸易专业硕士生导师。先后担任中国社会主义政治经济学史研究会常务理事，中国经济发展研究会常务理事，湖北省《资本论》研究会常务理事，湖北省高校高级职称评审委员；主持国家社科基金项目、武汉市社科基金项目、湖北省教育厅人文社科项目、湖北省社科基金项目等六项；发表重要学术论文数十篇，其中《日本农业产业化的启示》《关于完善股票发行规则的思考》《国有股减持应有

张建民教授近影

新思路》等 15 篇论文被中国人民大学复印资料转载；编著有《企业如何适应消费者》《现代企业制度运行论》《新技术革命纵横谈》《列宁的领导艺术》《当代中国经济学家录》等，其由高等教育出版社出版的《证券投资学基础与实训》被高教出版社列入"全国高校金融学系列教材"；在 2017 年湖北大学第二届离退休教职工学术科技成果评奖与展示活动中荣获一等奖。

张建民一生都在与学问打交道，青年时期，发奋读书叩开经济学领域的大门；壮年之际，在教与学中实现人生价值；年近古稀，初心未改，治学依旧。

学海无涯，困苦难止求学路

履历光鲜的张建民却十分低调和谦逊，提及成就，未曾有过些许自得之意。治学近五十载，其中艰辛苦涩唯有他自己才知晓，他战胜了前行路上的艰难曲折，面对所取得的丰硕学术成果只是淡然一笑，"我只不过是热爱这个行业罢了"，

仅用寥寥数字就总结了多年治学的动力。

张建民年仅 19 岁就参加了工作，然而他的治学之旅却并非常人所想的那般早早起航。因为历史原因，有近十年的光景张建民都无法潜心治学，工作也不得不搁浅，他深感落后的恐慌与对知识的渴求。待时局稳定，他奋起直追，埋头治学，用勤奋弥补那蹉跎的岁月。张建民更愿意将自己定位为学生，他在传道授业时不断学习沉淀，提高专业素养，这是对学生负责，也是对自己负责。学海无涯，教书育人与奋斗学习是他人生的主旋律，即使退休仍整日闲不下来。2010 年，张建民于湖北大学商学院退休后，受聘文华学院任教并承担起了培养青年教师的任务。也许，治学育人就是张建民享受生活的方式。

张建民教授编著的部分著作

"干一行，爱一行，只要专注，何谈浮躁。"在经济快速发展的时代，拜金主义、享乐主义也渐渐弥漫开来，用几旬时光投入治学研究实属不易。纷扰纠缠的诱惑常会使人心猿意马，无暇沉心做学问，但张建民做到了。张建民能够始终在学海中扬帆，也源于其能常常自省。他深有感触地说："研究经济学的艰辛哪及待在空间站的研究人员之苦？远离人际交往，生活条件恶劣这些困难都没有摧毁他们，我这些许枯燥又算得了什么？"教书育人的工作让张建民能够常常感受到青年学子身上朝气蓬勃的生命力，而坚持学习的习惯使他能够了解接受新兴的文化，这让他能够与时俱进，了解社会市场动向，保持年轻的心态。张建民正是在数十年如一日的全情投入中，体悟了教书育人、治学研究之乐，同时也明白了找准自身定位的重要性。张建民的治学经历又何尝不是在诠释一种学者的工匠精神呢？

当笔者还未曾见到张建民教授本人时，便在脑海中绘出一副面容苍老很是严肃的学者模样。但登门拜访时却发觉张建民丝毫不显年近 70 的老态，很是温雅亲和，张教授笑言这便是坚持学习的力量。

思以致远，经哲相伴显诗意

虽说张建民一直教授政治经济学、西方国际贸易等经济类课程，但在与其交谈时我们发觉教授在哲学上也颇有造诣，总能运用哲学思想一针见血地指出问题症结所在。

在张建民看来，经济学与哲学是密不可分的。哲学有利于对经济学进行反思，而经济学就本质而言，正是一种哲学，是人们认识经济现象或解释经济活动的一种认识论和方法论。在经济学的萌芽阶段，经济学与哲学本是一体，如经济学鼻祖亚当斯密个人，他首先是一位哲学家，然后才是经济学家。张建民从哲学中获取了无穷的智慧，涉足哲学为其经济学的研究插上了高翔的羽翼。他殷切地希望当代大学生都能够去知晓哲学知识，学习哲学可以使人思维更具开放性、批判性与逻辑性，张建民正是在哲学思想的浸润下拥有了如此卓著的成就。

哲学是一切学科之基础，哲学思维不仅为张建民的经济学研究开辟了一条康庄大道，还让其在人生旅途中有了无穷的智慧。

"鹏之徙于南冥也，水击三千里，抟扶摇而上者九万里。"《逍遥游》中如此肆意纵横、意气风发的理想境界为张建民所迷恋。他见解独到，认为臻于这种理想境界的过程尤为重要。在解学生之惑，育子女成才时，他尊重晚辈的选择，解放他们的天性。"一切事物发展的根本动力是内在矛盾。"自由驰骋的精神与辩证严密的思维的结合是张建民在逍遥老庄与唯物辩证中寻觅到的育人良方，树立正确的世界观、人生观、价值观，知晓矛盾的观点正是引领青年学子走向康庄大道的航标。

立足哲学，眺望远方，一切似乎都会通透几分。学问本就相通。从一般性深入特殊性，在壮思湍飞的同时触及抽象与具体；保持着理性又果断的情绪，又不曾忽视人性化与温暖；在不流于俗与脚踏实地间找到平衡点……这就是张建民教授的诗意人生。

荣誉证书
CONGRATULATION

张建民 先生：

祝贺您在湖北大学第二届（2007—2017）离退休教职工学术科技成果评奖与展示活动中获得 一等奖。

湖北大学
离退休工作处
老教授协会

二〇一七年十二月

张建民教授获湖北大学离退休科技成果奖

书香门第，家风传承育名家

"义方既训，家道颖颖；岂敢荒宁，一日三省。"无论是在经济学的漫漫治学路上，还是于逍遥老庄和唯物辩证的哲学启蒙时，抑或是面对投身湖大、育人数载的人生选择时，张建民始终擎着一盏指路明灯，而这灯火正是其父亲——著名文史学家、湖北大学文学院张国光先生的毕生教诲〔注：通识教育学院2015级学生走访张国光教授所撰写的稿件已收录于《学子访学人（第一辑）》中〕。张国光教授也曾在湖北大学的讲台上传递智慧，他长于《水浒》《西厢记》与金圣叹的研究，发表论著及整理古籍达千余万字，自1990年起享受国务院特殊津贴。当被问及受到父亲哪些影响时，张建民笑着说："若说是时刻敦促我学习或是对我百般关爱呵护，却又好像不曾有。"但当张建民谈起父亲的一生经历时，却总有叙不完的故事，叹不尽的成就，父亲伏案写作的背影永远刻在了他心中。张国光先生在文史哲领域书写春秋，而张建民在经济学界纵横南北；一位在生命的尽头仍在为学术奔走，一位在年近七旬时还热衷于培养青年教师，张建民教授的人生似是父亲的续写。

灯火熠熠，润物无声。谈及教育子女，张建民主张"无为而治"，他虽自嘲从未投入过多的精力在子女教育上，却难掩对子女成就的自豪。身教胜于言传，身在学问真理至上的家庭，张建民的子女们都有着超乎常人的自控力与对书籍的热爱。他也笑谈儿子和同龄孩子一样天性烂漫，常和大学校园里的哥哥姐姐们玩到灰头土脸地回家，但他从不会忘记时间，即使万般不舍也会准时回家完成学习任务。而外出郊游时，子女总会主动揣上一本书，在乘车时读得津津有味。子女嗜书如此，皆传自良好家风。

父传子，子承父。忠于学问、热爱国家的家风在张建民家中一代代人身上熠熠生辉，更在世代传承中孕育出一位又一位的学术名家。

【走访后记】

与张建民教授的访谈在轻松愉悦的氛围中结束，他主动为我们提供了更多的联系方式，三个多小时的叨扰未曾让教授有丝丝厌烦，反是很乐意日后继续为我们答疑解惑。他的谦逊温和、慷慨睿智让我们体会到学识在人身上会留下如此美好的印记。此次访谈结束后数日，张建民教授所作的题为《习近平新时代中国特色社会主义理论解读》报告深受欢迎，他再次邀请我们去聆听他的见解。张教授始终心系学生，毫无保留地将学术所得传授于人，这种高尚的品质实在令人动容。张教授的谆谆教诲与诗意人生无不指引着我们秉承"日思日睿，笃志笃行"的校训，永攀人生高峰。学海无涯，思以致远，前辈在指引，吾辈当奋斗！

本次走访及成稿过程中，得到了商学院、离退休工作处和通识教育学院有关领导和老师的鼎力支持和悉心指导，在此一并致谢。

张建民教授与走访学生合影

走访学生团队成员：

通识教育学院 2017 级金融学专业　袁励

通识教育学院 2017 级信息管理与信息系统专业　陈翌希

通识教育学院 2017 级国贸 + 英语专业　张帆

通识教育学院 2017 级经济学专业　杨柳青

通识教育学院 2017 级旅游管理专业　李聪聪

通识教育学院 2017 级经济学专业　刘龙飞

（指导老师：姚凯彬　程成）

郑泽厚：
地质生态的守护者，资源开发的领路人

郑泽厚，1938 年 10 月出生，湖北荆州人，湖北大学地理系教授。先后在中山大学和北京大学学习，曾在中山大学和内蒙古林学院（现内蒙古农业大学）任教，1978 年调入武汉师范学院（湖北大学前身）地理系工作，并担任地理系主任、生态学研究所副所长、环境生态硕士生导师等职务。社会兼职有湖北省生态学会副理事长、湖北省生态经济学会副理事长、湖北省自然资源学会常务理事和湖北省土壤学会理事等，退休前受聘为中国地质大学（武汉）客座教授、福建师范大学博士研究生副导师。

郑泽厚教授于 1985—1987 年主持完成中国科学院"三峡工程对鄂东长江两岸平原湖泊环境的影响"项目，其成果获中科院科技进步一等奖；1989—1993 年主持完成湖北省自然科学基金资助项目"武湖涨渡湖地区土地开发与生态环境优化模式研究"，其成果获湖北省人民政府科技进步三等奖；1995—2000 年主持完成国家科委立项、澳大利亚国际农业研究中心和湖北省教育厅资助的中澳国际合作项目"作物硫营养研究技术在中国的推广"（国家科委立项）、"澳大利亚农田生态中的硫素研究技术在湖北的应用"（湖北省教育厅立项）；2005 年承担完成武汉市环境保护科学研究院主持的"武汉市城市园林生态模式构建与布局研究"课题。公开发表学术论文 50 多篇，其中 10 余篇分别获得省人事厅、省科委、科协颁发的各种奖励。出版《环境生态与土壤资源——郑泽厚文集》（世界图书出版公司出版，2013 年 12 月），在湖北大学 2017 年离退休教职工学术科技成果评奖与展示活动中荣获三等奖。

学术研究：克难奋进，刻苦钻研

早在 20 世纪 40 年代的国立湖北师范学院时期，湖大就设有史地系，此后又专设有地理科。"文革"期间，受大环境影响，学校很多工作包括地理科曾一度中断。1978年，地理系恢复招生，百废待举。
正是这一年，郑泽厚教授从学校生态研究所调
入地理系。当时，这个专业的名称是地理教育
专业（包括自然地理）。此后，郑泽厚便和地
理系结下了不解之缘，而与我们谈到地理系的
发展历程时，他也是如数家珍。

郑泽厚教授本科就读于中山大学自然地理
专业，后被调入北京大学地貌专业。在做环境
研究的时候，长时间的野外工作，采集数据、
取样调查等都是家常便饭。当被问到"长时间
的研究工作，会觉得枯燥、烦琐吗？"郑教授
笑着回答道，学术研究并不枯燥，因为自己对
地理这一学科兴趣浓厚，愿意去钻研，愿意去

郑泽厚著作《环境生态与土壤资源》

实践，而且在研究时要探讨一些问题，这也激发了继续研究的动力。

在开展研究的过程中，郑泽厚也将这份勤于钻研的科学精神发挥得淋漓尽致。
访谈中，他分享了研究"三峡工程"课题的过程。"三峡工程对鄂东平原湖泊环
境的影响"是中国科学院一个课题下的子课题，母课题是把长江分为上游、中游
和下游三段，分别研究建造三峡大坝对整个长江流域生态环境的影响。郑泽厚负
责的部分主要是研究武汉到黄梅沿线的环境情况。从武汉到黄梅的长江两岸，郑
泽厚及其团队进行了大量的野外调研工作。调研中需要利用水井来探测，有些地
方没有水井，就得自己来钻探、打井、勘探地下水位。同时，郑泽厚带领团队对
土壤的特性进行了测试，比如土壤中的氧化还原电位、pH 值等，以此来检测地
下水对农田造成的影响。在研究这个课题时，郑泽厚的团队主要在黄冈和鄂州两
地考察。这两地都有一个几十米的深井，要在距地面40米以下的深度观测深井
底部的水位变化，由此取得数据。

野外工作相当辛苦，一个课题的调查就是一两年。回忆起往事，郑泽厚百感
交集，他说："土壤的变化，以及地下水位的变化，不是一天两天就能看得到
的，现在三峡大坝也已经修建了数十年，但是，有些生态环境问题，恐怕也不
是一二十年能看得到的。例如地质灾害，三峡附近的地质灾害比以往更多更频
繁了。至于三峡的泥沙问题、移民问题，到现在还没有彻底解决，这些问题还

在继续研究。"

郑泽厚学术生涯中还有一项十分重要的成果，是与澳大利亚新英格兰大学的合作项目，研究酸雨对土壤的影响。郑泽厚为项目提供酸雨在中国华中平原地区对土壤的影响研究结果。他带着研究生在湖北几十个地方设立了酸雨采集点，30几个酸雨采集点一季度一采集，采集后还要检验酸雨中含硫的比重和土壤酸化程度。野外考察的劳累不提，单论检验工作就是一个很大的工程，每一季度的数据还要通过邮件的形式发给远在大洋彼岸的新英格兰大学项目组。但也正是因为不惧劳苦、认真细致的工作态度，郑泽厚的团队在对"华中地区酸雨对土壤的影响"的课题研究中取得了丰硕成果，该课题也被国家科委立项支持。他表示，"研究是探讨自然规律，自然科学中还有很多需要我们去探讨的，我对科研很感兴趣"。

执教生涯：身为世范，为人师表

"新竹高于旧竹枝，全凭老干为扶持。"郑泽厚不仅在学术研究方面建树颇丰，更乐于将一身本领传授给学生，在教育教学领域深耕细作，用他的话讲，就是"老有所乐，老有所为"。他在教坛耕耘几十载，为社会培育了无数英才，无论传道授业、指点迷津，还是立德树人、提携关怀，都堪称楷模，使学生们受益良多。

在教学方式上，郑泽厚总是力求讲课生动有趣、深入浅出，将略显枯燥的书本知识转化为接地气、冒热气的生动语言，因此深受学生们的欢迎。他有着一套与众不同但又十分适合学生的教学方法。他讲课从不用幻灯片，从不提前拟讲稿，只是将标题简单地列出，却能讲解得流畅而深入。在他看来，课堂上传达的应是形象的知识和饱满的热情，而非生冷的文字与刻板的重复。因此他总是认真备好每一堂课，讲课全凭对知识的深入理解，这也是"胸中有丘壑"的具体体现。

那个年代的教学工作没有投影仪等设备的支持，他便亲手制作一张张生动有趣的图片挂在黑板上。沙石岩壑、江河湖海，万千地貌深深浅浅地呈现而出，以使学生们兴游其中，意趣浓厚。在他看来，兴趣是动力的源泉，有了兴趣的支撑，学习才更有动力、更容易出成果。此外，郑泽厚讲课注重系统性、逻辑性，努力使自己的表达有条理，使学科知识以最清晰的方式呈现在学生面前。正因如此，他的课堂趣味盎然，深得学生认可。

在育人理念上，郑泽厚十分注重培养学生的自学能力。他深信"授人以渔"

才是培育英才的正道，老师重在提示，主要将学生引导入门，而对知识的深入理解则靠学生自己，若一味向学生灌输思想，就剥夺了学生的创造力；老师应充分尊重学生的想法，只有这样，才能充分挖掘学生自身的潜力。郑泽厚很看重动手能力的培养，他经常开设实验课，让学生们亲自动手化验氮、磷、钾等物质或测量 pH 值，独立分析实验现象，从实践中领悟真知。他尽力使教学与科研相结合，在他看来，只有将学到的知识应用到实践中，得到造福社会的科研成果，学习才更有意义。因此，他时常带领学生进行科学研究，对他们悉心指导，努力培养实干的研究型人才。

郑泽厚在教学上以"教不严，师之惰"为标准，对自己的学生有着高期望、严要求，同时也十分关心他们的生活，经常询问学生学习之余的情况，即使毕业分开，他也关注着学生们的发展。洪松是郑泽厚指导的一名研究生，他在读研期间，经过不懈努力、层层选拔，考入了北大继续深造。现在洪松已经是武大资源环境学院教授、博士生导师，仍与恩师郑泽厚保持着密切联系。几年前，洪松指导的一个学生参加研究生毕业论文答辩，郑泽厚受邀一起参加答辩并给予学生指导，最后这名学生答辩成功完成，毕业论文获得优秀。"桃李不言，下自成蹊"，时至今日，学生们时常感念师恩。每逢过年过节，郑泽厚的学生们都会去探望他，送去满满的祝福。

在子女、孙辈的教育方面，郑泽厚注重言传身教，他不仅重视子孙的学习，还鼓励他们全面发展。他在家中摆了一架钢琴，除了自己平时陶冶情操，更重要的是供孙子回家时弹奏。据他介绍，孙子小学时就已经过了钢琴十级，还会演奏很多乐器。郑教授建议，当代青年不应死读书、读死书，不能做书呆子，因为兴趣是最好的老师，因此新时代大学生要在不断的学习磨炼中培养和发展兴趣、爱好与特长，努力成为一个通识人才。同样，他殷切地期待年轻一代还处于成长中的孩子们，要追随自身的爱好，全面发展自我，特别对在校大学生寄予了"十丈龙孙绕凤池"的深切期望。他说："新中国成立 100 周年时达到现代化强国，就要靠你们。你们是国家的栋梁，中国的希望寄托在你们新时代青年身上！"

退休生活：德艺双馨，寓教于乐

郑泽厚教书育人数十载，在三尺讲台留下了浓墨重彩的一笔，2000 年退休后，他的老年生活依旧十分精彩。

郑泽厚在学校合唱比赛中指挥大合唱（2009）

学生时代就喜欢音乐的郑泽厚，工作时将大部分精力投入到了科研和教学之中，没有太多时间与音乐为伴，在退休之后有了很多闲暇的他才真正"玩"起了音乐。郑泽厚认为，音乐丰富了他的生活，愉悦了他的身心。退休后他担任了湖北省高校老年歌舞团的常务副团长。虽然只是一个由退休老教授组成的并不专业的歌舞团，但它也有着多重身份。起初老教授们在几次寻找排练场地之后，最终选择在中国农科院油料作物研究所附近的社区排练，歌舞团便因此挂靠在社区而有了另外一个名字——"蒲公英歌舞团"，并时常代表社区参加各类演出。在访谈中，郑泽厚说到兴起，一边笑一边激动地走进房间，取出他们歌舞团的旗子挥舞展示。

郑泽厚至今难忘歌舞团里让他最感兴趣的几件事情。第一件是2009年9月庆祝中华人民共和国成立60周年歌舞表演《歌唱祖国》；另外一件是2011年6月为庆祝建党90周年，在武大学生大礼堂举办的演出，他们当时的节目是载歌载舞表演《欢乐中国》，还有舞蹈表演《吉祥颂》。这两件事之所以让郑泽厚印象深刻，是因为平时歌舞团中舞蹈队和合唱队基本上都是分开训练，而这两次表演需要舞蹈队和合唱队联合演出，合唱队和舞蹈队就很难得地在一起进行了几次排练，歌舞团的成员也有机会全部聚在了一起。为了让表演精彩好看，大家团结一致，在炎热的天气中进行了辛苦而认真的排练。功夫不负有心人，表演最后获得了很好的反响。

虽然阔别讲台十几年，郑泽厚依然心系学生，关心下一代，如今是湖北大学关心下一代工作委员会（简称关工委）下红旗说唱团的一员，用他的实际行动关爱着湖大青年学子。郑泽厚说，加入红旗说唱团，对于自身来说是老有所乐、老有所为，同时也想为同学们多唱一些革命歌曲。2017年5月，他就随关工委红旗说唱团一道走进通识教育学院，为学生党校培训班学员演唱《共筑中国梦》《跟着共产党走》等多首红色歌曲。他认为，以这种别出心裁的方式开展党课，不仅使得党课形式变得更加多样，也传递了老教授们对祖国的赤诚之心，砥砺了新时代青年奋发之志。

【走访后记】

参加"学子访学人"社会实践活动，使我们在走访中有了很多的切身体验。虽然我们都不是地理科学专业的学生，师生间却谈论了很久的地理学，这既让我们看到了湖大在学科建设过程中的一些演变，也让我们感受到了不同学科的魅力。同时我们也感受了"湖大学人"的另外一面，郑教授的老年生活让我们看到了离退

郑泽厚教授向学生展示歌舞团旗帜

休教授生活的多姿多彩。不管是年轻时刻苦治学，连春节都在家写文章的忙碌辛苦，还是老年时参加各种文体活动，郑泽厚教授一直都在不断学习和超越自己，谈笑间能看出来他对生活的巨大热情。老学人在学术上的艰苦严谨以及在音乐生

郑泽厚教授与走访学生合影

活中的轻松欢快，其中的张弛之道，值得我们思考和学习。

走访学生团队成员：

通识教育学院 2017 级会计学专业　曲子仪

通识教育学院 2017 级经济学专业　郑智文

通识教育学院 2017 级市场营销专业　李英

通识教育学院 2017 级旅游管理专业　蔡金利

通识教育学院 2017 级工程管理专业　刘静宜

通识教育学院 2017 级信息管理专业　郑瑞琦

（指导教师：姚凯彬　程成）

黄桂玉：
甘为人梯育桃李　愿作春蚕筑师魂

黄桂玉，1940 年 11 月生，湖北安陆人，湖北大学物理系（现物理与电子科学学院）教授。1961 年毕业于武汉师范学院（湖北大学前身）物理系，毕业留校后一直从事与物理学相关的教学与科研工作。曾任湖北大学物理系副主任、全国高等物理教育研究会理事、全国力学教学委员会常务理事等职。

黄桂玉教授在备课

在物理系任职期间，黄桂玉教授在教学中创造了独具一格的"单元教学法"。曾荣获教育部曾宪梓教育基金高等师范院校教师奖三等奖，第一届湖北省高校优秀教学成果一等奖，湖北大学教书育人一等、二等、三等奖，被表彰为武汉市"三八"红旗手、湖北省"高等教育先进工作者"。曾参编《力学》教材，在《湖北大学学报（自然科学版）》《大学物理》《科学通报》《Journal of Crystal Growth》（荷兰）《硅酸盐学报》《力学学报》《计算机应用软件》等刊物上发表 40 余篇论文，在经典力学和材料学等科学领域进行了许多前瞻性研究，为湖大物理学科的发展作出了积极贡献。

黄桂玉教授退休后投身于老年工作，曾任湖北大学老年大学常务副校长、老教授协会副会长，现受聘担任校党委组织部组织员。先后荣获湖北省、武汉市及全国"老年教育先进工作者"称号，多次被授予湖北大学"先进党务工作者"称号。

独创"单元教学法"

1958 年，黄桂玉在高考中以优异的成绩被武汉师范学院录取。进入大学的她一直保持着积极进取的劲头，学业成绩也非常优异。入校一年即被学校选送至南京工学院（现东南大学）无线电系进修电真空技术专业，并在东南大学完成了毕业设计。毕业后，她选择回汉留校工作，成为一名专业教师。

刚刚步入教师岗位的黄桂玉在物理系的一次试讲后，获得听课领导肯定，被认为"她就是干教师这一行的料"。于是三尺讲台就成为黄桂玉一生相伴的地方。在讲授力学、热学、电磁学、原子物理学等课程的同时，她也在传递着自己的"光"和"热"。学生们常说："听黄老师上课是一种享受。"在物理系任职期间，她结合工作实际创造了独具一格的"单元教学法"，并在《大学物理》杂志上发表相关论文。通过"单元教学法"，教导学生明白研究物理学的本质问题之后，再将解决该问题的方法分成几个"小单元"逐个解决，帮助学生理解性学习，学生的收获远大于通过教材的学习。在全国力学教学会议上，黄桂玉分享的"单元教学法"思想受到了国内诸多力学教师的好评。

黄教授在教研室的工作表现也得到了领导和同事的一致肯定，学校有意安排她担任系领导职务，却被她一再推辞。因为在她看来，"一心搞教学科研工作最重要"。后在学校领导的一再劝说下，1989 年起，她开始担任物理系分管科研、研究生及实验设备的副主任，直至 1997 年。回想起教学和行政工作经历时，黄教授感慨地说："我这一辈子，做过最正确的事情就是当老师。一直从事着自己热爱的教学科研工作，对我来说也是很幸运的。"

正如黄桂玉教授在访谈中所言，选择是一次又一次重塑的过程，如果说，人生是一个不断选择的过程，那么当千帆阅尽，最终留下的，就是属于自己独一无二的风景。

关爱学子显真情

在从教的几十年间，黄桂玉教授与历届学生结下了深情厚谊。每年她都要主动给学生做两场"雷打不动"的报告：一是在每年新生入学教育阶段，谆谆教导新生应如何适应大学生活，制定大学生涯规划；二是每届毕业生座谈会，黄教授坚持为毕业生送上深切嘱托，鼓励他们克难奋进，勇于开拓，为校争光。很多学生毕业之后仍会感恩黄教授的教诲，在历届物理系校友的毕业聚会上，黄教授都是受邀参加的常客。

黄教授对研究生的培养极为重视，对研究生的关心也是无微不至。在带研究生期间，曾经有一位学生因为罹患乙型肝炎面临退学治疗，这样一来不仅耽误了正常毕业，还会对他以后的就业和人生产生影响。于是黄教授四处奔走，终于征得学校领导同意，安排学生住院治疗。学生患病治疗期间，黄教授细心地指导他撰写学位论文，确保他正常完成学业。学生出院后，她又帮忙安排合适的居所，将学生因病而造成的学业和就业影响降到了最小。这名学生也不负老师殷殷期望，经过不懈努力现已成为某高校科研骨干。

访谈中，黄桂玉教授对一位学生记忆尤深。他来自山西偏远的农村，毕业后又回到深山教书，但不甘于现状的他选择报考了湖大的研究生，考试成绩却与录取线仅有两分之差。了解到这名学生的情况后，黄教授考虑到为贫困山区培养人才很不容易，于是想方设法提供帮助，最后这名考生借助当时的定向招生政策进入湖大读研，黄教授又收他为自己的研究生。在读研期间，因为家庭经济困难，这位同学一直想办法在外打工赚钱，也因此分散了部分学习精力。黄教授开始不知晓情况，多次提出批评，希望他能专注学业，学成之后报效国家和家乡；当了解实情之后，黄教授反多了几分怜爱和关照，在经济上和学业上尽可能给予他更多帮助。这位学生后来迅速成长，献身国防事业的他如今已成为军用无人机图像领域的佼佼者，每次出差路过武汉时都要回母校看望黄教授。黄教授说："当看到我的学生发展得很好，青出于蓝胜于蓝，我就感到无比欣慰。"

这种"青出于蓝胜于蓝"的殷切期望，正是黄桂玉教授在从教期间快乐的源泉。与学生接触，感受到青年人灵活的思维；倾听学生的任何烦恼，尽力为他们解决困难——这是黄教授坚持了一辈子的事，也是黄教授一辈子的初心，简单而又难得。

学科科研奋辑先

黄桂玉教授在任职期间，为学校物理学科建设和科研事业的发展做出了诸多贡献。20 世纪 80 年代，我校物理系王楚林、廖册任和中文系罗大同等教授牵头组织申报"学科教学论"硕士点，当时还是讲师的黄桂玉老师参与了教授成果及教师学术论文等大量材料的整理工作，很好地完成了各项任务，更名改制后的湖

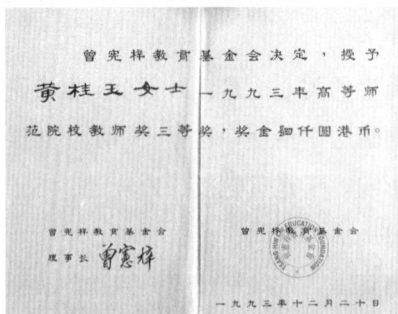

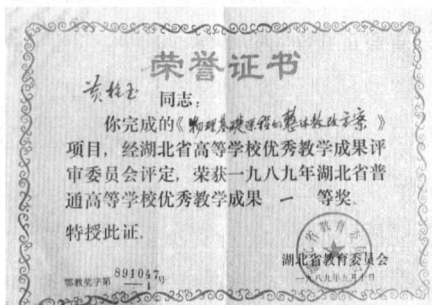

黄桂玉荣获曾宪梓教育基金会奖励（1993）　黄桂玉荣获湖北省高校教学成果一等奖（1989）

北大学终于在 1986 年成功获批"学科教学论"硕士点（现由教育学院管理）。由于没有冠以任何专业名称，不久评上副教授的黄桂玉，招收的许多研究生分给了物理系的光学、材料科学以及力学等一些科研点，解决了当时科研点有成果但招不到学生的问题。

为了提升学院的科研水平，黄教授与院领导班子一起努力找方向，引进人才，创建科研团队，组建了以邝安祥教授为带头人的材料科学与应用的研究团队，以邵常贵、徐济仲教授为带头人的理论物理研究团队。后来这两个科研团队研究成果斐然，《大功率压电陶瓷》获国家科技成果二等奖，《量子引力》研究在国内居领先地位。

黄桂玉教授重视青年科技人才培养，不仅在科研条件、生活条件等方面尽力照顾，而且在科研成果分配方面也坚持把更多机会留给年轻人。在代理一项 863 课题组组长期间，黄教授亲自在外为科研课题争取经费，认为谁最适合该课题研究就把课题给谁，做到专职人员人人有经费；发表文章时，谁做的贡献最多第一作者就给谁。在黄教授的带领下，几年间该团队的所有成员全部博士化，现在已成为湖北大学或其他高校科学研究的中坚力量。

在为学校争取博士点方面，黄教授更是亲力亲为。当时她受学校委托去上海硅酸盐研究所、同济大学、山东大学等地报

黄桂玉荣获"全国先进老年教育工作者"
（2009）

送申报博士学位点材料，细致讲解学校学科发展和学科优势，得到了相关单位的高度赞许。当看到学校科研水平不断提升，看着学生的科研之路得到了很好的发展，黄教授十分欣慰。

老骥伏枥谱新章

2001年初，原本可以退休的黄教授，因学院工作需要，欣然同意返聘到学院工作。直到2004年底学校通过了教育部本科教学评估"优秀"后，她才正式离开工作了40年的岗位。

退休后黄桂玉教授积极参与老年工作。2005年以来，她做了三件事：第一件事是在2005年接受校领导、离退休工作处和学校老年协会的委托，筹建湖北大学老年大学，并担任老年大学常务副校长。在学校领导的支持下，她与其他离退休同志迎难而上，制定了老年大学的教学计划和系列管理办法，成功开办了健身班、舞蹈班、声乐班、中外经典电影欣赏班、花卉班、中医养生班、电脑入门班、外语班、烹饪班等十几个长短线专业，供离退休老同志选择学习。老同志们真正感到老有所学、老有所乐，十分惬意。市、区领导来校检查对老年大学评价很高，多次称赞湖北大学老年大学虽办学晚，但起点高、办学规范。自2009年起，老年大学连续被评为武汉市、武昌区"老年大学先进学校"，黄桂玉教授也相继被授予武汉市、湖北省及全国的"老年教育先进工作者"荣誉称号。

第二件事是2004年底至2016年6月，黄桂玉教授连续担任了三届湖北大学老教授协会副会长，参与老教授协会做了三方面的工作：一是给离退休老教授建档立卡，摸清家底，争取政策支持；二是开展首届老教授成果展，充分调动了老同志老有所为的积极性；三是搭建各种平台，便于老教授发挥余热，如办自考班、研究生班，提倡著书立说、撰写论文，编写了三轮通识教材等。老教授们老有所为，成绩斐然。黄教授表示："对于老教授协会的工作，我们坚持两个原则：一是有所为有所不为；二是尽力而为，量力而行。"我校老教协工作得到了社会各界高度认可，2015年被全国老教授协会授予"全国老教授事业贡献奖"和"先进集体"称号。

第三件事是2001年至今，黄桂玉教授一直担任党建组织员，在大学生党员发展过程中认真履行监督、把关、协助、教育等工作职责，努力当好大学生思想进步的指导员、党员发展工作的督导员和学校与基层党建工作的联络员。黄教授曾为7个学院入党积极分子和青年学工干部讲党课，跟年轻人亦师亦友，受到学生的爱戴。"夕阳无限好，丹心映旗红"，黄教授辛勤的劳动、兢兢业业的工作也结出丰硕果实，多次受到上级党组织表彰。

在黄教授身上，我们看到的是一种"湖大学人"的责任与担当，以及不畏年高的勇气——无论身处何处，无论经历多少岁月，那一颗炽热的心永远在跳动；尽我所能，尽我所有，为我所爱尽一份力，方才无怨无悔。

【走访后记】

刚接到采访任务时我们便开始在网上查阅资料准备采访提纲，令我们最感动的便是黄桂玉教授把自己的一生都献给了学校。她亲身经历了武汉师范学院到湖北大学，物理系到物理与电子科学学院的变化发展历程。第一次近两个小时的采访中，我们深切了解到黄教授为湖北大学以及物电学院的发展付出的诸多努力：作为一名教师，她不惜奔波劳累，只为学生能有一个更好的发展前途；作为系里负责科研工作的副主任，她为学院引进人才、创建学位点四处奔走，争取课题经费；作为退休教授，担任老年大学常务副校长的她，将学校有限的拨款经费最大化利用，得到了外界的一致好评。

但在回顾自己一生的时候，黄教授却说："我这辈子最庆幸的事情就是做教师，人一辈子要做自己最喜欢的事情。"黄教授和学生的联系十分紧密。她爱生

黄桂玉教授（右三）与走访学生合影

如子，也深受学生的爱戴。她经常参加新生座谈会和毕业生座谈会，在学习和生活上给予学生无微不至的关怀。可能正是由于这种发自内心地对学生的爱，才让她在教师岗位上坚守了大半辈子却依旧热情不减吧。

经历过时代的动荡和命运的波折，寰宇之间，亘古不变的是留给那个时代的情怀。正是黄教授的坚守——作为教师对岗位的坚守，作为科研工作者对于科学的坚守，作为湖大人对母校的坚守，才使得老教授的形象更加高大。这一份深沉的爱，跨越了一个古稀之年。于碳基生命来说，生命太过短暂，一个人追求的信念容易随着环境的改变而改变。但是，作为泛维度生命，拥有永恒的生命，所坚守的必须是不能更改的，意志中容不得虚假。人生是那么美好，在这段不可复制的旅途中，我们拥有独一无二的记忆，不管它是迷茫的、不安的，还是欢腾的、理想的、炙热的，都是最难忘的日子。所以我们要向前辈学人学习，拼尽全力，活出姿态！

本次走访活动得到了物理与电子科学学院、通识教育学院和离退休工作处领导、老师们的大力支持，特别是辅导员李文老师全程给予精心指导，在此一并表示由衷的感谢。

走访学生团队成员：

通识教育学院 2017 级电子科学与技术（产业计划）　韩佳

通识教育学院 2017 级微电子科学与工程（产业计划）　高于寒

通识教育学院 2017 级电子科学与技术专业　斯婕

通识教育学院 2017 级物理学专业　汪克刚

通识教育学院 2017 级光电信息与工程专业　戴铭酉

通识教育学院 2017 级电子科学与技术（产业计划）　陈凯歌

（指导老师：李文）

徐学俊：
我愿化作一双守护心灵的翅膀

徐学俊教授近影

徐学俊，1953 年生，祖籍河南禹州，湖北大学教育学院教授、博士生导师，主要研究方向为发展与教育心理学、课程与教学论、教师教育。曾任武汉市教育科学研究所所长，2004年被引进到湖北大学工作后，担任湖大心理辅导研究中心主任、教育硕士专业学位教育中心主任、心理学系责任教授、"琴园学者"特聘教授、发展与教育心理学硕士学位点负责人、心理学校级品牌专业和《心理学》省级精品课程责任教授等职务，享受国务院特殊津贴。

徐学俊教授的社会兼职有：中国心理学会会员，湖北省儿童教育发展研究会副理事长，湖北省心理学会荣誉理事，湖北省老年心理学专委会常务理事，教育部教师教育国家培养计划心理健康教育专家库成员，中国心理卫生协会青少年心理卫生专业委员会委员等。出版著作及学术成果有《青少年心理辅导》《教育科学研究方法新编》《心理健康导引》《心理学教程》《中小学心理健康教育活动》等；在《教育研究》等学术期刊发表学术论文 80 多篇，主持教育部和省市科研项目 20 多项；获得湖北省政府社会科学优秀成果奖 2 项，湖北省政府高校教学优秀成果奖 2 项，武汉市政府社会科学优秀成果奖和科技进步奖等 10 余项。

不变求学志，结缘心理路

徐学俊教授出生于知识分子家庭，打小就充满了对知识的渴求与热爱，认真和勤奋的品质在他的心中生了根，学习成绩一直名列前茅。除了受益于良好的教育，丰富的人生经历也是他人生中一笔宝贵的财富。他经历过三年自然灾害、文化大革命和上山下乡运动，做过工、务过农、从过军，体验过坎坷的人生。在那样特殊的年代，有人沉沦，也有人意志得到锻炼。徐学俊没有忘记自己的初心，他立志做有为青年，学习的脚步从未停下。

徐学俊原本主修的是化学专业，且已经在三尺讲台上育人数十载，一个偶然的进修机会，让他在华中师范大学接触到了教育学和心理学，自此结下不解之缘。徐学俊先后攻读了化学和教育学双学士学位，以及基础心理学硕士学位和高等教育学博士学位。大学毕业以后，他一直活跃在教育一线，先后做过初中、高中和大学教师，并担任武汉市教科所所长一职多年，

徐学俊教授主编的《高中生心理成长读本》

还担任过武汉华大教师教育发展研究院执行院长。这些经历为徐教授研究心理学和教育学提供了宝贵素材。

多年来，徐学俊教授一直为解决青少年的心理健康问题而殚精竭虑。2007—2009年，他先后开展了地方综合性大学精英人才心理素质与能力调查研究、湖北高校教学研究项目和大学生心理健康与危机预防的对策研究、湖北省教育厅大学生思想政治专项课题；2011—2013年，他参与大学生健康人格教育课程建设及评估研究、湖北省教育厅人文社会科学研究项目和大学生心理健康与危机预防的对策研究，同时还主持湖北省社会科学基金项目。数十年来，徐教授奔波在教育前线，辛勤的努力也让他收获颇丰。2010年，其参与教师校本研修的研究与实践项目荣获教育部基础教育课程改革教学研究成果二等奖，一年后其主编的《心理学教程》又荣获中国大学出版社图书奖第二届优秀教材二等奖。

教学重特色，深情系学子

徐学俊教授认为，教师是先学一步的"学生"。作为佼佼者的"学生"，他充实丰盈自己之后，并未独享其实，而是以一种近乎无私的胸襟回馈了社会。从教30多年来，徐学俊教授一直为人师表，情系学生。他尊重每一个学生，对学生一视同仁，在思想上积极引导学生，在学习上督促鼓励学生，在经济上资助贫

徐学俊教授主编的《人格心理学》

困学生。当得知有学生受伤时，他二话不说，放下手头的工作将伤病学生送去医院，亲自为受伤同学煲汤；当学生要考研没有方向焦头烂额之时，他帮助学生查资料，对比学校数据，给学生提出中肯建议，设法联系招生高校；当学生找工作毫无头绪时，他积极联系用人单位帮助学生就业；他还经常深入学生宿舍，找学生谈话，了解他们的学习、生活甚至情感状况，解决学生的实际问题。诲人不倦的徐学俊教授，深受学生感恩和爱戴。

徐学俊教授注重特色教学，联系实际，授课受到学生普遍欢迎。其教学理念包含以下四个方面：一是注重"三基"教学（基本概念、基本技能和基本理论），让学生广泛阅读国内外有关教学参考书及学术文献，指导学生扎实掌握"三基"；二是注重教给学生获取知识的方法，让学生在学习中懂得如何去获取知识；三是注重教学生用广泛的视野去发现问题、分析问题和解决问题，启发学生用不同的视角批判性地思考所学教材，用多视野整合的角度来思考理论问题，培养学生的创新精神；四是注重立志和健全人格的养成教育，在教育中注重思想品德教育，努力培养学生以辩证的观点看待世界，看待他人和自己，看待过去、现在和未来，看待顺境与逆境，成为一个自立、自强的进取者。为此，徐学俊教授时常在课堂上组织学生开展辩论赛、演讲等活动，重视提高学生的综合素质，既活跃课堂，又锻炼学生的口头表达、综合思辨能力，激发竞争意识和创新精神。

徐学俊教授既是教书育人的师者，也是心理咨询师。他在湖大心理健康教育中心参与大学生心理健康咨询工作，长期坚持对重点学生开展心理辅导和危机干预工作，曾直接干预、阻止多名有自杀倾向的大学生；他积极协助所对口联系的学科性学院开展心理健康教育，先后帮助数十位大学生解决了心理困扰。

徐教授向我们讲述了他亲身参与的两次学生心理危机处理事件。其一是一位毕业生由于考研压力和就业问题陷入焦虑，出现了许多生理不适，脱发、精神恍惚、食欲不振……在自己无法调整的情况下抑郁，甚至有了轻生的行为。好在这位同学的情况被及时发现，在徐教授等人的立即干预疏导下，这名学生最终放弃了轻生。其二是一位研二的女生因感情受挫三次想自杀，徘徊在死亡的边缘，经过徐教授一周的心理咨询与安抚开导，这位女生恢复了理性，生活重新步入正轨。每当遇到无法自我调节的心理问题学生，徐教授都尽全力去开导他们，让他们脆弱的心灵重新坚强起来。

专注于科研，回报于社会

学术之于学者如同生命。徐学俊教授在学术研究的世界遨游探索，取得丰硕成就。他带领团队教师开展教育教学研究，提高学术水平，使心理学专业成为校级品牌专业，《心理学》公共课成为省级精品课程，发展与教育心理学、学校心理辅导与咨询方面形成学科特色，其中学校心理辅导与咨询及认知心理学在湖北省属高校中有较为明显的学科优势。作为学科带头人，徐教授注重学科建设及团队建设，指导本科生获全国大学生挑战杯三等奖、省大学生挑战杯一等奖、省本科优秀毕业论文三等奖等。此外，他还十分关心年轻教师的专业发展，指导青年教师荣获市科技进步二等奖一项、三等奖七项等。

徐学俊教授致力于用知识造福社会，学以致用是他不变的宗旨。作为武汉市青少年"维权岗"专家咨询委员，他做了大量维护青少年合法权益的工作，并对青少年开展有了针对性的爱国主义教育、集体主义教育。

作为一名老师，徐学俊教授总是以深沉而关怀的眼光注视着广大青年，在社会上开展了多项调查，研究方向大多贴近生活、贴近青年，其中主要包含：文化取向与幸福观、大学精英人才心理素质、大学生心理健康与预防对策等。他以大学生为关注重点，关注着国家的希望，让他们能成为国家的脊梁，承担更加重大的责任。这些具有深远意义的项目也众望所归地取得了累累硕果。比如，他以校本课程为基础的地方课程资源开发与优化配置研究，荣获武汉市社会科学优秀成果一等奖和获湖北省社会科学优秀成果三等奖等多个奖项。

研究成果得到肯定，并不能使徐学俊教授

徐学俊教授主编的《心理健康导引》

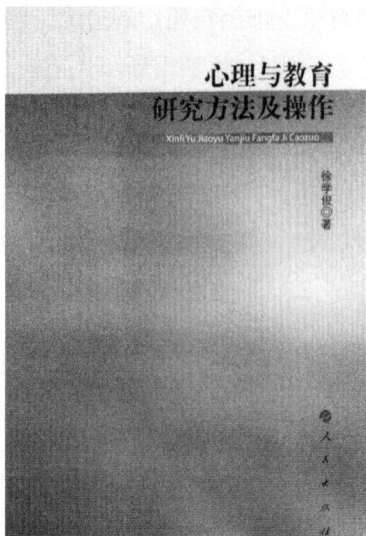

徐学俊教授著作《心理与教育研究方法及操作》

得到满足，进一步造福社会成为了他的目标。他将自己的研究心得汇总成册，一一发表，同时也在心理学教材编写中以言简意深的方式，总结了多年的研究教学经验。此外，徐学俊教授总是怀着那颗博爱之心，参加了许多社会活动，汶川地震慰问心理志愿者、武汉市中学心理健康教育优质课评比、武汉市黄陂区中小学科研骨干培训、全国各地讲学等都留下了徐教授忙碌的身影。

受益于兴趣，诲人以芬芳

徐学俊教授热爱长跑，积极参加长跑活动，不仅锻炼了身体，也为自己争得了荣誉。年轻时，他曾代表学校参加湖北省高校越野长跑运动并取得第二名。除了长跑、游泳、足球、排球和跨栏等体育运动也是教授的最爱。正是由于经常性的锻炼，如今已届花甲之年，他仍然拥有强健的身体。徐教授还很喜欢收藏邮票、唱歌和旅游，他说，如果一个人没有了爱好，生活也就失去了味道。广泛的兴趣爱好使他的生活多姿多彩。

徐教授告诉我们，社会、生活、心理学三者环环相扣，在生活、学习甚至以后的工作之中，我们都会遇到各种压力，有一定的压力是好事，只要合理安排压力的宣泄方式，与自己的个人认知以及情绪相互联系，将压力转化为动力，就会有利于我们的身心健康，就能更好地成长。借曾经调查的马加爵事件的例子，徐教授告诫我们青年大学生，专业知识固然重要，但是心理承受能力更为重要，正确地调整自己的心态才是健康的根本。

访谈中，徐学俊教授让我们置身于一个情景中：当我们在路上遇到了一个面露不善盯着自己的人，心里会有怎样的反应？如何去应对这件事？我们认为他可能认错人、可能抱有一丝恶意，绕开走就好；也可能与我们无关，只是恰好碰到了一个心有不虞的人，不予理会走自己的路即可。徐教授说这些都很正常，每个人面对突发事件都会产生不同的推测和应对之法。他以十多年前的马加爵事件为例，说马加爵对待这种情景就会跟我们的处理方式截然不同，一个心理很脆弱、情绪易激动、人格有缺陷的人面对"威胁"自身的情况时，并不会去调整自我的心态，而会去想尽心思破坏所处的环境。由此可见，保持良好的心理状态，学习一些基本的心理学知识，对自己的生活学习有多么重要，至少面临突发情况会多一分冷静自持。

【走访后记】

采访徐学俊教授之前，我们约定好了在武昌校区嘉会园一楼见面。一大早我们便从阳逻校区乘坐校车前往预定地点，当我们到达时，徐教授早已来到了食堂门口等候，我们赶忙上前和他握手打招呼。徐教授十分和蔼可亲，对我们提出的问题都耐心解答。刚开始我们还不是很理解心理学到底是什么，为什么要学习心理学，他很耐心地给我们讲解。与徐教授的访谈让我们对心理学有了初步的认识，也对今后如何处理面对的各种境遇有了更好的把握。

访谈中，徐学俊教授寄语我们："在追求幸福的路上，同学们将会遇到无数险阻，砂砾会磨破你的双足，泥沼会令你寸步难行，荆棘会让你举步维艰……你们应保持当初无畏之心，勇敢地迈出下一步。若想成功，你们就一定要让优秀成为一种习惯。从现在开始，让琅琅的读书声回荡在美丽的校园，让矫健的英姿活

徐学俊教授与走访学生合影

跃在运动的赛场，让多彩的画笔描绘绚丽的未来，让敲击的键盘连接五湖四海，让天使的翅膀直挂蓝天云帆。要养成健全的人格，培养良好的个性，发展兴趣特长，确保身心健康，德智体美劳全面发展。只要努力了，就一定能让激昂的青春迎风飞扬。"徐教授的殷殷寄语令我们一行十分感动。与徐教授年轻时所处的年代相比，我们是幸运的，条件是优越的。老一辈能做到的事情，年轻一代的我们也应该做到，并且要做得更好。

社会心理学家马斯洛曾说："心态若改变，态度跟着改变；态度改变，习惯跟着改变；习惯改变，性格跟着改变；性格改变，人生就跟着改变。"漫漫人生路，徐学俊教授能不失激情于科研，不失耐心于学生，淡然自若于生活，不忘初心，稳步前行。徐教授气定神闲的心态、雍容娴雅的态度以及处事不惊的风格让我们感叹和敬仰。此次采访的过程虽然简短，但是我们仍能从他和蔼的笑容和坚定的目光中，感受到那种从苦难中走出来的从容和内心的坚定，那种湖大学人身上闪烁的光芒以及眼神中对我们新时代学子的殷切期盼。我们定不会忘记徐学俊教授的谆谆教诲，日后将努力去传承、坚守湖大人应有的品格和精神。

走访徐学俊教授及本文成稿过程中，得到了教授本人、离退休工作处、通识教育学院领导和老师的大力支持，在此一并致谢。

走访学生团队成员：

通识教育学院 2017 级高分子材料与工程专业　李涤非

通识教育学院 2017 级高分子材料与工程专业　汪姝晨

通识教育学院 2017 级新能源材料与器件专业　缑炎卓

通识教育学院 2017 级无机非金属专业　马程

（指导老师：王斌　顾文婷）

郁源：
探古今中华文化　辟感应美学新天

郁源（1937—2012），上海人，湖北大学文学院中文系教授，国内知名文艺学家、美学家，曾任中国《文心雕龙》学会常务理事，中国古代文学理论学会理事，中外文学理论研究会理事。1962年于北大中文系本科毕业，1965年于北大研究生毕业，就职于中国对外文化联络委员会。1974年调

年轻时的郁源先生

入武汉师范学院（湖北大学前身），主要从事古代文论与古典美学研究。先后出版学术专著13部、发表学术论文100余篇，曾获1988年湖北社会科学优秀成果奖。

作为"感应美学"的提出者和研究者，郁源教授在中国古今文论探索和古典美学研究等领域做出了杰出贡献。2017年初，由湖北大学教育发展基金会资助出版的首部"湖北大学社会科学知名教授文丛"——《郁源文集》面世。该文集选取郁源生前优秀学术成果，按发表时间先后进行编排，反映了其学术和思想发展历程。2017年6月，学校召开《郁源文集》首发式暨"感应美学"学术研讨会，来自国内10余所高校的30余位美学家、文艺理论家、评论家，郁源先生部分弟子及家属代表，就其学术思想和成果展开研讨。负责编撰文集的复旦大学中文系副教授羊列荣说，这部66万字的文集，是郁源先生的心血之作。

2018年暑期前后，通识教育学院组建"学子访学人"社会实践团队采写郁源教授事迹。团队查阅大量文献资料，并在郁源之子郁之行先生的帮助下，最终完成了这篇走访稿件。

孜孜不倦：此生心系教与研

1962 年从北大中文系本科毕业后，郁源考取了北大杨晦教授的第一届文艺思想史研究生。杨晦先生是"文艺学"这门学科的重要建设者。在其影响之下，郁源一直致力于中国文艺思想史研究和中国古今文论探索。

"文革"伊始，郁源先生被下放到"五七干校"，度过了十年的艰难岁月。1974 年调入武汉师范学院任教，1986 年晋升为中文系教授，是中国《文心雕龙》学会常务理事、湖北省美学学会理事、中国古代文论学会理事和中外文理论学习会理事。1990 年被湖北省政府授予"有突出贡献的中青年专家"称号，1991 年起享受国务院特殊津贴。1994—1997 年赴韩国讲学，任韩国启明大学中国文学系客座教授，是中国第一批受聘赴韩讲学的教授中的一员，其学术事迹在韩国《中国古典文学研究家辞典》《中国社会科学家大辞典》和《中国当代文化名人小传》中均可得见。

郁源先生在其从事的文艺理论与中国古典美学的教学与研究中，体现了多层次和多方面的特点。在教学生涯中，他先后为本科生与硕士生开设《文学概论》《马列文论》《美学》《文艺理论专题研究》《文心雕龙导读》《古代文论》《明清小说与戏曲理论》《中国古典美学》《明清文艺思潮》《比较诗学与比较文学》等 10 余门课程。在中国古典美学的研究中，他提出的"感应美学"一方面以中国古代传统美学中的"感应"为核心概念与范畴，另一方面以马克思主义客观统一思想作为基础，在西方美学作为参照系下建构起来。

郁源与夫人在湖大原校门留影

在学术研究领域，郁源教授先后承担了"审美感应研究""中国文艺美学体系"等国家和省部级科研项目。自 1978 年起，在几年时间内发表了一系列为马克思主义文艺理论正本清源的论文，如《根本任务论是修正主义的谬论》《评徐迟的〈哥德巴赫猜想〉》等，在国内产生广泛影响。1991年，郁源先生作为主编之一的《文学理论教程》由人民文学出版社出版，被国内数十家高校选作教材。该书在体系上突破了原有的理论框架，提出"感应""创作潮流""文学是审美意识表现"等新的观念，把中国古典文论中的"意象""意境""情景交融"等理论范畴纳入现代文学理论体系中，受到国内学界的关注和重视。

中国古代文论与古典美学是郁源教授长期从事的主要研究方向。在这一领域，郁源先生既重视理论研究，又着力于材料的搜集、梳理和整合。其主要作品有《中国古典美学初编》《古今文论探索》《文学审美意识论摘》《中国古代文论教程》《魏晋南北朝文论选》《六朝诗话钩沉》等，而其中的《中国古典美学初编》是国内较早从历史的角度对中国古代美学思想进行研究的著作，论史并重，点线结合，获得了1988年湖北省高校优秀教学成果奖。

在数十年的学术生涯中，郁源教授先后出版了《中国古典美学初编》《古今文论探索》《文学审美意识论稿》《中国古代文论教程》《魏晋南北朝文论选》《文学理论教程》《文学审美历史论导》《六朝诗话钩沉》等13部学术专著，发表学术论文100余篇。1998年退休后，他还出版了四部专著：《感应美学》《心物感应与情景交融》《诗苑屐痕》（诗集）《二十四诗品导读》，撰写了20多篇学术论文。

湖北大学文学院院长刘川鄂教授介绍，文艺学是我校中文系学科群中实力雄厚的学科之一，20世纪七八十年代，周勃教授研究的文艺理论与批评、邹贤敏教授研究的西方文艺理论和郁源教授研究的中国古典文艺理论共同构成了湖大文艺学理论的"三大支点"，使得这门学科成为具有合理结构和完整体系以及雄厚实力的支撑所在，"郁源教授的研究不仅在湖大中文学科建设中起了重要作用，在国内外的中国古代文艺理论研究中也有重要影响"。

"感"为人先：感应美学辟新天

20世纪末21世纪初，郁源先生从中西结合、古今沟通的角度，致力于"感应"问题的研究，首创"审美感应学说"。其就此问题所发表的《论感应与反应》一文曾被作为优秀代表性论文收入《中国新时期社会科学成果荟萃》这一具有重要影响的社会科学研究参考书中。在《论感应与反映》《论文学审美意识与审美感应》等系列论文发表并在学术界产生较大影响后，郁源教授先后出版著作《文学

郁源教授在学校图书馆查阅文献

审美意识论稿》和《感应美学》。《感应美学》一书以中国古典美学的"感应"范畴为核心，构建与以往不同的美学体系——感应美学体系，被他称为"能够解释人类全部文艺现象"，受到学术界注目。

在郁源先生学术研讨会上，扬州大学姚文放教授、湘潭大学季水河教授、华中师范大学张玉能教授、武汉大学陈望衡教授、湖北大学邹贤敏教授等专家学者共同追忆了先生挚爱学术、潜心研究的一生，并对《郁源文集》及郁源先生的"感应美学"进行了充分的学理探讨。

长期以来，文学被视为是生活的反映，从"反映"的角度来认识文学和生活的关系。而郁源教授的"感应美学"理论则认为，文学是审美意识的表现，它与生活之间不是一种认知的关系。他将文学与生活的关系放大，从感应的角度去考察，为文学和生活的关系提供了综合的视角。与会专家普遍认为，"感应美学"的提出是郁源先生以中国传统美学思想为基础、以马克思主义美学为指导、以西方美学思想为参照的一种有益的探索结晶，为中国古代美学的现代转换提供了个案。

扬州大学文学院姚文放教授说："郁源先生的感应美学建构了四个层次。他对物本感应、心本感应、平衡感应、形式感应等的发展进行了阐释，认为感应美学是一种关系概念而非一种属性概念。"

湖大文学院丁利荣副教授认为，郁源先生感应美学的逻辑起点可归之于十六字箴言：人心惟危，道心惟微；惟精惟一，允执厥中（出自《尚书·虞书·大禹谟》）。并认为"感应二字共为一体，同时发生，有感则有应。'感应'的速度、效果不同，结果也不尽相同，在很多当代小说中也有体现，感应美学在现代是有生命力的，值得发展"。

华中师大文学院张玉能教授说，"感应美学"代表了郁源先生学术研究的最高境界，值得我们永远学习和传播。直到今天，仍能感觉到郁源先生的《感应美学》的出现是中国新时期美学的一个风向标，其中所论述的"感应"问题仍然是一个具有新意的美学范畴的创新问题，至今有着顽强遒劲的生命力。

湘潭大学文学院季水河教授表示，郁源先生的感应文学对新时期文学做出了三大贡献：一是为中国古代美学的现代转化提供了范例；二是为认识美学与生活的关系提供了新视角；三是为多角度研究审美欣赏提供了新途径。

武汉大学哲学学院陈望衡教授总结了感应美学的价值和意义：通过阐释中国古典美学来试图构建具有中国特色的、拥有当代美学价值的美学体系。

大家风范：治学处世爱美现

作为中国感应美学的研究者，郁源先生不仅在学术中深究"美学"概念，在日常生活中，先生也处处贯彻着其美学之道。

"父亲生前是一个懂美、热爱美的人。"郁源之子郁之行先生回忆说，"他平时衣着简单但总是干净整洁，书房总是布置得井井有条。他年轻时想当作家，后来经过系统学术训练后喜欢上了文艺理论方面的研究。"

在对于工作的态度方面，郁之行先生说："父亲是一个对自己和他人要求都很严格的人，性子急，脾气坏，对事认真、负责、细致，工作上是个拼命三郎。不搞好绝不罢休。印象最深的是他经常忙到深夜，常年如此，哪怕退休后也是这样，为此聋了一只耳朵。"复旦大学羊列荣副教授也表示，"先生向来非常珍惜自己的文字，生前大概觉得自己实在不算'老'，还有精力继续研究写作，所以这个心愿终成了遗憾。好在《郁源文集》的出版为先生了却了这个遗愿"。

在徐州师范大学吴建民教授的眼中，恩师郁源是个很值得尊敬的人。郁源曾说到，感应美学的灵感起源于1989年的秋天，正是美学研究盛行的时候。但他并没有跟随社会的大浪潮，而是执着进行着自己的"感应美学"研究。其学生、武大文学院李建中教授也表示，郁源教授研究感应美学的时候并不是一个条件充足的年代，"只有学生才能体会到老师当时处境的局限和尴尬"。

郁源教授部分学术著作

在性情方面，郁教授的学生、武汉市委宣传部常务副部长何建新说："先师最美好的恰恰是人性的光辉和大爱，他爱生活，爱师母，爱学生，爱孩子，爱朋友，爱所有。"郁教授不仅有大学问，更有真性情。他在诗集中以诗记事抒情感怀，撰有文章回忆和怀念在其心田播下文学种子的恩师杨子显先生，以及其在北大的导师杨晦先生，以表感恩之情。

在同事眼中，郁源教授是一个认真、刻苦、全面发展的学者，堪称文艺美学界的全才，如武汉大学陈望衡教授所说，"除了文艺美学，郁源在声乐方面也有深入的研究，《郁源文集》中的《论〈乐记〉美学思想之两派》《永明体与诗的声律之美》两篇文章就是很好的例子"。郁源在马克思主义美学、西方文论、中国古代文论等方面也均有建树。湖大文学院退休教授邹贤敏曾与郁源一起共事40多年，在他看来，郁源是一个关怀现实的人，思想其实很是开放。"他继承了北大的文学传统并将之带到了湖大。他不仅不是书呆子，还曾经是湖北批判文艺路线的先锋。"并且，郁源还经常借诗以记事抒怀，如在2008年三鹿毒奶粉事件曝光后，曾作律绝《灯蛾》一首："苍蝇逐臭味图浓，扑火灯蛾难自容。三聚氰胺三鹿奶，灰飞烟灭一场空。"于字里行间，我们可以看到一个具有浓厚人情味和深切现实关怀的湖大学人。

郁源教授非常好客，经常邀请同事好友到家里做客。李建中教授至今还对老师做的一碗上海面记忆犹新。1989年11月，李建中来到上海参加一场古代文论会议，第一次见郁源教授，郁教授细致地为其指出了论文中的问题。两年后再次相见，郁教授在家里下厨为他做了一碗地道的上海面。李建中说："这是我人生中吃过的最好吃的上海面。"

天心月圆：精诚所至阖家安

郁源先生夫妻感情很是和睦,他曾给妻子写了很多情诗。在其诗集《诗苑屐痕》的序言中，郁源教授这样说："向妻子吟唱献爱的诗篇，自古算来，我数不为多，但持续时间之长，也可谓杜鹃啼红，宛转一生了，因为她无论从品貌心地到言行处世，都值得我去爱。""我将这本诗集连同诗中的这颗心，献给我的妻子。"

2007年9月，《武汉晚报》以《花开花落情相守———一对教授夫妻的情爱历程》为题，用一整版的篇幅报道了郁源教授与妻子张明玉老师历经患难、十年分离、风风雨雨、终身艰苦相依的情爱过程。其中有这样一个故事读来令人颇为动容：

1994 年，郁源教授被韩国大邱启明大学聘为客座教授，张明玉老师也作为访问学者同往。因他们是大陆第一批受聘赴韩讲学的教授，没有朋友，不会说韩语，就时常窝在房里聊天，邻居一位美国教授都忍不住说："你们怎么有这么多话啊，像我养的鹦鹉一样。"他陪她去菜市场，被人行"注目礼"，因为韩国男人是不进菜场和厨房的。买好菜，他伸手去拿，卖菜的执意不肯，坚决要将菜交到她的手上。夫妇两人的相濡以沫、琴瑟和鸣引来无数艳羡，郁教授的一位韩国女学生还因此下定决心要找中国男人做丈夫，因为"中国男人对太太真好"。

在谈及郁源教授对于孩子的教育时，郁之行先生这样说道："父亲对我们管教很严，但严中亦有慈，他对中国传统文化十分热爱，经常与亲友吟诗唱和，闲暇时，喜欢养花草、写书法、读小说，他喜欢写古诗词，喜欢唐诗，尤其是风景诗，例如张若虚的《春江花月夜》，杜甫的《登高》《绝句》，崔颢的《黄鹤楼》，张继的《枫桥夜泊》等。经常背诵给我们听，也要我们背诵。在父亲的熏陶下，我们也提高了自己的审美情趣，这使得我们在日后的工作中受益良多。"

【走访后记】

面对着郁源教授这样一位学界有名、成就卓越的大家，不得不说，正式走访前我们的敬畏之情是发自内心而溢于言表的。同时也因为缺乏访谈经历而忐忑与惶恐。随着访谈任务的逐渐展开，我们也真切感受到这次任务是一个"大挑战"。2012 年郁源教授的不幸离世，是学界的巨大损失，也给那些爱他尊敬他的人留下了无比的伤感；而同时，这也意味着我们的访谈只能在与其亲人和弟子之间进行，可能所获取到的资料就不会那么直接、丰富，我们也没法像其他走访小组那样与走访对象本人直接接触交流进而体会到郁教授的言行特色与精神品质。并且，郁源教授从事的古代文论与古典美学研究对于我们来说还是尚有距离的，尤其是其首创的"感应美学"在我们看来都还是新鲜概念。

所幸郁源教授的家人一直对我们的访谈表示支持，在访谈过程中郁之行先生虽然忙碌却还是抽出时间给我们提供丰富的资料，对于我们的问题也是曲尽其详地回答，使得此次活动得以很顺利进行。离退休工作处和通识教育学院的领导和老师们也给了我们很多的指导，让我们免走了很多弯路。

这次的访谈过程对于我们来说既是一个与学界大家深入交流的过程，也是一个很有益的学习体验。如果不是这次的访谈，我们不会那么预先就接触到感应美学这一新时期的美学风向标，也不会在对郁源教授的相关文艺理论文章的了解中，对古代文论和美学等方面有了更多一点认识。与此同时，我们也体会到，原来这些学者大家"高高在上"的印象，其实都是我们自己内心想象杜撰的。就郁源教授而言，在其严谨务实求真的学术精神之外，我们可以从其个人的一些文章及身边人的评价中，发现一个亲和而有大爱的前辈长者。在其诗集《诗苑屐痕》中既有他给妻子写的情诗和赠友感怀诗，也有其对生活的作诗小记和对恩师的怀念与感谢，拳拳之情，溢露于文字之间。先生之风，山高水长。吾辈湖大学子，当继往开来，克难奋进，以实绩报慰于母校，报慰郁源先生等前辈学人。

郁源之子郁之行先生与走访学生合影

走访学生团队成员：

通识教育学院 2015 级汉语言文学专业　陈亚平

通识教育学院 2015 级汉语言文学专业　张静月

通识教育学院 2017 级汉语言文学专业　张莉梅

通识教育学院 2017 级汉语言文学专业　钟睿琪

通识教育学院 2017 级汉语言文学专业　李艺帆

通识教育学院 2017 级汉语言文学专业　李清清

通识教育学院 2017 级编辑出版学专业　齐琪

（指导教师：邓琪）

邹贤敏：
永远朝气蓬勃的师者

邹贤敏，1938 年生，汉族，湖北汉阳人。1961 年毕业于北京师范大学中文系，1964 年毕业于中国人民大学语文系文艺理论研究班。1965 年起在湖北大学（原武汉师院）任教，2000 年退休。长期从事文艺理论教学与研究，曾出版《邹贤敏学术文集》。

一腔热血：追寻内心的呼唤

"我选择中文专业，是出于百分之百的兴趣。"当问及为何选择中文专业时，邹贤敏教授这样回答。

邹贤敏教授近影

兴趣是最好的老师。邹贤敏从小就养成了看报的习惯，报纸是少年时代获取信息的重要渠道，由此对议论性质的文章发生兴趣，也播下了关注现实、追随潮流的种子。他曾以一篇命题作文《给斯大林大元帅的一封信》进入高小，老师"赏识"其写作能力，常将"紧跟形势"办壁报的任务交给他。老师的鼓励推动了邹贤敏的阅读。读初一时，一篇论说中苏友好的作文在全校获奖，苏联文学随之成了他的最爱。他开始感受到了文字和文学的奇妙之处，成为作家的梦想在他心中萌发。

1954 年初升高，在考长沙长郡中学时，作文题《我的理想》让邹教授真正审视了自己的内心，他在这篇作文里正式表明了自己想当一名作家的志向。"老师觉得我可以，我就多看，从五四文学到新中国文学。"从鲁迅的《故事新编》中得到灵感，他将《诗经》中的《氓》改编成故事，老师的赞扬满足了他青春期的虚荣心，让他幼稚而自信地确定了自己的作家梦。

《问学求真传道——邹贤敏之教研生涯》

一个人的兴趣是怎样培养的？"最关键的还是老师鼓励！"邹教授笑着摇摇头说，那时虽然他的文学知识相当匮乏，写的分行排列的"诗"从未变成铅字，但老师的认可使他对文学的兴趣更加浓厚了。他的话里无不表现了自己对老师的感激。毋庸置疑的是，老师的鼓励是真切的，自己对文学的热爱是真实的，当初的信念与理想是炽热的。

那时正值社会主义建设时期，全国工业化运动热火朝天地进行着，"学好数理化，走遍天下都不怕"的论调在社会上十分流行。"凡心所向，素履所往；生如逆旅，一苇以航。"毕业时，全班40多人，仅三人选择文科，而邹教授就是其中之一。如他所言，他之所以选择文学，完全是出于兴趣爱好，不带任何功利性，也没想过将来靠什么生活。邹教授就这样，凭着一腔热血入了"文学门"。

谁无青春痴狂时，每个人都曾是童话城堡的守护人，邹教授最初的梦想便是充溢着浪漫情怀的作家。但在沉浸于小说、诗歌的同时，高中数学老师的严谨讲授和严格要求使邹教授的逻辑思维能力得到了锻炼与提升。面向广大文学爱好者的《文艺学习》杂志，让他初步接触到文艺理论与批评的知识，也萌发了对理论的兴趣。进入大学后，随着专业课程的开设，他慢慢意识到"作家梦"的幼稚可笑，而参与关于《青春之歌》的讨论，在《文艺报》发表文艺评论"处女作"，向他暗示了另一种选择的可能，尽管那只不过是一篇不脱庸俗社会学窠臼的浅陋之文。读了周扬关于"建设中国自己的马克思主义文艺理论和批评"的讲话，他被那豪气冲天的号召深深吸引，仿佛这就是来自自己内心的召唤，虽然为实现宏大目标，自己能扮演的只不过是听将令的"哨兵""工具"的角色。就这样，邹教授在大二上学期和三个志同道合的同学一道，确立了要当文艺理论研究者的志向，这个选择为他开启了别样的人生。偶然中有命运的必然，最终是热忱和坚持将他带上这条路。

1959年，由周扬倡议，中国人民大学与中国科学院哲学社会科学学部（今中国社会科学院）文学研究所共同开办了文艺理论研究班（简称"文研班"），班主任是何其芳。文研班为高校和意识形态部门培养教师和文艺理论批评人才。1961年，邹教授考入这个研究班，有幸亲聆一大批学界名家的传道、授业、解惑。他也从此走入文艺学领域，一直坚持，不曾动摇。

学问必须合乎自己的兴趣，方可得益。因为热爱，所以格外认真。秉持心中对中文的向往，邹教授在文艺学领域耕耘了数十年，在一定程度上实现了自己的人生价值。

大师经典：艰难路上的支撑

书籍是人类进步的阶梯。多读书，读好书，一直是邹教授治学之路上坚持的重要原则。

初入北师大，走进神圣的知识殿堂，邹教授被图书馆里的丰富藏书吸引。但在那个特殊的教育政治化的年代，搞政治运动和体力劳动的时间占了一大半，哪有大量的时间读书？而且在当时的大环境下，看专业、学术方面的书并不天经地义，稍有痴迷便会被戴上"白专"的帽子。但邹教授并没有因此改变或放弃好读书的习惯，尽管时常心怀忐忑。

"关键是看想不想读，想读就有时间。"邹教授说，只要有读书的渴望，谁都阻挡不了。他回忆，当时经常停电，学校就自己发电，但只有大阶梯教室有光。那里总是塞满了人，有时只能借着余光坐在水泥台阶上看。"哪怕一天读十页，一年也不得了，关键是坚持。"

后来中央提出"调整、巩固、充实、提高"的八字方针，制定了比较宽松的关于教育、科学、文艺方面的各项具体政策，极"左"思潮有所遏制，大环境向好，鼓励看书。所以邹教授在中国人民大学读研究生期间，抓紧一切时间补充知识，渴望将过去浪费的都弥补回来。那时手头比本科时期宽裕多了，就拼命买书。他将阅读过程中思考到的问题记录下来，之后做学

《邹贤敏学术文集》

术研究的灵感也多从那里迸发而来。

邹教授回忆："20 世纪 90 年代初期是思想比较困惑、苦闷的时候。"在反"和平演变"的声浪中，有人重提 80 年代讨论的人道主义和异化问题，逼着邹教授静下心来重读马克思的《1844 年经济学哲学手稿》，"到 80 年代，幸逢思想解放运动，形势逼着我读了不少新书，获得了一些新知。但就算是这样也没能赶上学术前进的步伐"。经过一段时间的研读和思考，邹教授感到清醒过来，并且给研究生开设专题课，在教学过程中逐字逐句地讲解这个手稿，写了近 20 万字的讲稿，学生都觉得这能引导他们更理性地去认识马克思的思想，特别是对训练思维很有好处。

当问到是什么支持着自己继续保持初心走下去的时候，邹教授的回答是——经典作品。经典作品是古今中外作家、思想家智慧与知识的结晶，值得后人阅读、思考。邹教授说："文学经典和思想经典是人生的教科书。"经典作品教人如何做人，树立正确的三观，能让人开阔视野，练就宽广的心胸和坚定的理想信念。他特别提道，俄罗斯经典文学作品中主人公具有的献身精神、人道主义精神支撑着自己度过艰难的岁月。他语重心长地告诉我们："你们一定要多看书！要博，看杂书打开思路开阔视野；也要精，看大师的经典作品提升自我。"

为师为学：永怀一颗年轻心

在邹教授的成长轨迹中，老师扮演着极其重要的角色，也正是老师在他生命中的特殊意义，使他最终也成为一名教师。"我就想教一辈子书，跟学生在一起。"在踏进大学校门的第一个晚上，学校就组织他们观看了苏联影片《乡村女教师》，给他留下了深刻的印象，到毕业时他已做好了高高兴兴去边疆当中学教师的准备。研究生毕业时，本有其他的选择，邹贤敏教授毫不犹豫地走上了教师这个令他感到光荣的岗位。

对于教学，邹教授强调了"认真"二字，他兴奋地对我们讲述学生和他的互动。他认为 20 世纪 80 年代是中国高等教育的黄金时代，也是最能让他体现自我价值的时期。谈起 77、78、79 级这"新三届"的学生，邹教授特别兴奋、动容。他说，学好文科需要丰富的社会经历，在文科领域成大器者多是经历不凡者。恰好这三届学生经历过十年浩劫，动荡年代的酸甜苦辣都尝过，人生经历丰富，拥有庞大的精神资源。那些年一下课，讲台周围就围满了学生同他讨论问题，课后也经常有学生来家里聊天，探讨如何看待某本小说、如何理解某个问题。邹教授告诉我们，要充分利用现在优良的教育资源，多和身边的老师同学交流，从中汲取精神营养，在思想和学术上提升自己。

邹教授以"教学相长"来解释他和学生之间的关系。邹教授回忆起20世纪70年代末和80年代，在那个思想解放、百家争鸣的时期，自己想要跟上社会、学术转型的历史潮流，必须尽快地转变陈旧的思想，这就要读很多新书，接触很多新学科、新方法，让这些新的东西改变自己原有的知识结构、思想观念和思维方式。观念的形成是以几十年计的，邹教授即使已经认识到了这个问题，但要把它扭转过来却不容易，要重新学习，经常反思。在这个过程中，邹教授还能记得当时"转换很难，很痛苦"。

邹教授以谦逊的姿态向学生学习新的东西，吸纳新潮思想。那时，邹教授住一楼，有位青年教师是他的学生，住六楼，两人在近两年时间里常常聚在一起聊天，一聊就是几个小时。就这样，邹教授在学生的身上学到了很多，谈起自己的学生他非常自豪。他说，学生能够超越老师，在他心中就是教师自我价值的实现。

"我很喜欢和年轻人聊天。"邹教授拥有年轻的心态，不仅是一位平易近人的师者，也是一位敢于突破的学者。面对历史的教训和时代的浪潮，他拥有与根深蒂固的极"左"思潮交锋、面对政治高压的学术勇气；从马克思主义的文学理论到西方现代文学理论，他拥有与时俱进、突破自我的决心。

语文教改：再贡献一些力量

1992年底，邹教授接任《中学语文》主编之职。对于一生致力于文艺学、美学研究的邹教授来说，中学语文教育是一个全新的领域。文学院潘纪平教授在《思维敏锐 高瞻未来——记邹贤敏先生与〈中学语文〉》中说："在人过半百的年龄参与到一个并不悉熟的领域，这的确需要胆识与勇气。"

投身语文教育的胆识与勇气来源于他强烈的责任感与使命感。据邹教授回忆，他去中学调研时，站在教室外面，只看得见学生的脚，上半身全被课桌上高高垒起的教参资料挡住，扑面而来的浓厚应试氛围对邹教授造成不小冲击。"我太受震撼了！"邹教授如此表示，内心的焦灼与忧虑溢于言表。自此以后，他便下定决心，要将精力投入到中学语文教学改革中去。

在他看来，学生某些应试技巧的提高，并不代表着语文素质和能力的提高。

语文的根本性质与任务被扭曲，语文教学的本体在相当大的程度上被异化，学生成为"应试工具"，这些并不是语文学科设立的初衷。语文教学要走出恶性循环的困境，必须深化教改，回归本体，坚定不移地把提高学生的语文素养和能力作为语文教学的主要任务。正是对语文教学的深入了解和研究，邹教授最终在这个领域里拥有了一定的话语权。

邹教授始终与身在教育一线的中青年轻教师们保持着密切联系。谈话中教授提到了在教育前线奋斗的一位可敬的朋友，他在实践中形成了一套独特的创新教育模式，又在实践中得到了充分验证。邹教授真心希望这种模式得到推广，给中国语文教育注入新的活力。"恰好我每年都会去深圳过冬，每次都会和他以及他的朋友在一起交流。"教师们把教改情况汇报给邹教授，邹教授和他们平等地讨论，提出建议。在此基础上，邹教授亲自撰文，对这位朋友的语文教改经验进行梳理与总结，并协助刊物进行宣传。现在这位朋友已成为全国语文课程改革的名师。

邹教授从那个大时代走过来，深知教育的重要性，力图为教育事业做些贡献。即使已退休将近20年了，他仍然关心中学语文教学，关注基础教育。邹教授说，他的行动只是星星之火，但只要能为中学语文教改贡献一些力量，便无怨无悔。"能改变一点是一点。"教授的话里透着一股子执念与期待。

这便是中文人的精气神和学者的担当，邹教授用自己的行动诠释了一位人民教师应有的毅力和恒心。

【走访后记】

我们和邹老在湖北大学武昌校区进行了两次访谈。步入耄耋之年的邹老依旧保持着年轻人的活力，思维敏捷，声音清晰洪亮。邹老给我们讲述了他的故事和心路历程，一一解答了我们的疑问。整个访谈氛围融洽，每一个人都十分投入。

在访谈中，邹老少言自己在学术方面的成绩，一直强调学无止境，要不断突破自我。他十分关心我们这一代人的成长："我更关心的是你们要学会做人，这比学会考试、写文章更重要。"他语重心长地告诉我们，要守住良知、人性的底线，和常识、理性的底线，在千变万化的世界里要抵住诱惑，在激流勇进的时代中要立足根本，对人生不要抱侥幸心理，必须脚踏实地。

邹老身上积累着历史的厚重感，但却不让人感到沉重，脸上总挂着乐观的笑容。他几乎是毫不留情地剖析了自己，坦诚直白地正视历史与自我。"反思"二字贯穿着他醒悟之后的生命历程，他始终坚持：作为一名知识分子，自己要不断反思，这样才能够不断进步。他希望在反思中回归真实的自我，给后辈们留下一个真实的邹贤敏。

我们从邹老身上学到的不仅有对理想的坚持、对学术研究的认真，还有做人的道理。我们每一个参与此次访谈的人都深刻感受到了邹教授的人格魅力，我们将以邹老为榜样，认真学习，不忘初心，面对困难不放弃，始终保持谦虚好学的态度，不断提升自己，做一个善良的人。

走访邹教授及本文成稿过程中，得到了离退休工作处、通识教育学院、文学院有关领导和老师的大力支持，在此一并致谢。

邹贤敏教授与走访学生合影

走访学生团队成员：

通识教育学院 2017 级汉语言文学专业 曾嵘

通识教育学院 2017 级汉语言文学专业　蒋思睿

通识教育学院 2017 级汉语言文学专业　刘亚利

通识教育学院 2017 级汉语言国际教育专业 陈丽莉

通识教育学院 2017 级编辑出版专业 张静娴

通识教育学院 2017 级新闻传播学类 李逸

通识教育学院 2017 级新闻传播学类　张智超

（指导老师：邓琪）

黄家雄：
半生耕耘、永恒守望的新闻学人

黄家雄教授在校内旧图书馆前留影（2000）

黄家雄，1949 年 5 月生，湖北武汉人，毕业于湖北大学，文学学士，中共党员。曾任湖大文学院新闻系主任，新闻学专业教授，硕士生导师。1975 年始担任教学任务，先后主讲《新闻采访学》《新闻写作学》《新闻评论学》等本科课程，开设《新闻写作研究》《新闻评论研究》等研究生课程，教学效果优秀。

黄家雄教授一生中硕果累累，曾主持新时期党报宣传的改革与创新研究项目，发表了《用社会责任和时代智慧敲击时代绷的很紧的琴弦》《中国先哲的生态智慧》《湖北电视品牌文化发展战略》《三维新闻人才培养》等近百篇学术论文，出版了《新闻写作结构与技巧》《纪事体新闻技巧五章》《杂文创作论新稿》《新闻评论传播力研究》等学术专著。

开拓者：半路"出家"，触类旁通

出于对文学的偏爱，理工科成绩更优秀的黄家雄在 1972 年全国大学恢复招生时最终选择了文科，成为武汉师范学院（湖北大学前身）中文系的学生。此后十余年间，黄家雄留在湖大中文系，协助教研室教授写作课。1992 年，根据文学院安排，黄家雄调至新闻系任系主任，而此前他对新闻学的内容接触甚少。相较于其他高等院校新闻学或传播学出身的新闻系主任，黄家雄可算得上是半路"掌门"。不过，黄家雄并没有把中文出身看成缺陷。相反，他利用自身的特点一边自学新闻学理论，一边摸索新闻教学，开辟了一条新的路子。

当被问及跨学科对于新闻的研究有何帮助时，黄教授谈到，新闻学还是一个年轻的学科，而汉语言文学的底蕴更深厚、历史更悠久。中文的视角、思维、理论，可以为新闻学提供帮助。"有时我也会用中文的视野去研究新闻。某个单独的学科，已经有人系统地研究了，缺乏的是与其他学科进行整合。"

黄家雄著作《新闻写作结构与技巧》《纪事体新闻技巧五章》

跨学科的知识汲取和扎实的实践教学背景，使得黄教授的目光越过新闻学捕捉到了更广阔的学科融合契机：比如地域学，在研究一个地方的新闻时，要从人文、地理两方面进行考察，从当地的角度探寻它的特性和价值在哪里；又比如说哲学，能帮助学生运用辩证思维，思考问题就会深、准、透。还有经济学、文化学、社会学……许多学科都可以为新闻学提供帮助。黄教授热切地总结，不管做科研或是做学问，都要注重多学科交流、融合。某一门学科单打独斗，知识面就比较窄。他表示学识"要厚一些、广阔一些，思维也会更精到"。

谈及读书一事，半生笔耕的黄家雄教授有其独树一帜的方法和理念，即：一撒网、二聚拢、三扩大。"首先要放开，广泛地阅读；其次是收拢，收拢以后要形成对某个问题的思考，在这个过程中尤其要注意它的表达，也就是写；第三，如果在写的过程中碰到问题，便撒开，看其他的书，然后再集中到某一个点。"黄教授鼓励学生看任何书都要与兴趣相结合，"学问只有基于兴趣才能长久地做下去，一定要重视输出过程。输出的过程其实也是一次思考的历练。很多问题的解决都是在尝试用文字表达的过程中实现的。"

"那读书笔记呢？也属于您说的表达输出吗？"对此，黄家雄教授说，"那还是不一样的，读书笔记更依附于所读的书籍，表达更注重于自我创作，自己做的读书笔记时不时还要拿出来翻一翻，阅读一下，也不是说要强制性地把自己做的读书笔记背下来，但是看多了自然就潜移默化，把读书笔记内化了。"

耕耘者：教育为根，知行合一

黄家雄教授一生投入到新闻学教育和学术研究中，而在新闻学的教育中，他不仅是一位老师，更是一位前辈。

在担任新闻系主任时，黄家雄坚持在管理的刚性和柔性结合中鼓励师生自我感悟、自我管理、自我发展，他用知行合一的方式把对全系师生的鼓励和要求如春风化雨般渗透到教学管理的方方面面，即所谓"润物细无声"，而非时时刻刻把管理挂在嘴边。

据新闻传播学院胡远珍老师介绍，黄教授善于用幽默的方式化解教学疑难问题，以活泼俏皮的语言来引导教育学生，可谓是良苦用心。令胡老师印象最深的一堂课，是黄家雄教授将湖北省新闻奖的部分参赛作品搬到课堂上，让学生结合所学课程理论进行课堂讨论，提出自己的见解，以此考查学生能否把课堂上的知识融入自己的思维方式，并且具体运用到对新闻作品的鉴别上。"将新闻学理论知识结合新闻作品来进行分析，更能强化对新闻作品的理解。"步入杏坛后的胡远珍老师忆起当年黄教授的教学理念，嘴角浮现出一抹钦佩的笑意。

黄教授一直遵循"教学一体化"的原则，强调科研和教学绝对不是割裂的，而是相辅相成的。他认为，做好教学首先要把科研做好。做科研是要研究一些重要的理论及一些比较前沿的问题，也正是通过这种研究，才能够真正地理解教学中的一些问题。当真正地理解相关理论之后，才能够更好地向学生们进行讲授，便于学生理解和接受。

黄教授认为，学生应该用能力来取得大众的认同，他教导学生们不要眼高手低，要凭本事说话，"墙内开花墙外香"。"既然站在了三尺讲台上，就要倾尽自己所有去帮助学生学习成长。"黄教授的每一次授课都是激情饱满、斗志昂扬的，从授课状态就可以看出他有丰富的知识储备及对学生认真负责的态度。

黄家雄著作《杂文创作论新稿》《新闻评论传播力研究》

湖北大学老年工作简报第 80 期刊登了一位 2010 级的学生的回忆文章，"印象中，黄（家雄）老师的课是到课率最高的课程之一，大家似乎都觉得没有理由翘掉黄爷爷如此'辛苦'的一堂课。即使在课上听听他唠叨，记点小笔记，也觉得这会是一种'高等私塾学堂'的体验"。尽管如此，黄教授仍然表示感到遗憾，直到退休自己也未能学会 PPT 等新媒体授课手段。

作为一位"耕耘者"，黄教授虽然已经退休，但是他的心却始终牵挂着新闻教育的发展，关注新闻学相关的热点问题，并将这些问题与学术结合，从而更好地指导年轻一代的人。

三尺讲台育桃李，这样一位耕耘者，用情怀滋润、培养了无数优秀的人才，也为中国新闻学培养了许多优秀的教师。

守望者：心系湖大，恩情永驻

黄家雄教授的求学、工作阶段都是在湖大度过，风风雨雨 40 多年与母校携手走过，对学校的情感之深不言而喻。

如今，怀揣着对教学岗位的热爱，退休后的黄家雄教授受聘担任学校教学督导员。在湖大教四楼的人文课堂里，学生们经常会看到一位头发花白的老教授坐在教室里，双目炯炯有神地认真听课，不时做些笔记，并在课后和任课教师进行讨论交流。据教授《新闻学写作》的张萱老师介绍，自从她接手这一门课后，黄教授每学期都会来听一节课，谁也不知道他是哪一节课过来，但这个"传统"延续了将近十年。

为何要坚持抽空旁听课程？黄教授说，他希望在自己尚有精力的情况下，再发挥一点余热，与学院里的年轻老师一起交流。2013 年新闻传播学院应时而建，但学院在教学规划、行政管理等方面缺乏经验，需要不断摸索、借鉴，从而形成一套教学管理体系。黄家雄教授积极发挥"老新闻人"的经验和优势，做了很多传、帮、带的工作，让新学院的发展尽快步入正轨。这其中饱含的是一位前辈学人对专业的情怀、对教学的热爱、对老师的关心以及对学院发展的期望。

谈起对新闻传播学院教师的评价，黄教授表示通过担任教学督导员，横向了解到老师们普遍对三尺讲台有一种敬畏感，对待教学尽职尽责。新闻传播学院的教师团队比较年轻，老师们有干劲，教学活泼，知识传授面广，课堂信息量也非常丰富。新闻传播专业与当下瞬息万变的信息相关联，学科特性决定了老师们必须不断学习、不断探索，紧跟时代热点，适时更新教案。黄教授说："我讲课时，即使教案早已背得滚瓜烂熟，每次上课之前也仍会将讲义翻个两三遍，并将自己参加省级评选的报纸、电视新闻奖作品以及近期社会热点事件、科研方向融入其中。"他力图以精心设计的教案抓住"课胆"，提升课程的时效性和生机感。

对于新闻传播专业的学生，黄教授认为他们思想活跃且勤奋扎实，在校内能系统地学习知识，并结合对问题的研究与思考；利用假期到媒体锻炼，参加社会实践，能将理论与实践相结合，令人欣慰。在采访中黄教授询问团队成员的课表安排，了解新闻传播专业最近的课程设置，并询问学生的住宿环境，言辞之间无不透露着关怀。

尽管已经退休，黄教授仍然心系学生，在学校开展的"为退休老教师送报纸"志愿服务活动中，黄教授对青年学生提出了几点建议，他认为新时代青年学子要担负起国家命运、家庭命运、个人命运，要珍惜青春，不荒废每一节课，充分利用在大学四年的时间，多学理论并且多进行专业实践，无论是哪个方面，要形成自己的"一技之长"。

前年，校内某公众号上发表过一篇采访黄教授的文章，一名学生写下了这样饱含感激之情的话语："黄爷爷，新闻评论的启蒙老师。有空回学校看望老师，还想听他讲'治大国若烹小鲜'、去沙湖边拔草的故事。"专属于新闻评论课的记忆，一直留在那名学子的心里。

从学校到具体的专业，从老师到具体的课堂，黄家雄教授用自己的方式去关注湖大的建设、守护师生的成长。在其位，谋其事，鞠躬尽瘁，争当学科领头人；身已退，心不老，洒尽余晖，传师道于沙湖畔。念念不忘，必有回响！黄老先生的一番心血，湖大不会辜负。

【走访后记】

对黄家雄教授的最初印象从一通电话开始，电话那端的声音洪亮有力，让我们丝毫感觉不到是在与年近七旬的老者对话。黄教授耐心告知我们他家的地址后，叮嘱我们路上注意安全，让我们倍感亲切。

初见黄教授时，他身穿白蓝条纹的 T 恤，一条深蓝牛仔裤，非常精神，热情地和我们打招呼："请进，请进，不用换鞋了，在沙发上随便坐就好了。"黄教授数十年如一日兢兢业业投入科研教学工作，养成的严谨之风早已成为一种刻入骨髓的习惯。得知我们的到来，他早已在家做好了准备工作：整理出了自己的学术手稿摆放在桌子上，供我们参考。

在访谈过程中，黄教授的老伴也和我们拉起了家常，滔滔不绝地讲起黄老和他的学生们。黄教授出身杏林世家，更是将教师这个职业进行了传承和发扬，如今已是桃李满天下。黄老及夫人讲起与学生之间的趣事，以及二人在教导学生时，"一个唱红脸，一个唱白脸"的角色，让我们听来忍俊不禁。依依惜别之际，黄老和夫人又把我们送到门口，目光里有老一辈"湖大学人"对年轻学子的关爱，也有育人者对受教者的殷切盼望。这种关切和期许让我们倍感温暖，也深感接过新闻接力棒的责任重大。

完成初稿后，我们将稿件交给黄教授指点，第二天便得到稿件回复。从字词到标点，只要有不妥之处，黄教授都用红笔一一圈点标注出来，还在一旁写下他自己的修改想法。当得知需要提供一些照片给我们时，黄教授便查阅了新闻传播学类专业的课表，一天后趁着到校旁听指导带来了照片，同时又送了他的两本著作给我们。

黄家雄教授与走访学生合影

走访黄家雄教授及本文成稿过程中，得到了通识教育学院、新闻传播学院有关领导和老师的大力帮助，同时还部分参考了童威学长撰写的《黄家雄：以身立业 以心筑学》一文，在此一并表示诚挚的感谢。

走访学生团队成员：

通识教育学院 2017 级新闻传播专业　罗哲

通识教育学院 2017 级新闻传播专业　黄心

通识教育学院 2017 级新闻传播专业　王曦玉

通识教育学院 2017 级新闻传播专业　吴思琪

通识教育学院 2017 级新闻传播专业　方倩

通识教育学院 2017 级新闻传播专业　罗金凤

（指导老师：陈文超）

林木生：
从学须勤　治学务严

林木生，生于 1939 年，广东潮州市人，湖北大学体育学院教授。多年以来，主要从事田径项目的教学、训练及相关研究工作，曾主编《儿童田径训练》《田径》《少年田径运动训练》等多部教材与专著，在《湖北体育科技》《体育科学》等各种刊物上发表学术论文多篇。

林木生教授在湖大校训石前留影

专业路上的曲折与进取

1937 年后，由于日本侵略军进犯广东汕头，继而北上占领潮州城，一路犯下很多不可饶恕的罪行。林木生教授一家七口人，辗转多地，最终落脚在山区小镇留隍。1945 年，日本投降后，他和母亲乘船回到阔别六年的故土潮州。"由于我年幼无知，学难入心，经常逃学，父母只好把我送到一远房亲戚老姨丈处去接受管教。"私塾求知两年后，随着潮州的解放而禁办。当林木生回到小学继续学习时，顿感学习轻松，记忆力倍增。至今，他仍感触良深，也是他之后人生的一个重要转折。

1956 年 9 月，林木生入读湖北师范专科学校（武汉师范学院前身）体育科。1958 年，在体育科基础上成立的武汉体育师专并入武汉体育学院。在校学习期间，他对运动技术的学习与训练投入了较大精力，却在 1957 年底被戴上"走白专道路"的帽子而受到较大冲击。他心想，如果知识、技能浅薄，他日何以为师教人？

林木生教授编著的部分教材和发表的论文期刊

而作为一生座右铭的"业精于勤，荒于嬉；行成于思，毁于随（韩愈语）"始终激励着他，在工作了多年后，林教授不禁为早年虽获非议但未阻断的求精学习而深感庆幸！

1961 年 7 月，林木生被分配到武汉师范学院（湖大前身）体育系工作。1962 年 9 月，因体育系撤销，被"暂时"派到学校附中工作。几经周折后，于 1979 年 9 月调入武汉师院汉口分院（后并入江汉大学）体育系任教。1983 年 8 月被破格提升为副教授。不久被教育部聘为"全国高等师范院校体育专业教材编审委员会委员"，并与田径专业的其他四位委员一道，先后编审了"全国本、专科田径教学大纲"两册和本科教材《田径》。

1987 年 9 月，因湖北大学办学需求，林教授由江汉大学调入湖大体育系任教。1994 年 10 月，被聘为"全国高等院校体育教育专业专科教材编辑委员会委员"，兼任《田径》教材主编。该教材于 1995 年正式定为全国体育教育专业专科通用教材。

林木生教授于 1973—1993 年在师范学院附中、少体校及附小等十多所小学，对不同年龄（7~12 岁，13~18 岁）层次进行了实验研究，先后于 1989 年 2 月和 1994 年 4 月，主编出版了《儿童田径训练》和《少年田径运动训练》两书及发表多篇相关论文，并先后获得省、市科协及学校的嘉奖。

1996 年和 1997 年，林木生教授参与湖北省高等院校高级职称评审工作。1997 年，以田径和篮球两专业合并申请硕士点，帮助湖大体育系向湖北省高校学位委员会申报硕士点获得成功。

融通专业理论与技术

运动技术的设计、发展与理论的深化、创新息息相关。运动技术水平的提高，离不开理论的引领和指导，它涉及的理论学科很多，如《运动解剖学》《运动心理学》《运动生物力学》《运动生物化学》《统计学》《运动医学》等。20

世纪 80 年代前后，这些理论课程由专门的理论教师授课，而仅从田径运动的教学看，其理论课就涉及跑、跳、投三大技术原理，田径运动的教学与训练，田径运动的科研方法，田径运动场地，田径运动的选材及单项技术分析等近 20 项专题，而田径技术的授课时间因项目多而显得不足。如何使学生学有所获、收效更佳呢？林木生教授着重从三个方向着手。

一是提高学生对理论学习重要性的认识，并在技术教学中贯穿理论的引领作用。林教授运用启发式教育指出："感觉到了的东西，我们不能立刻理解它，只有理解了的东西才能更深刻地感觉它。感觉只解决现象问题，理论才解决本质问题。"（引自毛泽东《实践论》）如此使学生对理论学习的重要性有深刻认识。

在教学中，要使学生更快地掌握运动技术，必须使学生明白为什么要这么"做"。比如，在跳远技术的教学中，不少学生容易出现助跑起跳后，身体在空中不能有效地保持平衡而导致许多错误动作的情况，这就要求在教学过程中根据实际情况，分别说明：第一，物体沿水平方向位移时，当一端（如下端）受阻时，另一端则继续向前运动，因下肢脚部踏跳动作出现上体"前旋"现象。下端（以左脚踏跳为例）受阻的时间愈长，身体"前旋"就愈明显，身体就不可能在空中保持有效的平衡，为落地前创造一个良好的身体姿势。第二，左脚要完成快速有力的踏跳动作，减少与地面的接触时间。第三，为了有效抑制身体的"前旋"现象，左腿、右腿、腰腹部、左臂、右臂、肩、颈、头等部位，在瞬间要完成各自的合理动作的配合以限制上体的"前旋"现象。在多年的教学工作中，林教授通过理论知识的引领、指导，对提高学生专业理论素养、更快地掌握运动技术等方面起到良好的引导作用。

二是示、学与方式方法变革并举，从严要求，使学生学有所获。体育专业培养的学生，毕业后的工作去向多是中学、中专、少体校、业余体校、高等院校等单位。作为术科教师，必然以技术教学和基本理论知识的传授为主，这就决定着教师上课时，基本理论知识必然伴随着技术动作的示范而出现，加之多数学校都有田径代表

林木生教授受聘书及部分获奖书作、论文

队及各专业特定要求的单位，都要求专业教师必须具备良好的技术功底及掌握主要田径项目的正确示范动作，否则毕业生出了校门怎么面对自己的学生？为了使学生更好地掌握正确的技术动作，林教授对不同项目的教法以及练习手段花费了不少精力，除了不断更新、优选教学方式方法与练习手段外，特别对学生完成各项基本练习和技术环节的要求更为严格，学生即使在课堂上未能完成教学要求，也会在课外认真复习，不敷衍了事。不少学生工作若干年后，不无感慨地说："跟着林老师学，值！"

三是制定技术评定标准，严格考核，公正评分。林教授认为，在学完每一个项目后，需要对学生进行严格的技术考核，这样才能使学生达到学有所获的良好预期。技术评定是教与学的综合鉴定，一要制定技术评定标准，二要去私，三要公平，四要公开。学生成绩应体现"物有所值"，人为"抬高物价"非为师之德。除此，每学期都要进行统一的理论考试，并由三位教师分题按答题标准评分。上述这些举措，对推动学生学习理论的主动性和提高理论水平起到了良好效果。

注重学生"一专多能"与"能力培养"

高等师范院校围绕培养目标，要求学生做到"一专多能"。"一专多能"它是由体育专业涉及的门类、项目繁多而决定的，学生既要有某一项目的专长，也要学会其他多个项目的技术和知识。"一专多能"的"多能"与"能力培养"的"能力"不是同义语。"一专多能"所涵盖的内容，是"能力培养"的前提与条件，"能力培养"则是对"一专多能"的运用与深化过程。显然，两者的共同作用是学生在今后工作中不可或缺、相得益彰的重要因素。

林木生教授在多年的教学实践中，着重培养学生的"示范操作能力""组织能力""观察、分析、综合解决问题的能力"以及"表达能力"。有关上述各种能力的培养问题，林教授在 20 世纪 80 年代发表的专题论文中已作了较全面的分析，这里略作说明：在一年半至两年的田径普修课的技术教学中，每一次技术课准备活动的内容，第一学期由老师亲自带领，每一次准备活动的内容做到不重复。第二学期至第三或第四学期，每节课的准备活动，由学生进行两轮次的操作。

其中，第一轮实习，要求学生做到：（1）编排 7~8 节徒手操或器械操并绘制人形图；（2）设计一个游戏；（3）对于徒手操和游戏，必须用文字恰当表述；（4）对准备活动的队形更换、指挥调度作出说明。"教案"交老师修改后誊写，于上课前交给老师。第二轮实习，要求内容尽可能减少重复，口令要喊出轻重缓急的节奏。课后老师都要给学生评语、评分。通过两轮实习，调动了学生学习的主动性，对培养学生的组织能力、语言和文字表达能力，收效显著。

"步频"遗传问题的探索与实验

林木生教授在对儿童、少年的多年训练工作中，除训练方法的创新研究外，着重研究了短距离跑的步频问题。引起对步频问题的研究，基于下述动因：（1）我国短跑项目的水平很落后，其中的重要原因是，对后备层次人才的基础训练的研究很落后，其训练特征基本属于早期强化型，导致淘汰率高，严重影响后继层次人才培养的质量。（2）短跑速度是由步频、步长构成的。国内外不少学者、教练员认为，"作为一种身体素质、速度能力，其中包括动作速度，极为保守，难以培养""增大步频是极为困难的""适合运动活动的一整套才能是遗传下来的"，等等。（3）关于步频的遗传问题，尚未见到国内外对儿童、少年进行系统训练的研究。鉴于上述原因，林教授在经过对儿童生理、心理特点的分析后，认为儿童期发展步频具有良好条件。

在20世纪70年代初中期，林教授对业余体校10~12岁女儿童、1984—1987年中7~11岁的女儿童进行了实验研究，取得了较理想的效果。实验结果初步说明，动作速度的遗传性并非"极其保守，难以培养"，在当时缺乏先进训练设备的条件下，其最大提高幅度达26%，其平均值达到23%。

林教授经过两轮实验研究，分别写成学术论文，并于1983年3月和1986年12月，分别在全国训练学学会（成都）和全国田径论文报告会（北京）上发言。在成都会议上，关于步频的遗传问题引起一些争论，林教授当时表达了两点看法：（1）国内的不少短跑选手，步频很高，如袁国强（现为苏炳添教练），其步频特点，如果追溯到上一两代，那么，这个遗传问题谁能说

林木生教授与部分研究生合影（1996）

清楚呢？难道可以上溯到新石器时代的祖先吗？（2）从相对论观点看，遗传是相对的，变异则是绝对的，何况随着科技的进步，各种训练手段的创新，也必然引起人们的新思考。关于步频遗传问题，在北京开会期间，没有引起争论。"儿童期田径教学训练中步频问题的探索"一文，于1988年发表在《湖北体育科技》刊物上。

恪守严勤，提高素养

林木生教授一生从事体育教育事业，不管是做人还是做学问，都恪守"严""勤"二字。严于治学、严于教育、严于做人；勤于锻炼、勤于读书、勤于钻研。他既能静心创作出书，也能亲身带队做实验；既上得了田径场，又动得了文墨书香。这样一位集学问、严谨、勤奋于一身的老教授，用他一生的经历和工作成绩，向我们很好地阐释了严与勤、学与做、理论与实践紧密结合的重要性。而这些宝贵的经验和精神也将鞭策后辈不断地进步，在实践中总结，在勤与严中成长。

很多人对体育教师常有"头脑简单，四肢发达"这一贬损人格的观念，究其原因，则有着较深层的社会历史根源。自从事体育教育工作后，林木生教授对此怀有不平之怨。人言可畏，众议难排，林教授想来想去，觉得嗔怪他人，莫如从自身做起，今后才可以正面影响学生。

尽管过去读了不少中外名著，但林教授总觉得知识有较大的局限性。于是，他把自己喜爱读书的良好习惯，更多的用在对哲学、辩证法、逻辑学、中国文学和中国历史等有关著作的学习与钻研上。他对毛泽东的文选著作通读两遍以上，对"实践论""矛盾论""论十大关系"等名篇，则屡加研读，获益匪浅。作为一位体育老师，林教授不仅爱读书，学习时还能联系社会现象、工作实际进行思考，加深对问题的理解，更属可贵。实践证明，林教授勤于学习、钻研，得以不断提高文化素养，用他自己的话说就是"不至于在分析问题与解决问题、科学研究以及写作水平等方面远落人后"。

林教授在中学工作时，对其训练的篮球队、田径队队员的文化课学习都有严格要求，这些学生毕业后，考取体育院校的人数较少，而考取理工科院校和名牌大学（如"北航""南航""武大""北邮"等）的人数较多，令附中的老师们大为惊讶。这一现象与其理念和要求存在一定的关系。在21年的大学体育教育专业的教学与训练中，林教授非常重视理论知识的传授，这也深刻影响着他的学生。

【走访后记】

每一次行走，都不能忘了为什么出发。这一次，我们为了领略学人风采，传承学人精神而出发。我们团队一行前后六次登门拜访，就是希望能够更多地了解林木生教授，把他对于学问，对于工作，对于做人的态度让更多的学子知晓，以达到"学子访学人"的真正目的。

林教授和蔼亲善，在向我们讲述时深入浅出，多次起身做示范，让我们团队中的公共管理类学子对于体育专业的知识也有了更进一步的了解。他不仅有过硬的专业知识，也广泛涉猎哲学、文学、历史等领域。家中挂满了他的书法作品，对于古诗词也是信手拈来。从求学到育人，从讲师到教授，林教授的每一步都脚踏实地，掷地有声，对每一项工作都一丝不苟，尽善尽美。

林教授一路走来，"从学须勤，治学务严"的初心不变，对学生、对后辈的殷殷关切不改，而这种严谨务实、勤奋刻苦的精神也是深深地影响着他所教过的学生。这些宝贵的经验和精神也将鞭策我辈不断地进步，在实践中总结，在勤与严中成长。我们将整装待发，背上这份行囊，走向大学四年的青春之路，走向人

林木生教授与走访团队学子合影

生的灿烂征途！

走访学生团队成员：

通识教育学院 2017 级公共管理类　孙浩

通识教育学院 2017 级公共管理类　黄庆

通识教育学院 2017 级公共管理类　曹艳勤

通识教育学院 2017 级公共管理类　倪倩

通识教育学院 2017 级公共管理类　董子衿

体育学院 2016 级运动人体科学专业　郑轩

（指导老师：吴秋爽）

骆啸声：
我国编纂社会主义新方志理论的奠基人之一

骆啸声（1926—1992），笔名胡方，湖北蕲春人，湖北大学原历史系教授。自幼学习古文献，1949年考入武汉大学，1953年考入中国人民大学研究生班，1954年任武昌中南实验工农速成中学历史教员及政史地教研组组长，后入武汉师范专科学校（湖大前身）执教。曾任湖大地方志研究室副主任，湖北省方志学会特邀

骆啸声教授生前工作照

理事，《湖北方志》特约撰著，湖北省内外多个县市的县志顾问，湖北省第六届政协委员会委员，湖北省人民政府文史研究馆副馆长兼馆刊《荆楚文史》杂志副主编，武汉市社会科学院历史所特聘研究员。

骆啸声教授生前著作有《中国历史文选》《中国地方志研究》《朱士嘉骆啸声地方志论文选》（1980—1986）等；发表论文《中国地方志探源》《王船山〈莲峰志〉与地方志》等13篇，填补了国内方志学研究的空白，同时也引导着青年一代去承担起研究方志学的重担。20世纪七八十年代，在顾颉刚、朱士嘉和骆啸声等学者的带领下，历史学界开始了作为新兴学科方向的国内方志学的系统研究及之后的学科建设。

拂袖沙湖之滨，追思先师恩德。通识教育学院2017级历史学相关专业五名大一学生慕名拜访了骆啸声教授的儿子、校图书馆副馆长骆晓曙等人，并通过查阅相关文献资料，了解到骆老生前的一些故事。

求学：珞珈化雨铭心骨，海淀相期报国恩

骆氏世代耕读传家。骆啸声幼读私塾，1949 年秋入武大历史系就读，师从吴于廑、方壮猷、朱士嘉等人。1953 年从武大毕业时，又以优异成绩被分配到中国人民大学深造，成为该校首批中国近现代史专业的研究生。在人大读书期间，他师从何干之、尚钺等人。在中国科学院历史研究所游学期间，曾向著名史学家范文澜、尹达、向达等人问学。而这一批学者名家，除学识渊博之外，都有一个共同的特点，就是具有强烈的爱国情怀，拳拳之心至死不渝。众多学者中，朱士嘉先生对骆啸声的影响最为深远。

早在 20 世纪 30 年代初，朱士嘉先生就成为享誉国内外的方志学家、文献目录学家，多次刊发地方志研究成果并著有《中国地方志综录》。朱先生曾获美国哥伦比亚大学博士学位，留居美国达 11 年之久，新中国成立后，他毅然决定回国投身祖国的教育事业。朱先生的选择对骆啸声影响巨大，以致他后来放弃了出国深造的机会，选择留在国内为新中国教育事业效力，将报效祖国视为自己终身的使命，鞠躬尽瘁，倾尽所能。

1953 年，机缘巧合下，朱士嘉先生由武汉调至北京中国科学院历史研究所第三所，在此与骆啸声重逢。正是这一重逢，开启了他们由师生之情到志同道合的"战友"之情的升华，他们决心向着开创研究中国地方志的理想并肩进发，取得了许多卓越成果。

令人扼腕的是，在 1989 年，随着朱士嘉先生的去世和骆啸声教授病情的加重，这一项书写过湖北大学辉煌的学术研究，无奈地淡出了人们的视线。得知朱士嘉先生去世的消息后，骆教授不顾自己体弱多病的身体，亲自主持治丧工作，每天忙碌到凌晨一点多才就寝。朱先生丧事一结束，骆教授就旧病复发，住进了医院。在病床上，他曾感慨作诗道："珞珈化雨铭心骨，海淀相期报国恩；心有灵犀通一点，盼来

骆啸声与朱士嘉、李约瑟合影

枯树又逢春。"这便是他与朱士嘉先生甘苦相随40年的真实写照。由此亦可见其情感丰富，极重友情。

治学：鞠躬疾奋春秋笔，岂因病魔困其身

骆啸声教授治学严谨，宏论盖世。其一生坎坷曲折，早年经历22年的"牛棚"生活，晚年又遭受病痛折磨。但不利的客观条件并没有阻挠这位怀有赤子之心的学者对学术的追求。相反，他在学术上深刻领悟古人"先博后约"的精神内涵，在其饱受磨难的一生中为中国历史学研究作出杰出贡献。骆教授研究涉猎范围极广，博及文史哲，尤其在历史学、文献学、方志学等方面造诣颇深。

骆啸声怀爱国之情，创治学之路。"文革"结束后，当时方志学在国外研究得如火如荼，在国内却少有人问津。得知此事，他毅然决然地踏上了方志学研究的征程。1979—1984年，骆啸声对湖北地方史的研究取得重大成果，特别是关于董毓华——"一二·九"运动领导人的研究，引起了省市及国家党史研究部门的高度重视，并得到时任国务院副总理姚依林、中央书记处书记胡乔木、中共中央顾问委员会委员李运昌等中央领导的高度关注。骆啸声因此受中共中央党史研究室委托执笔撰写董毓华的传记并公开发表。1983年开始，他逐渐从一位学术研究者成为全国新修方志的推动者和实践者。

时至今日，我们从张国光先生写的传记以及其他相关资料之中，可以清晰地看到骆啸声教授勇于实践的脉络。1985年湖北大学历史系地方志研究室的成立，标志着我校方志学研究上了一个新台阶，骆教授先后被邀请到湖北省内通城、石首、蕲春、襄阳、红安、随州、崇阳、咸宁、江陵等地和江西德安、山东邹县等地区担任编纂新方志的学术顾问，指导新方志编纂工作，通过信函交流指导的地区，更是数不胜数。此外，骆教授与朱士嘉合著的《推陈出新，编好社会主义新方志》极大地推动了方志学的发展，成为我国编纂社会主义新方志理论的奠定作之一，奠定了编纂新方志的指导思想。

骆教授学识渊博，对方志学的研究发展作出了突出贡献，同时在其他领域也成果颇丰。骆晓

骆啸声在武汉大学就读期间留影

曙告诉我们，骆啸声教授从 1978 年平反后至 1992 年去世的 14 年间，公开发表超过百万余字的论著，其中《孔子教育思想是为新兴地主阶级服务的》一文被学术界誉为"新中国成立以来教育界评论孔子教育思想有代表性的文章"。如今呈现在世人眼前的具有深刻意义的作品中，并不包括他在"文革"期间被销毁的一部五六十万字的《中国现代史》手稿。

骆教授十分重视民间流传的资料。据骆晓曙介绍，1992 年时任《崇阳县志》编纂委员会主任的黎时忠，赠予骆教授一本《二十四史歌》手抄本。当时骆教授已卧病在床，但仍要强忍疾病疼痛看完全文，并认为那是农村赶集或走村串户的一个说唱表演的底本，大致是 17 世纪中后期的作品，应予以关注。

骆教授不畏艰难困苦、持之以恒的治学精神是我们应当学习和发扬的。1990年 5 月，他因积劳成疾而住进了医院，虽身在病床，但心犹在学术，勤于笔耕不已，住院期间公开发表了湖北地方史、中国方志人物、中国近现代史人物、中国古代史等方面研究论文 10 余篇。但令人扼腕痛惜的是，仅仅过了两年时间，骆教授就驾鹤西去了。为此，湖大原中文系教授张国光感叹："只可惜骆先生因病魔缠身、久治不愈，致使他计划中的著述未能如愿完成。""居高声自远，非是藉秋风"，立身奉献学术事业之人，无须外在凭借，自能声名远播。曾有人想收集骆教授文集出版，奈何没有想出好书名。与骆教授比邻而居的武汉大学资深教授冯天瑜先生，在得知此事后欣然定书名为《时代·人物·思想》。这既是对骆教授学术研究成果的称赞，也是对他学术思想的高度概括。

育人：种得桃李满天下，心唯大我育青禾

骆啸声教授的课堂幽默风趣，还心系学生的学习、生活，深受学生喜爱尊敬。他时常告诫青年学子，要博学多识，一定要多读有思想的名著；读书要同当今社会相结合，切忌"埋头死读书，不闻窗外事"。

在湖大任职期间，骆教授承担着本科、研究生的教学任务，为本科生主讲中国古代、近代、现代史，《中国文献学》《中国方志学》，为研究生开设《方志学通论》《方志学理论研究》《古方志学整理研究》《新方志编纂》等课程；主编的《中国历史文选》（上、下册，铅印本）教材更是被咸阳师专、西藏民族学院等高校采用。此外，骆教授在担任湖北省文史馆副馆长时，主编并出版了许多文史资料。

耐心育人是责任。骆教授之子骆晓曙有一个切身的感受：父亲是深受学生喜爱并值得永久怀念的人，以至于在他去世后的 12 年间，与父亲的学生只要是第一次相见，第一句话总是"骆老师是个好人！骆老师上课很耐心幽默，我们都很喜欢听他的课"。一代名师，永存心中。

骆晓曙对父亲的热心助人印象深刻。骆教授晚年病重期间，有一位学生到医院请求帮助，他在不能灵活握笔的情况下，仍一边咯血，一边艰难地写完了推荐信。学术与为人，两者都是大学问，有人穷其一生可能也只得其一的若干滋味，而骆教授却真正地做到了两全。

骆啸声教授是品学兼优的名师，也是一生清贫的名士。

在青年时，他耳闻目睹了"中华民国"的动荡、抗日战争的烽火、解放战争的凯歌；在立身学者之后，他见证了新中国成立初期的民族振兴和"百家争鸣"的学术氛围。他师从于新中国成立初期一批品学兼优、学术造诣高的名师和教育家，学术视野和思想境界得到迅速地开阔和提升，牢固确立了爱国主义情结并伴随终生。

步入老年后，骆教授饱含深情，矢志于弘扬祖国优秀文化而不渝；他一生忠诚，矢志于弘扬爱国主义精神而不渝，视报效祖国为自己的终身使命。

骆晓曙回忆说，在朱士嘉先生去世后的两年内，骆啸声教授共发表了近四万余字的回忆文章，以敬朱先生在天之灵。在《驰骋志坛六十年——回顾朱士嘉先生的学术成就》一文发表后的八个月左右，骆教授终因劳累过度而过早离开。

一生何求，只求报国育人！真挚师生情，甘苦相随永不忘；拳拳报国志，历经磨难永不移。

深究学问是使命。临终前的骆啸声教授，因长期被病痛折磨突然坐起，握着其子的手，两声"读书，读书！"道尽了内心深处最牵挂的是浩瀚无边的学问。读书，是骆教授留在世间最后的声音，如鸣鸣警钟，提醒着我们不可一日无书，不可耽于愚昧；似泠泠清泉，洗刷着我们的懈怠不前，厌倦烦闷。做学问，简简单单三个字，骆教授却倾尽了一生来诠释。

参政：春风化雨身心暖，只图报效岂图生

花甲之年，积极参政，责任在肩，一心为民。

1989 年，湖北省省长郭振乾亲自任命骆教授为湖北省文史研究馆副馆长。

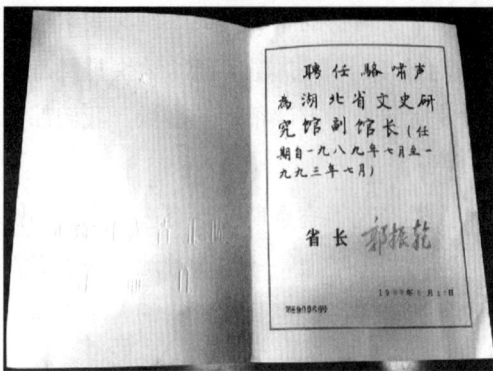

骆啸声获聘为湖北省文史研究馆副馆长

这既是骆教授本人的荣誉，也是湖北大学的光荣。获任的骆啸声教授是改革开放后湖大教授担任省政府实职的第一人，这在当时国内高校中也是罕见的。

骆教授在担任政府职务之后，初衷不改。他待人热情真诚，因此朋友很多，不仅有教师、学者、学生及政府官员，还包括工人、农民、商人。据《蕲春教育志》主编赵德鼎先生回忆："1983年秋某日，我与在县志办工作的陈湘、陈绍仪一同到武汉拜见骆啸声教授。当时，骆教授住在湖北大学教授宿舍楼一楼。我们到他家后，作了自我介绍。骆教授听说家乡修志的同志来了，十分高兴，和我们交谈半个小时后，亲自下厨做菜。"还有一次，一位爱好文学创作的武昌车辆厂工人，晚上来访，向骆教授请教文学创作，骆教授与其详谈直至深夜。

骆教授曾任政协会议湖北省第六届委员会委员，参政议政，责任重大，因此很少回家。不是在外工作，就是在医院治病，病痛的折磨让他的身形日渐消瘦。有友人劝他："骆老，身体要紧，不要太拼命了。"但他总是笑着说："过去耽误时间太多了。"

骆教授对政协的提案工作非常用心。他在走访考察基础上，写了许多关于教育、文化和民生方面的提案，大多都得到了省委省政府的重视。在1990年前后，骆教授认为武汉市的大医院，分布不尽合理，便建议于武昌区与青山区之间，兴建一个大医院，以解决这一带居民的奔波之苦。当时的省政府高度重视这一提案，在回复中给予了明确的表态。

1990年除夕前夕，湖北省常务副省长李大强、副省长韩南鹏，在省教委主任孙德华、副主任张叙之以及学校领导的陪同下，专程来到湖大骆教授的家里，登门拜访并送来全省人民的祝贺时，他抚今思昔，感慨万千，心情极不平静。可是，谁也没有想到，这一位看似精神矍铄却身形消瘦的老人，其实已经病入膏肓，即便如此，这并没有磨灭骆教授的报国之志。

同年，64岁的骆啸声教授作《明志》诗云："春风化雨身心暖，两度危疴又转轻。

天若假年当奋笔，只图报效岂图生！"

骆教授为师为父为民，都是人间标杆，乃是光明所在。这份璀璨，当薪火相承。除了学术上的成就，其晚年一直想着尽己可能地为家乡、为国家做些实事，以期栽树一方，奉献自己、惠广于人。

【走访后记】

2018年暑期前后，我们"学子访学人"团队成员以大一学生的身份和视角，再次走近这位誉满湖北大学、武汉市乃至湖北省的文化名人，怀着崇敬的心情去了解骆啸声教授的生前故事。其不畏清贫、矢志报国、至死不渝的动人事迹令我们感动不已，心生敬意。

骆啸声教授离世至今的20余载里，其生前好友和弟子撰写了多篇追忆他的文章。他们通过回忆记录的方式，追忆这位品学兼优的名师，发扬湖大人克难奋进、自强不息、愈挫愈勇的"习坎"精神！"难了人间未了情，忧民忧国不忧贫。椿萱弱冠凋零尽，谛成多年体会深。漏尽钟鸣惊梦觉，星稀月明庆黎明。鞠躬疾奋春秋笔，岂惧病魔困我身！"这首诗，大概是对我国编撰社会主义新方志理论奠基人之一、历史学家、方志学家骆啸声教授最好的写照了。

"人生有痛苦，也有欢乐，要忘却痛苦，寻求欢乐，我是这样活过来，也要这样活下去的。"这是骆教授1990年接受记者采访时说到的，概括成一句话就是：

骆啸声之子骆晓曙与走访学生合影

安贫乐道献红心。斯人已逝，但其璀璨精神永存，并将激励一代又一代湖大学子奋发图强，锐意进取，以"为天地立心，为生民立命，为往圣继绝学，为万世开太平"为己任，矢志报国，至死不渝。"大学者，非谓有大楼之谓也，有大师之谓也。"湖北大学因有如此大学者而骄傲光荣。

豪情壮志凌云笔，湖大铮铮傲骨才。骆啸声教授的一身浩然正气，乃吾辈当学矣！

走访学生团队成员：

通识教育学院 2017 级历史学　陈桂苹

通识教育学院 2017 级历史学　冀玉婷

通识教育学院 2017 级历史学　柳育志

通识教育学院 2017 级历史学　谭喻月

通识教育学院 2017 级国际事务与国际关系　何志远

（指导老师：张梦）

宋瑞芝：
国内首部西方史学史教材的主要编写者

宋瑞芝，1942 年生，北京人，湖北大学历史文化学院教授，北京师范大学中国社会管理研究院兼职教授，主攻世界史、世界文化史、西方史简史，亦潜心研究女性学。著作有《走进印第安文明》《俄罗斯精神》《中国女性》《人与自我》《社会生活史》《家庭与婚姻史》《文明的冲突与交融史》等，主编了《西方史学史纲》《外国文化史》《中国妇女文化通览》等多部学术作品，发表了《口述史在史学研究中的功用》《论中国古代妇女文化的特点》《对历史上女性作用和两性互动关系的重新认识》《中国古代妇女教育情况浅析》等多篇论文。目前主持国家社科基金特别委托项目"中国当地社会管理创新与国家发展战略重大课题研究"，其主编的《中西方社会管理体系生成基础的比较研究》一书刚由商务印书馆出版。

宋瑞芝教授工作照

1995 年 5 月，湖北大学成立妇女文化研究中心，由宋瑞芝教授主持工作，组织校内部分教师编著《中国妇女文化通览》，带领一批从事妇女文化研究的人员，积极开展学术研究活动，使湖大妇女文化研究中心成为中国妇女研究会团体会员、理事单位，湖北省妇女理论研究会常务理事单位，并与相关妇女研究机构建立了长久的联系。2003 年 3 月退休后，宋瑞芝教授受新加坡万邦泛亚集团邀请，主持万邦北京东西文化发展中心的工作，期间主编了《文明的可持续发展之道——东方智慧的历史启示》《文明史系列读本》等著作，组织了热点问题论坛，拍摄《人与文明》《百年万邦》等影视作品，与世界著名专家学者来京进行交流等活动。

167

三生有幸遇恩师，自此前路渐愈直

"学而不思则罔，思而不学则殆。"在宋瑞芝教授眼中，学习与思考之舟应永远向前航行。青年时期的宋瑞芝就勤于思考，刻苦努力，因此深受北京师范大学教授刘家和的赞赏，多年来两人保持着良好的师生关系。刘家和先生的栽培使宋瑞芝教授受益终身，她说："在人生的每一次转折时期，刘家和教授都为我提供了关键的指导和帮助。"

在大学学习深造的日子，是宋瑞芝教授人生中最关键、最幸福的时期。她至今仍记得刚进入大学校园时，班里有位男同学课堂表现优异，所提的问题展示出极强的逻辑思维能力，受到任课老师的广泛关注，时任授课教师的刘家和教授尤为注重对他的培养。后来这位同学成为宋瑞芝教授的丈夫，夫妻俩也一直与恩师刘家和交往密切。

前有自身努力，后有恩师匡助。宋瑞芝教授在学习西方历史的过程中，刘家和先生给予了很大的帮助和支持，是她在学术研究道路上的引路人。研究之初，宋教授在语言文字方面遇到了很大问题，她曾想在学习俄语之余学习古希腊语，但刘家和教授强烈建议她专注于一门语言的学习。"后来他说'不要学这个，学这个等于没用，因为学完后不用就等于白学。现在咱们国家又不可能引入很多原始的古希腊语的资料，所以你看不到，也用不上。还不如把心思集中于一门外语，把它弄精弄透。'"宋瑞芝教授回忆道。之后宋教授便一心专于俄语学习，报了俄语进修班，而后还到莫斯科国际语言大学进行双语翻译和中国文化等方面的教学和交流。通过在国外的学习经历，宋瑞芝教授的俄语水平得到了很大提升。

正因刘家和先生在关键时刻的正确引导，才使得宋瑞芝教授在西方史学的研究道路上走得更顺、走得更远。

宋瑞芝教授等主编的《西方史学史纲》（1989）

为师育人似慈母，杏坛光辉永长存

宋瑞芝教授走上讲台30多年以来，始终秉

承脚踏实地，不为名扬神州，只为传学后辈青年的教学宗旨，在课堂上的每分每秒都细心耕耘。为学、为师、为人，宋教授用行动诠释着一名历史学科教师的担当，用成果展示着一位历史学人的人生价值。

宋瑞芝教授在做学问上一直严于律己。她说，只有首先对自己要求严格，以身作则，才能为人师表。工作之余，宋教授每天坚持学习，课堂上，她坚持使用双语教学，因为双语教学不仅能提高自己，也能锻炼学生。宋教授时常对同学们说："机会总是留给有准备的人，功夫在平时，只有打好基础，等到需要时才能应对自如。"

宋瑞芝教授主编的《中西方社会管理体系生成基础的比较研究》

站上讲台，她是那个博古通今、学贯中西的教授；走下讲台，她是学生最好的朋友，更是学生最亲近的"母亲"。古人道：良师益友。宋教授向学生传授的不仅仅是书本知识，更是为人处世的经验。她在繁重的教学之余，经常抽出时间与学生促膝长谈，为学生解答大学学习生活等方面的疑惑，使学生在往后的人生道路上走得更加顺畅。谈及与学生长期友好交流的秘诀时，宋教授认为最重要的是真诚相待，"人和人的交往中最不能缺少的就是真诚与认真，他们现在每逢过节还来我家包饺子呢！"

从花样年华到两鬓斑白，宋瑞芝教授把一生都投入到教书育人与学术研究事业中。对待学术科研，认真严谨，一丝不苟；在教书育人中，诲人不倦，杏坛长存。功崇惟志，业广惟勤。她一生兢兢业业，真诚关爱是她教学生涯中不变的标签。学生们也十分感念师恩，每逢佳节，宋瑞芝教授都会收到许多学生的祝福，很多已经毕业多年的学生也经常去拜访宋教授，与她交流。

为女性而"为"女性，挺身尽显责任心

宋瑞芝教授一直是为女性发声的代表人物之一。而当我们问及为何会从事妇女方面的研究时，她笑了笑说道："在人生道路上，研究妇女问题其实是个偶然。"尽管宋教授对女性方面的问题很感兴趣，但是此前一直没有合适的机会参与这方

宋瑞芝教授著作《探索印第安文明》

面的研究，直到 1995 年，世界第五届妇女大会在中国召开，给她带来了契机。当时，山东省妇联让山东文印出版社推荐一位作者为他们写一本与妇女文化有关的书，作为山东妇联给本次大会的献礼。当时的宋瑞芝教授正好是湖北省妇女理论研究会常务理事单位成员，中国妇女研究会团体会员、理事单位成员，以此为契机，宋教授迈出了她真正从事妇女研究工作的第一步。此外，更正现实中如"学得好不如嫁得好"等在妇女心中根深蒂固的"自卑"观念的想法，则愈发坚定了她从事妇女文化研究的决心。

后来，宋瑞芝教授准备编写一本《中国著名女性传》时，恰逢一位来自美国夏威夷大学研究妇女文化的教授在武汉大学开展教学。于是宋教授通过武大朋友的介绍认识了那位美国教授，与其就妇女文化进行了深入探讨。在这次交流中，宋教授产生了很大的感触，她深深地认识到女性问题不仅仅是国内的问题，更是世界性的问题，对于女性问题，迫切需要有更深的了解与研究。

对于两性关系，宋瑞芝教授认为情侣应该是一种特殊的"伙伴"关系。这种别样的"伙伴"关系，既是一种谁也不能离开谁的关系，又是一种亦竞争亦合作的关系。她指出，在现实中，男女两性最好的相处当为如此，而不是一方高于另一方，否则那将是一种不平等的男女关系。她还强调，当今社会，一般男女双方的文化水平、受教育程度相当，但我们不应该就这样认为男女应承担一样的工作、得到同等待遇或者奖励，因为人和人之间有很多不同方面的差异，男女双方在体力和精神上天生有别，如果忽视了这些不可抗逆的因素，那并不是真正意义上的男女平等，而是一种错误的心理暗示。

义不容辞担道义，牵头为创教材新

宋瑞芝教授为我国西方史学史教学做出了巨大贡献，我国第一本西方史学史教材就是由宋瑞芝教授牵头编纂完成的。

20 世纪 80 年代末，中国史学史已在我国各大高校开课，但西方史学史的课程却仍未开课。究其原因，西方史学史的研究者大多是老先生，年事较高，难以承担授课的重任，而且也没有一本西方史学史的教材。因此，教育部特聘请这些老教授编纂一本西方史学史的教材。那时，在上海师范大学举办了一个全国西方史学史的教师研讨会，培训高校西方史学史授课教师。在刘家和先生的建议下，宋瑞芝教授欣然前往参会。会议期间，精通西方史学史的老先生们给与会的青年教师授课，并且通过几次会议定下了西方史学史的教材大纲。遗憾的是，教材尚未来得及编纂，部分老教授就因身体原因无法继续坚持。

与会教师们感到深深的惋惜，若是继续将编纂教材的艰巨任务落到德高望重的老教授们身上，他们的身体肯定吃不消，同时也会影响教材编写进度。为了尽快完成教育部托付的任务，团队有人提议：由青年教师们来编纂，老教授们负责把关。作为与会的青年教师中的翘楚，宋瑞芝教授毅然扛起了这项重担，作为牵头人开始组织西方史学史教材的编纂工作。从湖北大学到华中师大，再从华中师大到湖北大学，通过多次研讨会的字斟句酌，再加上教师们的日夜奋战，教材大纲终于出炉。宋教授立马组织分工，没过多久，一本由众多教师呕心沥血编写的西方史学史教材面世了。湖大也因宋教授的积极努力和杰出成绩而成为国内第一所开设西方史学史课程的高等学府！

若干年后，北大历史系同样希望开设西方史学史这门课程，但苦于缺乏教材，迟迟未开。后来在北京师大史学史著名教授瞿林东的引荐下，北大历史系找到了宋瑞芝教授。为了发扬风格，支援教学前线，宋教授毅然决定将西方史学史的教材给予北大历史系，就此西方史学史的课程从湖大走向北大！

一生致力为学术，致仕难有自投笔

很多人在退休后都会选择过悠闲的老年生活。但宋瑞芝教授却仍坚守在学术研究一线。扬帆破浪学至今朝，严谨治学清气正高。宋教授将退休生活规划得井井有条，并用实践告诉我们，身虽老，心不老。2003 年退休后，经恩师刘家和教授的推荐，她进入新加坡万邦泛亚联盟，与研究中国文化史的武汉大学资深教授冯天瑜合作，共同主持东西文化交流工作。

宋瑞芝教授在新加坡万邦泛亚联盟一工作就是十年，编排了一整套的人类文明史。但因在船厂工作期间，工作烦琐，且商务性过重，宋教授对此并非兴趣十足。借着一次参加校友会的契机，宋教授在母校遇到了以前认识的学弟，通过学弟介绍，她回到了母校——北京师大中国社会管理研究院，继续进行她的研究和学习，并成功获批主持国家社科基金特别委托项目"中国当地社会管理创新与国家发展战略重大课题研究"。

2018年初，宋瑞芝教授回到武汉，除了回访看望之外，此行的主要目的是到各个知名书院进行实地考察。与我们交流访谈之前，宋教授刚刚结束对湖南岳麓书院的考察，了解东西方传统的风俗习惯对于现代文明精神的影响。在武汉的几天，她也对新洲问津书院做了详细调研考察。活到老，学到老，宋教授将自己的生活与历史学习融合得恰到好处，她就是如此严谨好学，永远怀揣一颗学习的心，永不懈怠，携满研究的热情，在已知的和未知的领域执着探索。

【走访后记】

在走访之初我们查阅了关于宋瑞芝教授的相关资料，并针对其研究领域结合当下热点列出访谈提纲。初次采访如此"有来头"的教授，我们小组成员感到既惊喜又紧张。

初见宋瑞芝教授，她慈祥和蔼，精神矍铄。在采访中发现，虽然宋教授身后硕果累累，但交流起来非常和蔼可亲、平易近人。宋教授说："每一次跟学生聊天，我都可以从青年人身上获得新的知识和对世界变化的不同了解，我最喜欢的就是每一位学生真心叫我教授的时候。"在宋教授的温情话语中，我们渐渐放松。

宋瑞芝教授夫妇与走访学生合影

整个采访过程中，宋教授激情洋溢、滔滔不绝地向我们讲述她过去的所见所闻所感，我们为之赞叹，同时也打心底里敬佩。宋教授还带我们参观了她的书房，向我们展示她所读的著作，希望以此给予我们一些启发。采访结束之际，宋教授与采访小组成员互加微信，叮嘱我们可通过微信交流求学，送我们离开时仍语重心长告诫我们要好好学习、奋发有为。

在后来的多次交流中，宋瑞芝教授很认真仔细地向我们询问了如今湖大历史系的发展状况，了解我们学习上的问题，并细心地一一解答。宋教授身上的"湖大学人"严谨治学、潜心育人、关爱学子的精神令我们感动和敬仰，也让我们对读书求学、成才修身有了新的认知。

走访学生团队成员：

通识教育学院 2017 级历史学专业　杨子巍

通识教育学院 2017 级历史学专业　赵津

通识教育学院 2017 级历史学专业　吕浩文

通识教育学院 2017 级历史学专业　程雅靖

通识教育学院 2017 级国际事务与国际关系专业　王乐诗

通识教育学院 2017 级档案学专业　王淑婷

（指导老师：张梦）

朱锡城：
从医守初心　为师勤耕耘

朱锡城近影

朱锡城，1935年生，湖北监利人。湖北大学马克思主义学院副教授，中国近代史研究专家。曾任职于湖北省教育厅教研室主任，曾发表《党的理论建设史上的新篇章》《论冯玉祥与中国共产党合作关系的变化》等多篇学术论文。

命中注定站讲台，辗转十年遇湖大

朱锡城出生于一个富裕家庭，其父虽然在晚清时期是学习政法的，但弃文从医，做了一名医生。受此影响，朱锡城对于治病用药耳濡目染学了不少。用他自己的话说，"我的志愿不大，这辈子最大的梦想就是当助教或者医生。"

朱教授笑着解释自己从"厌学少年"——读完高中就不想读了，到毅然考取华中师范大学的经历。他说有次偶然参观了国立武汉大学，真是好看啊，就想着一定要考到这里念书，好好充实自己。没想到，武大没考到，去了华中师范大学。虽说目标没达成，朱教授也不自暴自弃，在华中师大，照样认认真真念书。说到这儿，他顿了下说："我们湖大的学生，有一部分是高考没考好调剂过来的，看着这里面因为学校不如意从此放弃了的学生，我心里真的为他们感到遗憾，继续努力啊，人生这么长呢，梦想的学校虽然没考上，但学个喜欢的专业，勤奋刻苦总会有收获的。"

在华中师大，朱锡城学的是历史。

"历史很难很枯燥吧？"

"枯燥。"

"那咋不学个有趣的呢？"

"因为历史老师不用改作业，讲课轻松啊。"朱教授打趣地说。

从华中师大毕业后，朱锡城被分到湖北省教育厅工作，后来被调到武汉市实验中学，开始了执教生涯。

但突如其来的"文革"把朱锡城又推到了医生的职业和岗位上。在五七干校接受工农兵再造时，他因治好了书记的病，成了医生，"文革"结束后又在中学里当了十年校医。

原以为一辈子就当个校医了，命运却再次改变。党和国家出台相关政策，曾经从教的老师有机会回到教师岗位。种种考虑后，朱锡城来到了湖北大学，重续他与三尺讲台的故事。

趣谈学习有妙招，青年你要倍努力

"历史不好学吧？"

"那不，历史有它的体系、它的脉络，也好学，但该背的得背，不能偷懒。"

"背书有什么窍门吗？"

"努力咯。"朱锡城教授呵呵笑着说。原来为了锻炼自己的记忆力，朱教授曾经试着背过《桂林山水甲天下》的解说词，反复地诵读，一遍，一遍，又一遍。

朱教授在两次与我们的交流中，总把读书和背书挂在嘴边。他说："如果有人问这个国家的前途在什么地方，请去看看图书馆的学生。"他希望我们能够经常去图书馆，充分利用图书馆的资源，于书中见自己，见天地，见众生。书读得多了，人的气质、谈吐、胸襟都会显露出不一样的自我出来。他自己也曾常去图书馆看书抄卡片，一抄就是一整天。有时候为了看懂一本书，甚至会翻出厚厚的《辞海》。朱教授说，读书要细细咀嚼，慢慢品味，一定要力求"甚解"，要"精"和"勤"，"看十篇书，不如读书一篇；伤其十指，不如断其一指"。

朱教授身体力行，努力的习惯一直在他身上，不仅读书期间，工作时也不改"较劲儿"。选教材时，朱教授觉得教材知识要新，不能讲废话，只有新知识才能吸引学生。他亲力亲为挑选教材，选好了还要对教材进行删改。功夫没有白费，朱教授的讲课受到学生的一致好评，甚至还有学生在冰天雪地里过桥去听。朱教授说："老师讲课要把精华部分讲给学生，就是怕把课讲砸了，讲坏了。"

此话不假，朱教授曾为一次报告花费三个月时间，阅读60多本书，撰写四万字讲稿。不仅如此，他还一字不漏地把它背下来。在他看来，这就是一个老师应该做的，一个人最重要的立身之本就是勤，一定要背书。他说："哪怕是十万字的讲稿也要背，那是你自己的东西。"

朱教授告诫我们青年学生，要有政治敏感度，关心国家大事和时事政治，多看新闻，尤其是我们作为思政专业的学生更应该有问题意识，了解国家的方针政策。他说一个人要有独立的人格，有自己的主见，能够理性地分析身边的事件。他更强调做学问时，一是要勤奋，不为外力所动，具有学术追求，用惊人的毅力克服困难投身学术之中；二是要淡泊名利，人生有得有失，要摆脱名利的束缚，过得自由自在，生活幸福，这样才能潜心做学问。

"以肯治否"出奇招，因材施教是真道

朱锡城教授引导学生有自己的办法，尤喜欢用鼓励的方法教育学生。对于优秀的学生，他会毫不犹豫地给出"特立独行的"102分的成绩；而在规范和处理学生违纪的行为时，他则会用"以肯定治否定"的"奇招"以"制胜"。

曾有一位学生在课上玩游戏机，但朱教授并没有斥责"别玩了！上课在！"，而是课后问学生："你这个游戏机很不错，多少钱买的？"虽未直言对错，但从此以后，这个学生就再也不上课玩游戏了。

朱教授笑着说："学生很有意思的，他是你保护、教育的对象，我们不要伤他的自尊心。做老师就是要有爱心，他是学生他不懂事啊，他习惯了，我们怎么能只用我们的标准去要求他呢？"朱教授对学生的体贴和关爱可见一斑，这也难怪朱教授遍天下的桃李中会有军委委员赵克石；不奇怪无论多远，逢年过节学生们也会回来和朱教授聚一聚；而在退休之后，仍然有学生邀请他去讲课也在意料之中了。

朱教授对于学生的关爱是一视同仁的，不会因学生的身份对其特殊化。在武昌实验中学任教时，朱教授的学生中有许多干部子女，但在教育他们时并未表现出不一样的地方，与我们交谈中也能够说出不少学生的名字。曾有位学生专门来感谢朱教授的一视同仁，学生说："朱老师，您知道，我是这个班上出身（富农）最不好的，当时您对我功课的表扬真的给了我很大的激励，谢谢您！"朱教授笑着回忆说："表扬学生时谁会考虑到那个学生的背景呢？只要学生做得好，就应该得到表扬啊，英雄不问出身嘛。"可见朱教授为人师表的公平与真诚。

读书是一生之计，诗意是人生主题

朱教授性情温和，待人和蔼可亲。虽然已经 80 岁高龄，但依然精神矍铄，看起来不过 60 多岁的样子。这要得益于他独特的生活之道。朱教授重视饮食健康，还提醒我们要多吃绿色食品和蔬菜水果，尤将"节约粮食，不要浪费"挂在嘴边。

朱教授说，要想保持健康，最重要的是平衡。首先是心理上、精神上的平衡。他自己就是个心态很好的人。人有七情六欲，这七情不能过度，"怒则伤肝，喜则伤心，恐则伤肾，忧则伤脾"。有一次朱教授因病需住院，但是医院病房已经没有空余的床位了。于是他就在走道里住了八天，换作其他人也许会心怀不满甚至大发雷霆，但朱教授却并不在意。出院前护士前来道歉，他还宽慰护士说走廊的空气质量反而更好。正是有着如此良好的心态，朱教授才得以保持自己情绪的平衡，从而保持心理上的健康。除此之外，生理上的平衡也很重要。饮食要注重平衡，这主要体现在荤素搭配上，"如果这一顿吃得荤菜比较多，那下一顿就多吃点素菜，这样平衡饮食，身体才会比较健康。"教授如此教导。劳逸也要平衡，一个人的休息时间和工作时间也应该平衡好，如果中午没有午休，相应的晚上就早点睡觉。

朱教授很少与人发生争执，即使有，也总是会先退让一步，以德服人也以理服人。而朱教授在和别人争论问题时，也有自己独特的风格。他认为在和别人争论一件事的是非时，一定要抓住对方言语中的关键，抓住对方的要害从而攻击对方的论点，不要让自己处在被动的状态。朱教授退休后的生活常与书报为伴，这种去功利化的欣赏性阅读，让他的晚年生活快乐而充实。

【走访后记】

得知有机会参加"学子访学人"活动拜访朱锡城教授时，我们心里的激动溢于言表，虽有打扰朱老的担心，礼数不周的惶恐，但敲开门见到朱老时，这些想法和顾虑顷刻全无。每次去拜访，他都会把家里的水果零食拿给我们吃，怕我们拘束就让我们自己烧水泡茶。与朱教授的对话交流也如沐春风，我们常常在交谈中忘记了时间。

在朱教授的举手投足间，我们看到老一辈学者的严谨笃实；从他分享的故事里，我们感受到求学和做学问的辛勤与烦琐，但也能体会到学者匠心的坚守。得知我们此行将撰写走访报告时，朱教授连忙摆手说，我学问做得不好，你们别写，

朱锡城与走访学生合影

发的文章也不多，更不好意思留名了。朱教授辗转十多年才回来教书，耽误了很多时间，写的一些文章也没有来得及投出去发表。但看着他年过八旬，满满当当的书架，书本里密密麻麻的摘记，还有书桌上堆着的卡片……我们深受触动，或许现实评价体系里，朱教授不算名列前茅，但在我们看来，他是名副其实的学者。

与朱教授的相处给了我们莫大的启迪和前行的力量。漫漫人生路，也许中间因不可控因素走了点弯路，但一路上的坚持、努力和汗水会凝成习惯，积累在身，成为人生的宝贵财富。过去在书本上看到，历代各界学者做学问的殚精竭虑，冷板凳一坐几十年，清苦无人问，一心求是，觉得这样的人物离自己太遥远，是一辈子都无法到达的标杆。但朱教授的言传身教令我们受益匪浅，他说："你们年轻人啊，一定要抓紧时间，趁着年轻，多下苦功夫认真学习。"

"纵去远，以渐跻"。看到年过八旬的朱老伏案读书的身影，我们仿佛看见几十年前那个少年在认真求学的景象，原来这就是教授"年轻"的妙招，赤子之心，不随境转，不因时迁。我们新时代青年学子，也应将这赤子之心传承下去，勤奋，勤奋，再勤奋；坚持，坚持，再坚持！

走访学生团队成员：

通识教育学院 2017 级思想政治教育专业　喻文婷

通识教育学院 2017 级思想政治教育专业　冯琳琳

通识教育学院 2017 级思想政治教育专业　明清泉

通识教育学院 2017 级思想政治教育专业　胡炜杰

通识教育学院 2017 级哲学专业　陈东华

通识教育学院 2017 级哲学专业　刘琦

（指导老师：姜艳艳）

穆桂春：
中国"城市地貌学"奠基人

　　穆桂春，1930年生，自然地理学家。1930年2月生于辽宁锦州，籍贯辽宁海城。1953年7月毕业于东北师大地理系。1953年9月至1954年8月在华东师大研究生班学习。曾任中国地理学会理事，地理教育委员会副主任，中国城市地貌专业委员会主任，四川省科技顾问团顾问，四川省地理学会副理事长，重庆市地理学会理事长，湖北省地理学会副理事长，湖北大学教授，西南师范大学教授。

　　从事野外自然综合考察，重点研究火山地热、资源与农业、国土与环境和城市地貌等课题。完成国家和省级课题10多项，图件制作100余幅，出版个人专著五部，参编、合编著作八部，发表论文80余篇。主持并承担完成的科研项目分别荣获全国科技大会奖，中科院二等奖，四川省人民政府二、三等奖，中共四川省委重大科技成果奖，重庆市重大科技成果奖，英国剑桥20世纪成就奖，湖北省优秀教师称号，享国务院特殊津贴。

辗转半生精语言，联结邦邻传佳话

　　穆桂春教授出生于辽宁海城，是地地道道的东北人，和外语有着说不清道不明的缘分。早在1943年，穆教授就进入了南满株式会社创办的铁道学校学习。那个年代里，学校采取奴化教育，强行推广日语，校内的管理和授课都由日方人员负责。在那样的环境下，穆教授不得已学习了日语，然而屈辱的感觉也一点点滋生。随着时间的推

穆桂春教授与日中地理学会会长河野通博交流的书信

穆桂春教授捐献所获证书

移，不满学校奴化教育的穆教授来到了旅顺大连师范学校。这期间穆教授不但潜心学术，汲取了大量的历史、地理知识，更对地理产生了浓厚兴趣。经过战争苦难的穆老，深知今天的和平年代来之不易，暗自决心要利用所掌握的知识为中日地理学术交流作出积极贡献。据穆教授之子穆越老师讲述，虽然过去了数十年，但1984年时作为四川省首批地理学访日代表团副团长的穆教授面对台下日本学者，依然不需要任何翻译，在会议上以一口流利的日语演讲，艳惊四座。

1950年，穆教授考入东北师范大学地理系学习。在学习过程中，他发现当时的教材几乎全为苏联引进，而除少量教材翻译成中文外其他均为俄语原版。为尽快更好地掌握专业知识，看懂俄文原著，穆教授立志苦攻俄语，凭借坚强毅力勤学苦练。仅几年内，就通过查阅字典等方式自学，相继翻译了《景观与土壤》《俄罗斯地理发现史概论》《世界大洋自然地理》等俄文教材。

后因成绩优异，穆教授被推荐到华东师范大学研究生班学习深造。鉴于穆教授具备较高的专业俄语翻译水平，教育部专门指派他为苏联专家担任翻译，而此时的他不得不放弃学业协助苏联专家培养教师、赴各地开展自然地理科学野外考察，其俄语水平可见一斑。

穆教授对语言的精通为今后的跨国地理交流打下了坚牢的基础。1983年，日中地理学会会长河野通博教授与时任西南师范大学地理系主任的穆教授取得了联系，在共同为中日地理学会的交流做了大量的前期准备工作之后，1984年的地理代表团访日活动才得以成行。从那以后，穆教授便同这位会长建立了深厚的友谊，雪白的信件构筑了中日人民交往的桥梁。偶尔穆教授事务繁忙，穆越老师便代为回复，直到这位会长去世仍有信件往来。在2018年中日韩地理学家年会上，穆教授将1984年访问日本的照片及考察资料全部交由主办方，主办方制成展板以便中日地理学家加深了解，增进友谊。照片中可以看到，多年的野外考察并未让穆教授有半点憔悴，52 岁的穆教授风采依旧。

伉俪情深淡名利，待生如子显真情

1982 年，穆教授与湖大结下情缘。成为湖大兼职教授的他，却不肯收取任何讲课费用。1988 年，穆教授正式来到湖大就职。当谈到这段往事，穆教授深情地回忆道，当时西南师大为了挽留他，提供了副校长的职务，但因牵挂着在武汉的妻子，他仍然决定了前往湖大，以便有更多的机会去陪伴爱人。当妻子去世后，穆教授悲伤至极，一次摔跤的经历又让他的行走不再灵便，从此只能告别了热爱的三尺讲台，再不能为学生们引经据典，挥斥方遒。

说不难过是不可能的，穆教授在与我们交流时多次提到他带的研究生，我们感受得到，他对学生的感情丝毫不亚于亲人。穆越老师为我们讲述了穆教授的"斑斑劣迹"：他不顾自己并不富裕的家庭，给穿不起鞋的学生买鞋；拿出科研经费，用以供给学生生活；好不容易做一锅排骨汤，在快出锅时把儿子叫出去办事，让学生们先喝，儿子回来时只剩了汤渣……种种行为引起了穆越老师的强烈不满，难以理解父亲的所做所为。然而随着穆越老师年纪的增长，逐渐明白了其中的良苦用心——可口的排骨汤是穆教授殷切的希望，温暖融化了一切坚冰，关怀代代传递，师生情谊永留人间。穆教授高尚的人格令我们所有人为之动容。

考察一生躬尽瘁，年少有为功至伟

20世纪80年代初，改革开放的政策逐渐大放异彩。与飞速增长的经济相适应，我国城市化进程也如火如荼地展开。然而随着科研工作的进行，难题渐渐浮出水面：80 年代的国内城市地貌研究一片空白，面对广阔的国土和复杂多变的地形地貌，我国的城市规划管理工作举步维艰。为适应国家建设的迫切需要，1987年底，早已是国内著名地貌学者的穆桂春教授与英国曼彻斯特大学合作，同丁锡祉教授一起将"城市地貌学"引入国内，率领课题组分头在长江上中游的成都、重庆、武汉开展适合国情的城市地貌研究和考察，取得了突破性成果，其编写的《中国 1 ：100 万地貌图成都幅及说明书》《四川北碚马鞍溪流域地貌图集》等多幅地貌图为城市地铁规划及城市排涝工程提供了极其珍贵的资料。

谈到考察，穆教授娓娓道来：云南、青海、四川、湖北……从东到西，由南到北，几十年来，穆教授几乎走遍了中国的每一寸土地。当我们询问起最艰难的一次考察时，穆教授笑着说道：在青海4000多米的海拔上，他们一行人背着氧气袋，顶着剧烈的高原反应，饥一顿饱一顿，顽强地对当地冰川地貌潜心研究了两月有余。

穆教授最自豪的是云南腾冲之旅。面对新中国未曾涉足的火山领域，穆教授毅然五访腾冲，足足38个火山口，一个个地找，一个个地探，最终将其定性为休眠火山，终于让腾冲人民心里的这块大石头落了地。据此编成的《腾冲遥感火山地貌图集》更是获得了国家科技大会奖，作为主编的穆教授享有国务院特殊津贴。难以想象的是，穆教授当时恰与我们同龄！穆教授笑着向我们提出展望："如今时代已经发生翻天覆地的改变，科技的日新月异为新时代青年提供了更好的平台，未来在你们手中，你们要去创造自己的时代。"

回报祖国担道义，散尽珍藏为承传

早在几年前，穆教授便着手自己的科研成果档案捐赠工作。他说道："我留着这些做什么呢，只要对地方建设有作用，在学术上对大家有启发，就不要让它锁在我的柜子里了。"从腾冲火山的研究到四川地貌的考察，学术耕耘中的件件手稿、滴滴心血，穆教授悉数保存。几经波折，数次搬家也没有落下。穆教授的深谋远虑促成了如今的无偿捐赠，其赠品被云南省博物馆、湖北省档案馆、云南省档案馆、重庆市档案馆、广东省档案馆和四川省档案馆，尤其包括北京大学、浙江大学、中山大学在内的全国八所985和211高校视为珍宝收藏，其爱心行动受到了社会各界的一致称赞，穆教授也因此获得了2018年地理学会特别贡献奖。更值得一提的是，由于穆教授的突出贡献，由中科院、教育部、国家文物局联合开办的遥感考古联合实验室湖北工作站得以被引荐到湖北大学，并落成于资环学院，使学校的地理学、考古学的学科建设得到了长足的发展。

除了地理，穆教授对欧洲文艺复兴方面也有所涉猎。1982年，穆教授随教育部意大利考察团远赴意大利，拍下了当地政治、经济、文化、艺术等方面的珍贵资料，去年他将保存35年之久的这套史料捐赠给了意大利研究中心；前不久，穆越老师代表穆教授，向北京外国语大学及复旦大学捐赠了早年学习外语使用过的当时由他们本校老师灌录的黑胶英语唱片和日语唱片，在纪念改革开放40周年之际，见证了学校早期的教学和科研成果。

在穆教授眼里，研究是为国家做贡献的，而不是牟利的工具。抱着这种想法，他的无偿捐赠之路仍在继续，下一步是通往上海、北京。穆教授是要向社会传递出所有的光芒与能量！

【走访后记】

"只应白发是开山祖。"见到穆老的第一眼，脑海里突然冒出辛弃疾的这句词来。早在采访之前我们就对穆老的丰功伟绩略有耳闻，此刻面对穆老的皓首，用这句话来形容再合适不过。

出乎意料的是，穆老并没有什么老教授的威严，反倒是笑声贯穿了全程，穆老的热情让我们放下了拘束。我们诧异于他近90岁的高龄仍精神矍铄，穆老笑着为我们揭开谜底：长时间的野外考察强健了体魄，让他始终保持着身体机能的良好状态。如今，穆老谈吐不凡，思路仍十分清晰，犹可见当年上课时的雄姿英发。

采访中穆老反复提道：长江后浪推前浪。他尤其希望后来人继承他的事业，把地理学科提升到一个新的高度。因此，他对后辈的提携可谓不遗余力——为初出茅庐的学生书籍作评介，发表文章与学生共同署名……在穆老长达几十年的教学生涯中，许多受过他指点的教授都深受其感染，湖大良好的学术氛围、深厚的师生情感都或多或少与穆老有关。

穆桂春教授（前排左一），穆越老师（前排左二）与走访团队合影

采访虽然结束了，可我们心情久久不能平静。我们常常看到明星偶像们的家长里短被炒得满城风雨，而诸如"天舟一号"升空、克隆灵长类动物难题被攻克、黄大年及周有光等科学家逝世却鲜有人知。站在穆老家门外，仿佛能透过厚厚的墙壁看到一位地理学家挤在几十平方米的小房间，忙碌地整理手中的资料，心中考量着让她们去向何方——这才是真正的鸿儒硕学。淡泊名利、严谨治学、仁爱至上、以德立身则是穆老一生做人的至高境界。我们期待着穆老的治学精神将永远影响一代又一代后来人！

走访学生团队成员：

通识教育学院 2017 级旅游管理专业　蔡金利

通识教育学院 2018 级国际经济与贸易专业　鲁钰悦

通识教育学院 2018 级管理科学与工程类　刘奇

通识教育学院 2018 级国际经济与贸易专业　左中正

（指导老师：陈祁菲）

张必成：
一心为学终不悔　赤子情怀薪火传

张必成，1940 年生，湖北大学化学化工学院分析化学教授，硕士生导师。曾担任湖北省化学化工学会第五届、第六届理事，湖北大学化学系常务副主任，1988—1990 年作为国家公派访问学者留学加拿大，从事环境分析化学领域研究工作。1996 年 4 月，应邀去香港中文大学讲学，1998—1999 年

张必成教授在自家书房里（2002 年）

在香港中文大学化学系从事环境分析化学项目的合作科研工作。曾荣获湖北大学教书育人优秀奖两次，湖北大学科学研究一等奖、三等奖各一次。

张必成教授长期从事《分析化学》《分析化学实验》《仪器分析》《仪器分析实验》等课程的教学工作，并承担《痕量分析》《分析化学前沿》等研究生课程的教学任务，曾主持湖北省省级项目两项，参与香港研究资助局资助的研究项目一项。迄今为止，主编出版《仪器分析》和《现代科学技术进展》（上下册）两部。50 余篇科研论文发表在《Analytical Chemistry》（美）、《Spectrochimica Acta》（美）、《Talanta》（英）、《Analytical Science》（日）、《高等学校化学学报》《分析化学》《环境化学》《应用化学》《环境科学》等国内外学术期刊上，其中多篇被国际权威检索机构 SCI 收录。

争分夺秒　终身学习

1960 年，张必成教授毕业于武汉师范学院（湖北大学前身）化学科（化学系

185

前身），毕业后留校工作，受到领导严格的要求。"上班不久便被系主任罗伯儒教授约谈，他要求我工作的同时重修师范院校化学系本科全部课程，以80分为及格线重新参加考试。"张教授回忆道，"罗教授还教导我们青年教师应该过'五关'，即基础关、实验关、教学关、外语关、科研关。罗教授的约谈为我如何成为一名合格的青年教师指明了方向，同时，过好这五关也成了我一生的追求与信条。"

带着恩师的严格要求，张必成在保障教学进度的前提下，利用业余时间又重新走上了漫漫求学路——重修了化学系专业基础课、高等数学、普通物理、俄文等课程，并全部以优异成绩通过考试。"文革"结束后，张必成于1978—1979年，继续到武汉大学化学系青年教师进修班进修了物理化学、物质结构等化学基础课程，还学习了综合性大学分析化学专业本科课程（如溶液中的离子平衡、仪器分析、化学分离技术等）以及部分研究生课程（如对称性原理、仪器分析电子学等），近不惑之年出色完成了"基础关"的要求。

1978年，学校为了适应国家改革开放和提高教师英语水平的需要，开设了教师英语班。考虑到英语在教学科研工作中的重要性，学习了八年俄语、时年38岁的张必成决定从零开始，报名参加英语语言课程的学习，希望努力通过英语语言关。英语班晚上上课，每周两次，每次两节课。由于白天工作繁忙，要想真正学好英语，工作之余挤时间学习是必不可少的环节。"当时最深的感触就是时间不够用。"张教授说，"时间就像海绵里的水，只要愿挤，总还是有的。"为了挤出更多的时间学习，张教授每晚备课后的时间、节假日时间全都用来学习英语，就连坐公交、轮渡以及步行的时候都会拿出单词表多记几个单词。根据1982年中国与新西兰文化协定，新方派三名教师来我校办英语培训班，张必成作为我校选派的几名教师之一参与其中，"这是我第一次听外籍教师讲课，口语和听力对我来说都是很大的障碍。"张教授说道，"但

张必成教授在香港中文大学化学系从事环境分析化学研究（1998年）

痛苦就意味着成长，风雨过后彩虹总是会出现的。"1988年1月，经过不懈的努力，他终于在国家英语水平考试中以总分128分的优异成绩顺利通过国家公派出国人员的选拔考试。

退休后，时间逐渐变得充裕，张教授并没有停止学习的步伐。2008年开始编写通识教材，为了精选教材内容，他认真挑选了六个自然科学的基础学科和十门技术科学作为教材内容，同时邀请来自物理与电子科学学院、数学与计算机科学学院、生命科学学院、材料科学与工程学院、资源环境学院等八位中青年骨干教师共同编写，在教材的先进性、科学性、系统性、由浅入深、便于自学上下功夫，于2012年成功出版《现代科学技术进展》（上、下册）。

言传身教　亲力亲为

张必成教授认为，化学是一门理论性、实践性与研究性都很强的一级学科。讲好每堂理论课，上好每次实验课，做好每个科研项目，是每位教师的职责，也是言传身教、身教重于言教的重要方式。各类基础化学实验课的教学不仅可以加深学生对其所学的基本理论的理解，更重要的是让学生准确掌握它们的基本操作技能和初步进行科学实验的能力，为他们今后从事高端科学研究打下良好的基础。

工作不久，张必成被分配到分析化学教研组，因此他执教时间最长的两门实验课程是《分析化学实验》和20世纪80年代开设的《仪器分析实验》，也是化学系本科学生的基础课。为了上好实验课，他每次课前认真备好讲稿，做好准备实验。为了能准确掌握《分析化学实验》的基本操作技能，在20世纪60年代初国内尚无录像设施的情况下，他反复研读教材和相关资料并向老教师请教，力求让这些操作技能通过他的双手规范化，形成一个规范的操作习惯。在《分析化学实验》课的教学中，他把基本操作技能有目的地分散安排到相

张必成教授在 Carleton 大学化学系实验室从事环境分析化学研究（1988 年）

关实验中，重点讲授和演示，并在实验过程中对学生的错误操作进行反复演示、纠正。"俗话说，喊破嗓子不如做个样子。通过教师的亲力亲为，让每个同学都能做到规范化操作，这对于他们在今后的科研中提高分析测试结果的可靠性是很有帮助的。"张教授说道。

"创造性思维是一个科研人员必不可少的素养，这种思维方式不是逼出来的，而是学生在严谨的学术氛围里'悟'出来的。"张教授说。20世纪80年代，随着时代的发展、科技的进步，人们意识到，大学课程在传授知识的同时，更应该注重培养学生解决实际问题的能力和创新能力。因此，在精选验证性实验的基础上，《分析化学实验》定量部分增加了具有设计性、研究性、综合性的实物分析实验（以下简称为设计性实验）。设计性实验是只给出实验题目、分析对象和要求，未告知实验原理。学生通过查阅文献资料，结合课堂所学理论知识，设计出完整的分析对象的实验方案，实验方案交指导老师审批后方可进行实验。张教授指出："设计性实验（无论是中文还是英文）使学生真正从传统的验证性实验走进了实际分析研究工作，实验室成了学生展示自己能力的舞台。学生认为这里是他们'发现自己'的地方，有效地激发了学习兴趣，从而受到了学生的欢迎。"学院领导曾对应届本科毕业生就实验课教学质量跟踪调查多年，发现绝大多数应届毕业生认为：在四年的学习中，《分析化学实验》课是老师要求最严格、自己收益最大的一门实验课。"这是分析化学教研室全体教师和实验工作人员共同努力的结果。"张教授说。

张教授对课堂教学同样保持一丝不苟的态度。《仪器分析实验》《仪器分析》（注：20世纪90年代末改为《仪器分析与谱学》）是1988年初开设的化学各本科专业必修的基础课。为了更好地讲授课程，张必成通过学习《仪器分析电子学》《电子线路》《电子线路实验》等课程，掌握了数理与统计、物理学、微电子与计算机技术等知识，为课程教学打下了充分的理论与实验基础。这两门课都得到学生的高度评价，在张必成老师课堂教学质量学生评估成绩表上，2003级应用化学专业、化学教育专业参评人数100人，参评率95.23%，总分90.25分。

潜心学术、努力做好每个科学研究项目是张教授一生的追求。在他看来，潜心学术是一种沉稳、专注、进取的探索精神，也是以为祖国服务为荣的价值观和兢兢业业、踏踏实实的科研精神。张必成在科研方面提倡亲力亲为，这对于及时掌握研究信息、分析实验数据、尽快解决出现的问题是有益的。正是凭借着潜心学术的科研精神和严谨的学术态度，使得他在科研领域取得不俗的成绩。

1988 年 8 月，张教授作为国家公派访问学者前往加拿大 Ottawa 的 Carleton 大学化学系、加拿大分析与环境化学中心进修，主要从事两项加拿大国家级元素痕量分析研究项目，研究成果于 1990 年、1994 年分别发表在美国国际知名期刊《Analytical Chemistry》和《Spectrochimica Acta Part B》上。

回国后，张教授利用课余和暑期时间研制了国内首创的石墨探针采样装置及气动固体进样装置，建立了完整的大气中 APM 的采集和 APM 中痕量元素的分析系统，建立了铜、铁、铅、铬等多种元素的分析方法，研究成果发表在国内重要学术期刊《环境科学》《应用化学》《痕量分析》等刊物上，同时被美国生物学文摘、英国分析文摘摘录。1996 年 4 月，张教授应邀前往香港中文大学讲学，并亲自起草了香港研究资助局资助的研究项目企划书。通过一年（1998—1999）的合作研究，测痕量汞论文在第三届国际华裔学者分析化学研讨会上宣读，并于 2000 年在《Speclrochimica Acta Part B》上发表。1999 年合作项目接近尾声之际，张教授与香港中文大学化学系 Jimmy 教授商定，用前期资助的经费在香港购置一套蜂窝扩散管 / 滤器组合系统（USA）带回学校继续合作研究使用。他主笔的《大气中气态硒系列的蜂窝扩散管采集微分脉冲溶出伏安法分析》论文 2002 年发表在英国国际学术期刊《TALANTA》上；《大气中气态铅系列的蜂窝扩散管采集电热原子吸收光谱分析》论文 2005 年发表在日本国际学术期刊《Analytical Sciences》上。

淡泊名利　立德树人

"张必成教授淡泊名利、与世无争，他曾有多次机会得到更高的薪酬待遇，但都被他婉拒了，这对学生的价值观有着非常重要的影响，也是老师们的好榜样。"化学化工学院原副院长方光荣评价道。

1988—1990 年张必成作为国家公派学者留学加拿大期间，其认真严谨的实验态度和出色的科研成果深受加拿大光谱学会主席、环境分析化学资深教授 Chak 的赏识。Chak 曾多次表达出希望张教授留在加拿大继续从事科研的愿望，都被张教授婉拒，"科研体系的先进程度、工资薪酬待遇以及养老体系方面，加拿大的确比国内略胜一筹，可我今天的成就都是国家给予的，留学的费用也是国家承担的。人不管走到哪里都不能忘本，饮水就要懂得思源。在近代以来的漫长历史进程中，中国老百姓经历了太多的磨难和困苦，我希望为老百姓过上好日子尽一份力。"张教授说道。回国后，他虽然亲自设计、研制了石墨探针采样装置及气动固体进样装置，建立了完整的大气微粒物质（APM）的采集和APM中痕量元素的原子吸收光谱分析系统，但在随后发表的多篇研究性论文却让他的研究团队成员（青年教师、研究生）作为第一署名作者，他的名字常以打星号的形式放在最后，这充分展示了他淡泊名利、默默奉献、关心青年教师及学生成长的思想素质。

【走访后记】

在采访之初，我们曾被张必成教授以自己没有什么大的学术造诣为由拒绝过两次。以至于在教授同意接受采访时，我们一行六人都心怀忐忑。但这种顾虑与尴尬在初次见到张教授时就全部消除了，张教授十分热情地接待我们，他的亲和力一下子缓解了紧张的氛围。采访前，张教授给了我们两份23页纸的手写文稿，记录了他的主要经历和一些对学术、生活以及晚辈的寄语。后来我们还了解到，很多经历张教授已记不起来了，为了准备这次采访资料，还曾打电话请教过同一教研室的蔡教授，最终细化到每个阶段听过什么课、在哪里听以及书的名字。张教授将这些信息准确无误地呈献在我们面前。这种科学严谨的态度和一丝不苟的精神深深触动着我们。

之后我们得知，在俄语是国人第二外语的时代，张必成教授38岁又决定从零开始学习英语，并在不耽误白天正常教学的情况下，充分利用零碎时间，最终

加拿大 Carleton 大学化学系 Chak 教授和他的研究团队（1989）

能够以出色的成绩被国家公派留学。这种不断挑战自我的毅力与魄力又一次震撼着我们。当我们得知年近八旬的张教授还可熟练运用智能手机各大应用软件进行网上购物、出行、娱乐活动时，我们深刻感触到，张教授一直在用自己的行为向我们晚辈诠释着什么叫"学习永远在路上"。

在返途中，我们采访团队的脑海里一直浮现着这样一句话——高山仰止，景行行止！

走访学生团队成员：

通识教育院 2016 级会计学 ACCA 专业　李若瑾

通识教育院 2017 级电子科学与技术产业专业　田源源

通识教育院 2017 级电子科学与技术产业专业　杜奕佳

通识教育院 2017 级电子科学与技术专业　陈思涵

通识教育院 2018 级化学生物学专业　柴啸天

化学化工学院 2018 级制药工程专业　王颖

（指导老师：李文）

李娟文：
脚踏实地走好人生路

　　李娟文教授，1948 年 1 月生，1982 年 6 月毕业于湖南师范大学地理系，获理学学士学位。1982 年 7 月进入湖北大学工作，曾任地理系副主任、旅游学院副院长、资源环境学院副院长、资源环境学院人文地理硕士点负责人、湖北省地理学会副理事长、兼任湖北省地理学会常务理事。主要从事区域地理、旅游资源开发、城市与区域规划的教学与研究。主编"十二五"国家重点图书出版规划项目图书《湖北地理》、国家"十一五"规划教材《中国旅游地理》，合作编著国家"十五"规划教材《旅游规划与开发》，参编国家"十二五"教材《中国地理》、多部教材，公开发表学术论文 20 多篇，主持或参与省部级自然科学基金、社会科学基金及厅局级课题和横向课题十余项，曾获得省政府科技进步奖一项、湖北省普通高等教育学校优秀教学管理工作者、湖北大学首届十佳师德标兵等荣誉称号，在湖北大学第二届离退休教职工学术科技成果评奖与展示活动中获得二等奖。

青年求学路：不慕名利，到祖国需要的地方去

　　当笔者问及李娟文教授的青年求学经历，年至古稀的她表现出很强的兴趣，青年时期的求学经历在岁月的沉淀中不曾被忘却，甚至深深地影响了她的一生。

李娟文教授所著的国家级规划教材

　　因为历史原因，李教授在学校系统接受教育的经历并不是连续的，但这并未扼杀她的求学热情，在困境中，教育、道德与乐观是点点星光，支撑着她度过艰难岁月。寒窗苦读十几载，在面对志愿填

报时，她求的不是一己爱好，念的也非个人发展利益，而是以祖国需求为重。"那个时代，我们的人生理想都是与国家、与人民紧密相连的，要学好科学知识，哪里艰苦，哪里需要，就到哪里去……"朴实无华的言语尽显"为中华之崛起而读书"的豪情与力量！无论是做桥梁工程，还是去偏远艰苦地区，李娟文教授都未曾犹豫退缩，因为祖国需要。

但是，满腔豪情侠义却被现实撕碎。在以阶级斗争为纲的时代，"不予录取""降格录取"浇灭了那个时代多少青年的梦想。李教授因为"家庭出身不好"未能被大学录取，她虽有过片刻的不甘，却也立马选择下乡。她坚信是金子总能发光，乡间田野也能有她发光发热的地方。载着一腔热血的青年的大巴缓缓驶向了下乡路，还未曾步入社会的知青们并不知道前路在哪儿，又有多艰难，欢声笑语中都是他们的赤子梦。下乡后恶劣的生活条件磨去了知青们的一些棱角，而繁重的劳动更迫使他们褪去稚嫩。但李娟文一直坚信青年就应经得起挫折，他们种起了试验田，没有灌溉水就去找水源引流，没有肥料就自己动手沤制肥料，晚上稍闲时就组成了文艺宣传队，载歌载舞办起了晚会，知青们的下乡生活也能过得有滋有味。李教授回忆起那段岁月，她说最开始盼着挣工分年终分红能够添置些物品，然而除去在生产队预支的粮油后一年没剩几毛钱，她才真正了解到农民的艰辛，并安慰自己努力了就不后悔，过分计较结果得失反而徒增烦恼。

长达十数载的下乡经历中，李娟文教授做过农活，修过公路，当过民办教师，但她从未自怨自艾，心底的那颗求学梦从未熄灭。高考制度恢复后，李教授很是激动，鼓励家中的两个弟弟一定要参加高考，进入高等学府深造，用知识改变命运。然而手上布满劳作的厚茧的李娟文自己却有些犹豫了，那年也并没有和弟弟一起走上考场。但当弟弟们的录取通知书寄到家中后，那团求知的火苗烧成熊熊烈火。她借来了弟弟的课本，开始忘我地复习。虽然时间紧迫又许久未拿起书本，但青年时的知识基础和后来的勤奋努力让李娟文最终圆梦，她参加了1978年的全国统一招考，走进了大学学堂。李娟文的大学时代也正值祖国科学春天到来之际，她十分珍惜这难得的求学机会，始终勤勤恳恳，踏踏实实。而不计得失，不慕名利，不畏挫折的品质更让她的求学路走得更宽更远。

功在双院：筚路蓝缕，以启山林

清秋九月，荷桂争香，浙江大学举办的"中国旅游创新发展论坛暨中国高等旅游本科教育 30 周年活动"宣布了"中国旅游名校 T10 联盟"的成立，湖北大学旅游发展研究院与南开大学旅游与服务学院、中山大学旅游学院、浙江大学管理学院旅游管理系等"985"高校一同在列。无疑，如今湖北大学旅游管理专业是极具竞争力的。然而当李娟文进入湖北大学任教时，旅游管理专业尚是一名稚嫩的婴孩，需要倾注万分的心血助其成长，于是她与一批优秀老教师共同奋进，为旅游学院的腾飞铺路。

李教授与同事们曾奔赴各地调研，汲取兄弟高校的先进经验，针对学生专业知识不足的实际适时调整教学方案。在接受笔者采访时，她笑谈调研中的趣事。当其赴省属旅游学校中办学最早、规模最大的湖北省旅游学校调研时，发现该校招生时，对学生的外貌体型等外在条件作出了具体要求，而她与同事们认为人才培养应以过硬的旅游管理才能为先，五官体型的外在条件不能挡住莘莘学子的求学路。湖北大学旅游学院的贡献者们筚路蓝缕，专注培养学生掌握旅游管理学科的基本理论知识，注重传授学生有关旅游业以及旅游企业的管理问题研究方法，特别是定性和定量分析法，同时引导学生密切关注我国旅游业发展的方针、政策和法规，了解旅游业的发展趋势。在理论学习方面，湖北大学旅游学院的学生不曾落伍。

随着时代的不断进步与学校的发展需求，组建资源环境学院被提上日程，李娟文以扎实的专业功底与对学术的不懈追求，成为学院当之无愧的早期耕耘者之一。21 世纪地理学科发展与建设方向都面临着新的挑战和发展机遇，她一进入新成立的资源环境学院就成为人文地理学科带头人。她注重量化分析的研究方法，带领同事们不断开拓创新，承接了众多的湖北区域规划工作。笔者走访时进入资源环境学院时，印象最深的就是门口众多的牌匾，每一块牌匾、每一本著作、每一项研究成果背后都在诉说着资源环境学院这十几年的巨大发展，更体现出李娟文及其他创院元勋们的不懈奋斗。李娟文作为前辈对学院学生不仅有殷切的期望，也有至诚至真的劝诫。面对学生的浮躁，李娟文真切希望后辈们能够踏实做事，踏实做人，从基层做起绝不是羞耻，因为"宰相处于州牧，将军发于行伍"。

为师严厉：耐得住寂寞，守得住清贫

"做我的学生，就要老老实实做人，踏踏实实做事。"李教授给笔者的感觉是亲切和蔼的，就像邻里慈爱的奶奶一般。但对学术研究、教书育人，她又是严厉的。李教授对待学生都是一视同仁、公平看待的，若一定要说她偏爱哪个学生，那定是踏实治学的学子。

李娟文在为师的职业生涯中不仅自身科研能力过硬，更是重视教学，她将传道授业解惑作为大学老师之本，培育了一批批杰出后辈。她指导的硕士研究生刘耀彬（现为教育部"长江学者"特聘教授，南昌大学经济管理学院院长）一直谨记着报到第一天李老师送给他的一句话，"做学问就是要耐得住寂寞，守得住清贫"，无论科研路上有多枯燥、多苦涩，这句话始终砥砺着他前行。刘耀彬如是，千千万万李娟文教过的学子亦然。李娟文在学术路上一直身体力行，用行动诠释着这句话，不踏实钻研的学子定会遭来她的呵斥，而数据造假等行为更是令李娟文无法容忍，看似有些严苛又不近人情的教育风格却也正是她培养出优秀学子的良方。

地理是一门古老而复杂的学科，直到 20 世纪 80 年代，其研究的方式迟迟未能得到创新，大部分研究成果往往停留于定性的结论上，因此掌握一定的数学方法在地理学研究中显得尤为重要。李娟文十分注重学生的基础知识的培养，担任研究生导师时，她总是嘱咐学生学好高数知识，这有利于地理学的量化分析。她让学生与数学专业的同学一同上数学课程，学好数学分析方法，并运用到地理学的实验中去。立足基础、夯实巩固提升也正是李娟文治学育人的成功秘诀。

在担任学院的行政职务时，李教授从来不拉关系、走后门，只愿勤勤恳恳做事，踏踏实实做人，但求心中无悔无愧。在学校领导组织活动慰问退休老教授时，李娟文曾经的同事也总是提起她的耿直与踏实。笔者走访了与李教授共事多年的同事胡道华老师（现为资源环境学院人文地理学专业硕士研究生导师），他用"认真、负责、乐观、平易近人"这四个词来评价李教授，更是感叹前辈的谦虚低调，说她的榜样事迹犹如清风拂面，沁人心脾。

【走访后记】

李娟文教授给笔者最深的印象就是她有着老一辈学者的风骨与担当，她笑谈自己是"被洗脑的一代"，其实在她身上反映的正是社会所需的正能量，有理想、讲道德是她接受的传统教育教会她的，她又毫不吝啬地把这些优良品德传承下去。在与李娟文教授的交谈中，笔者发现她十分关注青年一代的成长，"高铁霸座男""高校大学生轻生"等新闻她一直在密切关注，她也会按捺不住内心的感慨。遭遇挫折不可怨天尤人，生命的困难很可能是一个转机，这是李娟文教授用亲身经历传授给我们的人生哲理，她常想若是第一年高考她被顺利录取，未曾下乡，或许不会有如今的成就，落榜下乡虽是挫折，却带给了她宝贵的精神财富。"不要当精致的利己主义者，要为自己的国家和人民服务……"也是李娟文教授最常提起的话，吾辈在加强专业素养的提升时，也更要注重个人思想道德品质的修养。

在闲谈之余，笔者问及李教授的退休生活，虽然年至古稀，但李娟文教授还是坚持将自己的生活规划得井井有条，学习的脚步也未曾停歇。看到家中外孙女闲置的电子琴，她便萌生了学习的兴趣，虽然腿脚不太方便，但她每周二都风雨无阻地去培训机构学习电子琴，而每周三都会重拾起年轻时的爱好去学校的娱乐班唱歌，让退休生活多了许多趣味。李教授积极乐观的人生态度让其花白的头发也显出了青春活力。

本次走访及成稿过程中，有幸得到商学院、离退休工作处和通识教育学院有关领导和老师的鼎力支持，在此一并鸣谢！

李娟文教授与走访学生合影

走访学生团队成员：

通识教育学院 2017 级国贸＋英语专业　张帆

通识教育学院 2017 级信息管理与信息系统专业　陈翌希

通识教育学院 2017 级金融学专业　袁励

通识教育学院 2017 级经济学专业　杨柳青

通识教育学院 2017 级旅游管理专业　李聪聪

通识教育学院 2017 级经济学专业　刘龙飞

（指导老师：姚凯彬　程成）

胡锦贤：
沉浸学术是一件很幸福的事情

【题记】

不急不躁，不温不火，浅行静思，舒缓有序。他徘徊在时光深处，一双眼，洞穿古今千年的沧桑；一支笔，解读宇宙澎湃的洪荒。"为天地立心，为生民立命，为往圣继绝学，为万世开太平"是学者的毕生所求，"立德立功立言"将成为先生不朽的篇章。

胡锦贤，1950 年出生于湖北罗田县，毕业于湖北大学，毕业后留校参与《汉语大字典》的编纂工作；后被派往复旦大学专门学习古籍整理，得多位名家指点。此后潜心学术，发表学术论文 50 余篇，著作多部，参与承担了多项重大国家科研课题，贡献了数百万字的学术成果，颇有成就和影响，是湖北大学破格晋升的教授。如今年近七旬仍笔耕不辍，为湖北新时期的文化建设贡献余热，实为难能可贵。

胡锦贤在复旦学习时期

浪漫学人：学以致用生活如诗

第一次采访是在胡教授的家中进行的。一踏进胡教授的家，我们便不由自主地被家居的摆放、装饰品的搭配、家具的挑选吸引了。家具材质以胡桃木料为主，造型摆放简洁大方、恰到好处，客厅的墙上挂着水墨淡彩的画作，墙角摆放着瓷瓶……一进门就能让客人感受到主人不俗的艺术品位。

在采访中，当问及艺术欣赏水平是否与其学术研究有关，胡教授坦言，在长期研读古代典籍过程中，他渐渐学习到一些鉴赏的技巧，不自觉地浸染了古代名家的审美情趣。他还骄傲地提到，虽然年纪已大，但每年还是会和老伴出国旅游。说起去过的地方，胡教授滔滔不绝，与我们分享了许多见闻，以及他收藏古董的故事。他常运用从古籍整理中学习的知识来辨认什么是真货，什么是假货，什么样的特点才是上品。不论是家中装饰，还是旅途增长的见闻，都透露出教授对生活的热爱和追求。

敬业学者：潜心学术有所作为

在交谈过程中，胡教授反复跟我们强调："读中文，做学问，最重要就是吃得了苦。即使一直坐冷板凳，也要依旧保持对知识的渴求与热爱，对工作的负责与热情。"采访者吴虹达如此评价胡教授的状态："对胡教授来说沉浸学术是件很幸福的事情。"

胡教授谈到，成为一名教授是很多人所艳羡的，但竞争是十分残酷的，教师中往往只有百分之十的人在角逐中取得成功，而这成功的背后是数不清的冷遇和挫折。就如同冰心的那首小诗："成功的花，人们只惊羡她现时的明艳！然而当初她的芽儿，浸透了奋斗的泪泉，洒遍了牺牲的血雨。"

胡教授希望我们这一代大学生都能懂得坚持，脚踏实地。他说做学问不能投机取巧，不能只盯着"钱途"与前途，要有所作为。可写可不写的坚决不写，所要写的东西一定是前人没有搞清楚的、自己有发挥空间的。他说"有所奉献，才是真正的快乐。做人做学问都要走正道！"胡教授从学校退休已经八年多，去采访的路上我们本想着询问他对退休生活的适应情况，可见到教授精神奕奕、仍坚持古籍整理的状态，这种问题就问不出口了。可以说，以胡教授为代表的老一代学者，真正做到了学高为师、身正为范，让我们看到一个中文人、一个学者该有的样子、该持的态度、该做的事情。

良师益友：循循善诱诲人不倦

作为文学院的前辈与老师，胡教授对我们的学习生活给予了高度关心与诸多建议。其中第一点建议是：要有一个好的身体。在采访中，他深情回忆起他的爱徒——一个有着颜回般安贫乐道精神的新闻专业学生。她在大学期间就把生活费的一部分资助给宜昌的一个贫困学生。毕业后虽然工作取得了很大成绩，结果却因为长期熬夜、过度劳累，又没有爱惜好自己的身体，工作只一年就患病去世。这个真实的故事令我们感慨万分，深刻地认识到，成就任何事业的前提都是要保持良好的身体状况啊！

胡教授的第二点建议是：要能吃苦。他直言，自己现如今的成就都得益于小时候吃的苦——读中专时，他经常要走120里的山路上学。为了准时到校，他天不亮就出发。饿了就吃几口从家里带的饼子，渴了就到河边喝水；为了在学校能吃上饭，必须要每两周就从家里背一袋米……负重多、路难走、路程长，这些对当时年纪尚小的他都是莫大的挑战。每次他从天蒙蒙亮走到中午，感觉腿都抬不起来了。可是一想到后面荒无人烟，还有野兽出没的30里路，如果不加紧赶路，不仅没办法准时到校，更有可能发生危险，他便不敢再耽搁。听完他的这段经历，罗樟同学问道："我们当代年轻人许多条件优越却不思进取，为什么胡教授能在如此艰苦的条件下坚持求学呢？"教授用《送东阳马生序》里最经典的一句话完美地回答了这个问题——"以中有足乐者，不知口体之奉不若人也。"

胡教授的第三点建议是要有思想觉悟，做好思想准备。他跟我们分享了一段对他影响很深的部队生活。当年"文革"期间停课闹革命，正常的教学活动被中断，胡教授入伍当了兵。在部队的生活中，经历了艰苦的磨炼，有许多动人的故事。上大学后，胡教授树立了"做一个对国家、对人民有用的人"的思想信念，自那时养成的每天早上6点起床绕操场跑步的习惯使他保持了良好的身体素质，也使他更加自律。胡教授希望我们在日常生活中注意锻炼、保持良好的精神状态，培养自己的毅力，并要时时更新自己的小目标，做一个不断上进的人。

胡教授对我们的最后一点建议是要努力扩大知识面。作为中文专业的学生，对文史哲的知识都要广泛了解，特别是对于本专业更是要精，要学好看家的本领。胡教授每每提起自己的大学生活，总是笑眯眯的，饱含着对往事的幸福回忆。他说，正是自己大学老师的循循善诱激发了他的写作兴趣，于是他开始研究报上的大文章，研究写文章的篇幅、结构等要求。在摸索的过程中他写文章的字数也越来越多，从两千到五千、八千，再到上万字……以至于现在写东西已经是习以为常了。他还提到，因为自己喜欢画画，被老师任命为宣传委员，在大学就有了自己的一间办公室，在办公室望着窗外的车水马龙，他立志成为一个有用的人，在广阔的城市开辟一方可以立足的天地。

研学有道：不落窠臼积极创新

胡教授涉猎广泛，参与承担多项重大国家科研课题，贡献了数百万字的学术成果。在学术研究方面他给了我们许多"干货"建议。第一点是尽量研究名家的东西，容易有所发现，比较容易发表。第二点是尊重名家但不迷信名家。教授举了他研究一部戴震手稿的例子，这部稿子曾有许多名家研究，不过并没能弄清楚。但他在研究时找到了正确的方法，很快把问题解决了。他采用的是"反复通读"的笨办法，将语言、思想、话题、风格一一对比，终于完成了鉴定稿件的艰巨工作。教授告诉我们，名家搞不出的东西不代表自己也搞不出，关键是要方法对头，要有自信。第三点是强调原创性。做学问要做别人没做过、没做出的东西，东拼西抄不算真学问。第四点是只要研究的是有价值的，就不怕不能发表。文章可大也可小，小文章只要能解决别人的疑惑，就有价值。最后一点是要有智慧的眼力。在课题研究过程中，胡教授视野广阔，几乎翻阅过完整的《四库全书》。

文采风华：专博结合选题灵活

对于胡教授在参与科研课题之余还能写出众多不俗的文章一事，大家都啧啧称奇，并由衷地佩服教授的精力与博识，同时也对他的文章提出了一些问题。石莹莹同学对胡教授一篇名为《博士买驴·博士卖驴·卖驴博士》的文章标题十分感兴趣，询问教授是如何想出这个有趣的题目的。教授回答说，他在整理《汉口丛谈》的序言时想起了"博士买驴"的典故，又联系该篇文章的内容对这个原词进行了联想。这样一来这个题目既奇特别致，又高度概括了很多内容。吴虹达同学则对胡教授文章覆盖范围之广、跨度之大感到惊奇，询问其如何看待专和博的关系。胡教授遂讲起了写文章的心路历程。他说，在写《〈水浒传〉"八百里梁山泊"之说果真没有史料记载吗》这篇文章前，是没有相关的写作计划的。只是偶然在看电视剧《水浒传》时发现了其中的几个漏洞，在查资料时发现这方面的资料很是匮乏。于是胡教授借用古籍整理工作带来的便利进行相关资料的查找与归纳，并顺利完成了这篇文章。说起知识的"博"是因为他对未知领域的旺盛求知欲以及工作岗位带来的便利，而他并不觉得发掘"博"会影响"专"，知识的充实只会更加让我们找寻到最适合自己的路。唐琴箫同学对胡教授如何进行正确的资源检索与古籍校对很是好奇。对此教授也给出了三点答案。一是要进行知识积累，不仅要好好学习专业课，同时要增加阅读量，在老师有项目、需要人手时能积极参与；二是要善于运用检索工具，使研究更为便利，成果更加可靠；三是要融会贯通，形成自己的学术观点，培养敏锐的文学嗅觉。

感念师恩：师从名家精诚求真

在多年求学和教学过程中，令胡教授印象最为深刻的师长有三位。一位是本校的朱祖延先生。其上课语言富有文采，修辞众多，用词华丽。一位是华中师范大学讲授古汉语的老教授，胡教授形容说他的课堂让人仿佛置身于深山老林中摸爬探索，听完课则令人体会到登顶的淋漓畅快。最后一位是他在复旦求学时讲授语音的周祖谟教授。周先生让人感受到学者的翩翩风度，并感悟到如何用通俗的语言去表达深刻的思想。胡教授认为，一个好的教师应该在学习上鼓励学生，在精神上关心学生，懂得运用语言的魅力深入浅出地解释课本、讲解知识。最后，胡教授向我们推荐了他最欣赏的清代学者戴震。他说，做学者当如戴震一般具有渊博的学识、过硬的功底和严谨的考据精神。

【走访后记】

在采访前，大家查找资料时都很紧张：采访一位著述颇丰的教授，自己的准备充足吗？教授却很亲切地说，"学子访学人"主要在"学人"，"学子"去直观面对学人，让学人自己讲就好了。第一次采访是在胡教授家中进行的，胡教授幽默大方的说话方式很快消除了我们的紧张情绪，教授的健谈让采访工作顺利进行。石莹莹同学说，"胡教授是一位有情调的教师。他不仅在做学问上取得了一定的成就，而且懂得享受生活。即使生活再苦，他也能苦中作乐，近到朝鲜、日本，远到欧洲，他是一位可以在做学问的同时认真享受生活乐趣的老师。即使生活很累，我们也要学会享受生活。我想，这就是老先生教给我们的生活态度吧。"解柠阳同学如此评价："听过胡教授课的学生，无一不惊叹于他学问的广博和渊深。以精诚之意为学，以精深之心为师，不论是作为学生还是作为老师，不论在长期钻研和积累中做出多少研究成果，胡教授对于学问永远是他年轻时的样子，一腔热忱、心无旁骛。"罗樟同学说："在我眼里，胡教授是一个刻苦博学的学者，对学问兢兢业业，而且勇于涉猎不同的研究方向，不断突破自己。他是一位和蔼可亲的老人，乐意分享，自有不变的书生意气。他是一位云淡风轻的老者，历经沧桑，也有内心的平和。"聂雨涵同学在交谈中明白了虽然学术研究是一个注定要坐穿冷板凳的工作，但我们每位学生尤其是中文学子，都应向胡教授学习，像他一样全身心投入学术，在学术中重塑人格，学会欣赏艺术，陶冶情操。并热爱生活，更加热情地投入到生活中去。当我们讨论到当今学术的不良风气时，教授踏实且不计较名利的学术态度让吴虹达同学深受感动。她表示如果未来面对关乎人生方向的抉择时，想起教授这番话，想必能做出更对得起自己和社会的决定。唐琴箫同学更加明确了编辑这个专业的前进方向，明白了做学问的人应有的态度，并希望有一天也能成为像胡教授一样觉得"沉浸学术是一件幸福的事情"的人，实现人生价值。与胡教授的交谈时间虽说不长，但大家获益匪浅。希望文中展现的这位风趣可爱、爱好广泛、个性鲜明、潜心学术的湖大学人，能将他的这些建议与力量传递给更多的人。

胡锦贤教授与走访学生合影

走访学生团队成员：

通识教育学院 2017 级汉语言文学专业　解柠阳

通识教育学院 2017 级汉语言文学专业　石莹莹

通识教育学院 2017 级汉语言文学专业　聂雨涵

通识教育学院 2017 级汉语言文学专业　吴虹达

通识教育学院 2017 级汉语言文学专业　丁杰

通识教育学院 2017 级汉语言文学专业　罗樟

通识教育学院 2017 级汉语言文学专业　陈彦瑾

通识教育学院 2017 级编辑出版专业　唐琴箫

（指导老师：邓琪）

柳士忠：
黑发方持勤勉心　白首不忘幺桃志

柳士忠，1939 年 12 月生于湖北鄂城县，湖北大学化学化工学院退休教授、博士生导师，原中国科学院长春应用化学研究所博士生副导师，原武汉理工大学兼职博士生导师。在湖北大学任职期间，柳士忠创建了应用化学和无机化学两个学士学位点，是湖北大学应用化学学科带头人。曾

柳士忠教授近影

任国家自然科学基金面上项目同行评审专家、中国多酸化学学术委员会委员、湖北省第二届硕士点审核会学科评议组成员，是《中国化学学报》《高等学校化学学报》等 SCI 刊物稿件评审专家。

多年来，柳士忠主持和参加了国家自然科学基金面上项目四项，主持湖北省自然科学基金两项、武汉市科委基金一项，湖北省教育厅重大及一般项目两项及横向合作研究项目一项，其发表的 100 篇论文中有 60 篇被 SCI 收录。

柳士忠在 2003 年 8 月退休后，曾被湖大返聘两年，参与了化学化工学院柳利教授课题组（第一参加人），2007 年获湖北大学离退休专业技术人员优秀论文二等奖、湖北大学离退休职工学术科技成果一等奖，被学校评为老年工作先进个人。人生路上，柳士忠就像一位执着勇敢的航海者，借着理想的星光在沉沉黑夜中不懈划桨，不断前行。

种得桃李，秉求新之志传道授业

1959 年，柳士忠考入武汉师范学院（湖北大学前身）化学系专科就读，立

志成为一名化学教师。在求学过程中，不论遇到多少困难，他都一直鞭策着自己朝着目标不断努力。他觉得专科教育所学的知识不足以站上讲台进行传道授业解惑，于是决定继续深造，毕业时放弃成为一名研究员的机会，成为 90 名同学中唯一走上"专升本"道路的人。

天道酬勤，柳士忠通过努力，1964 年本科毕业后如愿留校成为一名大学教师。20 世纪 70 年代是一个招收工农兵学员的时期，为了促成教学和生产相结合，柳士忠和同事于 1975 年创办了化学系第一个电镀厂。由于经费紧张，运行过程中厂里出现诸多困难，不仅置办设备艰难，日常开销也让人捉襟见肘。为解决设备问题，柳士忠只好采用被其他工厂淘汰的器材；为维持工厂日常开销和正常运营，他咬牙在原本不富裕的工资收入里划出一部分补贴开支。柳教授为工厂运营尽心尽力，常常在深夜 11 点仍能看到他在厂里指导工人的场景。电镀厂不仅为学生提供了便利的实习场所，同时还为社会生产了实用的电镀产品。"纸上得来终觉浅，绝知此事要躬行。"柳士忠在长达近 40 年的教学生涯里一再强调实践的重要性，对学生的口头禅便是："只学知识不行，一定要做。只有做了才会知道如何将知识运用于社会，才能更好地造福社会。"

对自己梦想的教学事业，柳士忠不讲条件不计报酬，全身心投入其中。除了正常的教学工作，20 世纪 70 年代到 80 年代的寒暑假期间，柳士忠还承担了学校高师函授的化学教学任务。他放弃休假时间，赴咸宁、孝感、黄冈等省内多地义务为中学教师培训。每天长达六小时的培训任务持续好几周，年复一年，柳士忠都坚持了下来，并获得高师函授优秀教师称号及学校函授教育十年荣誉证书。他打趣地说，他是一个不太称职的丈夫和父亲，家务事没怎么管理，连假期都没有带孩子出去玩过一天。时任化学系党总支书记张志强同志曾形容他"干劲儿大"，在教学上几乎花费了所有的精力，以至年仅 40 岁时头发就已花白。

"作为高校教师需要有深厚的基础理论知识，讲课需要高深的理论水平。"在理论教学这条路上，柳士忠也在不断求新求进。为进一步提高理论知识水平，1980 年他赴南京大学化学系进修两年。两年时间里，学习了许多新颖的教学思路、先进的教学理念和教学方法。学成回校后，他克服困难，向学校申请开设了几门配合专业学习的实验课，全新的授课体系为教学增添了活力。

新，是柳士忠一直坚持的东西。"常讲常新，教学内容要不断更新。"平时，柳士忠会经常翻看一些国内外教学参考书，学习有效的教学方式。每年他都会结合学生的学习情况修改教案，进行更新补充。虽然固定授课四门已经不算少，但他上课从不看教案。每次课前将授课内容熟记于心，百忙之中还亲自编写习题集供学生学习参考。

教与学是教学的两个方面，柳士忠格外重视学生接受知识的效果。他会给学生布置一些小课题，让他们查文献资料，写一些论文。每学期组织一两次学生论文报告会，让学生主动博览群书，开阔视野，在写和讲的过程中锻炼文字和语言表达能力。

用心付出得到了有效反馈，从教以来，一批批学生被柳教授推向了更高更远的平台。回忆当年上课的情景，他1979级的学生、国家杰青江焕峰感叹道："柳教授的课深入浅出，通俗易懂，为我后来的发展奠定了坚实的基础。"正因为柳士忠在课程设计上的付出和创新，20世纪80年代中期，他主讲的无机化学首次被学校评为合格课程，他也荣获学校教书育人奖。

从教近40年，从助教到讲师，从副教授到教授再到博士生导师，柳士忠一直秉承教学相长的教学理念。"师生间是平等的关系，老师一定要把学生当朋友，懂得他们的心理活动，师生双方都要互相学习、共同进步。"华南理工大学教授江焕峰、复旦大学教授伍利明、上海大学教授陈晋阳、武汉理工大学教授靳素荣、湖北大学教授方光荣……在教育资源匮乏时期，柳士忠依靠过硬的教学素养和对学生全身心的投入，共培养2位博士研究生和11位硕士研究生。担任无机化学教研室主任期间，他创建了应用化学和无机化学两个学士学位点，是应用化学当之无愧的学科带头人。

发鬓微霜，以少年之态征战科研

武汉师范学院作为老牌师范院校，十分重视教育教学知识传授，柳士忠作为资深教授，在教学中自然付出了大量心血。然而1986年，在新进一批武汉大学、南京大学等名校毕业生后，学校教研环境开始出现变化，老师们开始逐渐重视科研成果。在一次偶然的交谈中，一位南京大学毕业的硕士研究生与柳士忠打趣道："教授您的教学水平非常优秀，但科研论文不如我。"这句话像颗钉子一样深深扎入了柳士忠的内心。一直潜心教学、没怎么涉及科研领域的他陷入了迷茫，究竟是继续像从前一样只抓教学，还是从现在开始尝试科研呢？时年47岁的柳士忠追随骨子里不服老的那股劲儿，决定开始投身科研领域。他认为："一位合格的大学老师必须要搞科研，只凭教学一条腿是站不住的。"

　　然而科研之路并非一马平川，年近半百的柳士忠陷入了困惑。转机出现在 1989 年南京的一场化学学习讨论会，柳士忠在那里结识了东北师范大学的王恩波教授，并与他诉说了自己的苦恼。王恩波被柳士忠对科研的诚心打动，答应将自己的实验室借给他钻研。于是，柳教授带着他的一名研究生于 1990 年暑假踏上了开往东北的火车，利用实验室的空档期初步探索科研。此时柳教授已经 51 岁了，同为初踏科研领域的学者，他却比同龄人更多添一份苍老之态。雪鬓霜鬓的他从头学起，以少年的姿态探索这个对他而言比较陌生的世界。

　　在东北师范大学做访问学者的四年寒暑假，没有劳务费，系里给的经费连基本的差旅费都难以维系。为了圆科研梦，柳士忠排除万难，咬牙在实验室坚持了下来。在东北的生活开销让本来就不富裕的家庭更加拮据，但就算再苦再难，妻子每月都将自己大半工资寄给柳士忠，希望他在外地不受苦。为了不辜负家人的支持和自己的选择，年过五旬的柳士忠每天克勤克俭，干劲十足。早上七点，实验室里就出现他的身影。午饭后也不间歇，午休都是一种奢侈。一直学到晚上十点，他才结束一天的功课离开实验室。初学艰难，一年不能完成论文，柳士忠就继续坚持。上半生未完成的遗憾，下半生以满腔热情再续。终于，在四年访问学者期间，他成功发表论文 20 篇，其中六篇被评为一级论文。

　　虽然经过两年的磨炼让柳士忠有了一定的科研基础，但想要保证科研成果的全瞻性、国际性和创新性，进一步提升科研档次，查阅国外的文献资料必不可少。

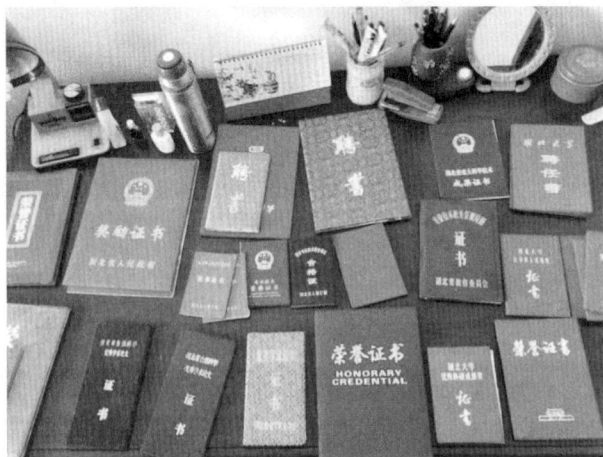

柳士忠教授所获证书

柳士忠早年学习的外语是俄语，从未学过英语。面对着大量的英文文献，他面临巨大的阅读困难。但是他没有退缩，单词看不懂，就一个个翻词典。家里书柜中厚厚的几本大字典记录着他曾经的岁月，英语文献也被他标记得密密麻麻。"因为科研需要，所以英语这个短板必须补上。"结束白天繁忙的课程后，晚上他还要坚持去夜校参加英语培训班。由于英语水平不好，头发花白的柳士忠依然像初入学堂的孩子一般，上课不敢抬头，生怕老师让他站起来回答问题。1993 年职称考试的前一个月，柳士忠把自己关在一间狭小的房间复习，四面墙上都贴满了写有单词与语法的纸条，学得连血压都升高了不少。功夫不负有心人，柳士忠最终顺利通过了英语考核。

柳士忠常说："人只要有志向，年龄就不是问题。"1996 年，他拿到第一个国家基金项目，紧接着三年后又拿到第二个。13 年间，仅有本科学历的他在国内外重要刊物上发表研究论文 100 余篇，拥有湖北省和武汉市鉴定的科研成果三项，其中课题"以杂多酸为催化剂制备双酚 –F"的成果被专家评为国内首创、具有先进水平。凭着不懈的努力和不怕困难的精神，柳士忠在科研上成功开辟了一番属于自己的新天地。

如今，年近八旬的柳士忠依然没有停止对科研的探索。每天早上他仍然坚持上网查阅最新最前沿的专业文献，有时还会打印出来进行批注。有机会还参加各种学术交流会，如 2017 年在长春举办的国际多酸化学会、2018 年在湖北举办的多酸化学会等。退休后，他参加的国际性及全国性学术交流会议达 17 次，并七次被邀请为化学同行作分会报告。会场上，他不仅能坚持长时间认真聆听，还会积极举手向讲解人提问。

"一个人若想在事业上有所成就，想做一个有利于人民、有利于社会的人，不仅要有志气、有理想追求，更要努力，不因畏惧困难而放弃理想。"这句话是他对当代大学生的告诫，同时也是他可贵精神的写照。

心有大我，怀赤子之心孕育青秧

柳士忠除自身众多成就外，通过自己的言传身教，还培养出了一位优秀的女儿——柳利。柳利在父亲影响下，也从事化学教育工作，现任湖北大学化学化工院教授和博士生导师，是中国化学会会员、国家自然科学基金同行评审专家。不到 50 岁的她已主持三项国家自然科学基金项目，近年来在 Inorganic Chemistry 等国际权威期刊上发表 SCI 收录论文 48 篇，文章被 SCI 正面引用超过 630 次。

在柳士忠的引导下，柳利面对科研选题和申请项目时与同龄人相比，少走了许多弯路。她刚从香港浸会大学获得博士学位时，对科研选题陷入纠结，柳士忠建议她可考虑把金属炔和多酸结合起来，尝试着做一些杂化材料。父亲的建议让柳利茅塞顿开，打开了新的思路，开始着手研究，最终这个名为《新型过渡金属聚炔聚合物 / 多酸杂化材料的分子设计与发光研究》的科研课题成功申请国家自然科学基金面上项目。谈到父亲对自己的帮助，柳利说："如果没有父母的支持和帮助，我也走不到今天。"

对于女儿，柳士忠用"向前走"三个字来教育她："不要因为有了那么多的成就于是就此停歇，一定要不断向前，参与竞争，讲求创新！"柳利笑道："父亲总觉得我还年轻，他常说 50 岁自己才起步做科研，而我在这个年纪已经打好了基础，有了科研经验，以后还能做出更大成果。"

如今，柳教授对女儿有了新的期望：为化学化工学院申请一个博士点。博士点是高校科研能力的重要体现，在他看来，女儿已经有了足够的资历和学历，是为学校的建设发展做出更大贡献的时候了。有志不在年高，已退休十多年的柳士忠仍然心系湖北大学的发展。不久前他还撰写了关于博士学位点建设的建议，并尽力联系熟悉的评委支持学院申博工作。2017 年化学化工学院申博遗憾落选，而他仍然坚定着决心，一定要完成这项工作："去年没申请上博士点那就继续加油，下一次争取把这个项目拿下。"这项工作任重而道远，柳士忠却信念坚定，有时会将在网上看到的认为有价值的文献发到女儿的邮箱和她分享学习，有时还会骑着那辆古老的二八单车去柳利的实验室，与学院的学生交谈，偶尔还会用他的经验为学生们进行指导。他甚至羡慕那些终身教授，总想着再为母校做些贡献。

湖北大学是柳士忠倾注了一生心血的地方，他说自己绝对是一个正宗的湖大人，每每想到学校，就如同想到他的家一般深感亲切。在学校工作期间，他搬了八次家，如今与儿女三家人都扎根在学校琴园小区内。能亲眼见证湖北大学的一路发展，他的喜悦之情溢于言表："看到湖大日益强大，我的幸福感特别强。学校培养了我，我就把我的一辈子都奉献给湖大。于我而言，为学校做贡献是我义不容辞的责任。"

"活到老，学到老，奋斗到老，让立志与创新并进！"柳士忠用一生的奋斗和打磨，书写下这一句直击他灵魂的人生格言。即使退休十多年，为了跟上时代，这位老人还在不断接触新事物。听说智能手机推出了立即就去买一个，如今也与年轻人一同玩起了微信和 QQ，学会了使用电脑。艾默生曾有言："一个人只要知道自己去哪，全世界都会给他让路。"柳士忠就是这样一个心怀大志的人。正是志向，让他不辞辛劳地钻研教学并躬耕实践，让他在 50 岁的时候被戏谑为"老学生"仍有从头开始做科研的勇气，让他能够对一代又一代的学子产生潜移默化的影响。漫漫 60 年，柳士忠不仅树立志向，更是一生行走在实现志向的路上。

【走访后记】

走访柳教授的时间安排在初冬。我们到达柳教授住处时，就远远看见早早下楼在寒风里等待着我们的他，顿时心生感动。进门后，柳教授还亲自为我们沏茶。之前我们并没有查阅到太多关于柳教授的资料，对教授并不了解。而此刻伴随着茶香氤氲的雾气，我们之前所有的担心和顾虑都弥散了。柳教授很健谈，我们就在一旁聆听着他的故事，望见回忆往昔时柳教授眸子里闪着明亮的光，感受着老一辈湖大人的情怀。

在将近两个小时的采访过程中，柳教授没喝一口水，更是挂断了突然响起的电话，专心投入到交流之中。采访结束后，柳教授亲自编写了一份详细的个人简历给我们参考，还积极帮助我们联系他的学生。以言践行，仅从这些小细节我们就已感受到柳教授身上那种认真做事的态度。

"年轻人就应该有志向并要坚持下去。"柳教授一直重复着这句话，这句话也同样激励着我们。他用自己的实际行动实实在在地诠释了"长风破浪"般的意志。近 40 年的从教生涯、近 20 年的科研之路，柳教授都不忘初心、兢兢业业，

柳士忠教授与走访学生合影

为内心深处的追求、为满天下的桃李、为深爱的湖北大学无私奉献着。我们有幸参观柳教授的书房，看见书柜整齐罗列着英文词典和许多化学书籍，泛黄的书页和深深的折痕诉说着柳教授埋案学习的旧时光。书柜的一角摆放了大大小小的一长列眼药水，书桌上放置着一本正在阅读的文献书籍和一副老花镜。如今这位精神矍铄的老人已眼睛模糊，不再年轻。但教授依然以年轻的心态对待他的事业，他的理想。柳教授一生勤勤恳恳，兢兢业业，我们心生感叹，更为敬仰。

"学校培养了我，为学校做贡献是我的本分。"柳教授这样说，亦这样做。从留在湖大当助教到如今退休，柳教授一路见证化学系从初期的设备匮乏到如今越来越好，他也从一个意气少年默默奉献成为两鬓斑白的老人。柳教授用一言一行潜移默化地影响了女儿，两代人都在湖大，两代人也为湖大做出了不计其数的贡献。如今，退休多年的他依然经常去女儿实验室给学生进行辅导，仍然记挂着湖北大学和新一代湖大人。高山仰止，景行行止，柳教授早就与湖大融为一体。作为学生的点灯人，他无私奉献的精神是新一代青年学子的宝贵财富，也必将扬洒在湖大的上空，久久云绕在每位湖大学子的心里。

本次走访得到了通识教育学院、化学化工学院有关领导和老师的大力支持，成稿过程中参考了柳士忠教授和柳利教授提供的资料，在此一并表示感谢。

走访学生团队成员：

通识教育学院 2018 级新闻传播学类　王旭颜

通识教育学院 2018 级播音与主持专业　柳梦雅

通识教育学院 2018 级高分子材料与工程专业　唐金兰

通识教育学院 2018 级高分子材料与工程专业　陈欣茹

通识教育学院 2018 级材料化学专业　轩娅慧

通识教育学院 2018 级高分子材料与工程专业　周澳

通识教育学院 2018 级高分子材料与工程专业　任施乐

（指导老师：李乾玉）

解飞厚：
抓住机遇十年磨剑　潜心教育百年树人

解飞厚，1956 年 1 月生，湖北武汉人，毕业于美国俄克拉市大学教育管理学专业。中共党员，中国民主促进会会员，曾任湖北省高等教育学会常务理事，湖北省高等教育学会学术委员会委员，中国民主促进会湖北省委员会副主委，湖北省政协第十届、十一届常委，湖北大学教育学院教授，硕士生导师，湖北大学琴园学者特聘教授。

解飞厚教授近照

解教授自 1980 年起在湖北大学任教至今，从事高等教育学教学与研究 30 余年。他主持和参与了多项国家级、省部级高等教育研究课题，高等教育管理学和高等教育基本理论是其主要研究对象。其研究成果曾获湖北省政府人文社会科学优秀成果二等奖，湖北省政府教学优秀成果三等奖，湖北省教育厅一等奖；出版专著五部，在权威期刊和核心期刊发表论文 80 余篇，多篇论文被《新华文摘》《人大复印资料》《高等教育文摘》等报刊转载，三篇研究报告得到湖北省副省长批示。1996 年开始指导高等教育学硕士研究生，为研究生开设《高等教育原理》《高等教育管理学》《教育科学研究方法》等课程，培养了大量的高水平人才。

求学从教：筚路蓝缕，以启山林

在人生的道路上要勇于尝试，敢于拼搏，机会总是需要自己牢牢抓在手中。解教授过往的求学经历便是这句话最生动的注解。

谈及自己的求学经历，解教授情至深处，回忆良久，终是微微一笑，叹了一句："提到我的这个求学经历，应该说是颇为坎坷啊。"

坎坷之一在于所生的时代。解教授年少求学正值知识学来不易的年代，这跟当时国民经济和教育尚处于较低水平和人们对知识的重视程度有关。在"读书无用"的社会背景下，解教授仍坚持完成了高中学业。在1976年"推荐上大学"制度下，学习刻苦的他主动请缨，获得了被推荐到武汉师范学院读书的资格，这与他勇于尝试、勇于挑战是分不开的。

坎坷之二在于学习的专业。在当时，推荐生没有选择专业的权利。解飞厚教授1977年元月进大学后学习的生物学专业是他所不擅长与不甚喜爱的，这让他感到困惑与苦恼，甚至一度想放弃。但是他克服困难坚持了下来，然而这一坚持就是三年。解教授坚守所学专业，成绩优秀，从专业知识的学习中汲取智慧和营养，为以后的学习奠定基础。

坎坷之三在于前进的方向。在当时，推荐生逐步不被社会所认可，他们的前途变得比较渺茫，恰逢1977年中国恢复高考，成了这群大学生的出路。他们当中的很多人都想通过高考以接受更好的教育，赢得更好的未来，解教授便是其中之一。然而由于种种原因，他们不被允许参与考试。说到这段经历，解教授虽带着幽默的口吻，笑称自己被卡住了，眉宇间颇显无奈的同时更多的是对国家的理解与赞同，让我们深表敬佩。再后来，解教授选择留校任教。因为大学接触到的生物学科学习时间只有短短三年，解教授对自己的生物学基础并非十分满意，毅然决定进行更加深入的学习，便于1986年进入江西南昌学习教育学，随后去美国进修，通过刻苦努力拿到了教育学的硕士学位。这段经历他说得颇为简单轻松，但在座的我们却能感受到其中的不易。他不仅挑战了新的国度，更挑战了新的学科。都说隔行如隔山，解教授几乎是翻山越岭学到了自己想要学的知识。

关于学习教育学，解教授说起初他的知识学习其实是非常零碎的，靠着一点一滴慢慢积淀起来。由于基础不扎实，刚开始接触教育学时他连读赫尔巴特的书都觉得艰难，后来放弃了囫囵吞枣式的教育专著读法。而凭借着大量实践的摸索，产生了自己的问题读法，以教育问题为导向进行深入的学习。在实践中产生关于教育学各式各样的疑问，再通过阅读来探究如何解决这些疑问，这样一来，很多教育学概念内涵便自然入脑入心了。不仅如此，他还尝试写大量关于教育学的文章，不仅增加了研究的自信，更明确了自己要研究的方向。

"对任何一个人来说，不管原来的基础有多差，只要有认真学习的态度，三到五年的坚持，实际上就可以有比较大的变化。"谈完自己的经历，解教授不忘鼓励我们。十年如一日，就是通过一种苦行僧般的不断坚持，一种谦虚严谨的学者态度，解教授终于在教育学的路上愈行愈远，愈走愈宽。

潜心科研：志存高远，砥砺前行

解教授在学术科研的过程中，始终心系高等教育的重要问题与重大方向。例如高等学校如何定位、高校如何培养创新人才、如何进行人文教育、如何解决湖北省教育经费困境等问题。采访组在此前认真做了功课，惊奇地发现教授有很多学术思考和学术争鸣。

1. 与学者贾齐的争论：课程属性是文化传承还是培养人、身体运动是否是文化传承？后来经任秀红、孟明亮、杨多多在体育课程属性的应用，进一步研究得出体育课程基本属性是传授运动技术、运动与健身文化的属性是传承文化；身体运动不具备文化传承的要素与特点，不是文化传承。

2. 与学者王一军的争论：大学课程中什么知识最有价值？当时持高深知识更有价值的观点的教授现在有了更多思考：价值不应该被功利化，无论是高深知识还是社会知识，它们被应用到不同的方面都会发挥应有的价值。因而价值在于被应用，最有价值的知识应当是能够发挥作用的知识。

与此同时，我们了解到教授自 1995 年以来，公开发表论文 80 多篇，16 篇论文被新华文摘、人大复印资料和其他期刊全文转载。其中新华文摘转载的两篇文章《科技成果转化为生产力应从转变科研模式着手》和《高等学校定位问题辨析》从宏观上分析了我国高等教育的现状。针对我校通识教育，教授发表了《通识教育中教师要注意的几个问题》一文，鞭辟入里地分析了通识教育，他在现场鼓励我们按照"人格塑造、知识学习、能力锻炼"三大核心要素去要求自己，做高水平的大学生。

对学术的思考，对专业的负责，我们在教授身上读到了科研的精神，不仅仅是"专而精"，更是"勤与思"。

教书育人：学而不厌，诲人不倦

问及知识学习，解教授沉思良久。作为一名桃李满天下的师者，解教授长时间担负着本科生和研究生的教学工作，从中他费心不少，劳力良多，但他缄口不言。对于数十年的教学生涯，他给我们分享的都是满满的收获。

他的收获主要是以下两点：一是学者须用心，教者更须用心。学习不是静止的河流，而是双向流动互通的过程。学"学问"的人要肯下苦功夫。解教授回忆自己初读教育学专著时艰涩辛苦的历程，也跟我们大多数人一样，常常心有退拒之意。但凭着肯吃苦肯攀登的劲儿，他不断想办法克服学习困境，最终带着问题遍读了专著。教"学问"的人同样要下苦功夫。针对目前大学课堂学生睡觉、玩手机等不良现象，教授给出了自己的剖析：时代的发展对教师的知识掌握与传授方法提出了更高要求，因而教师一定要时时思考怎么将人类发展至今的知识和道理形成自己的理解，传递给学生，并帮助他们转化为智慧。二是学习不能心急，须做终身努力。学习是一个循序渐进、逐级提升的过程。很多同学总是在学习的现阶段产生疑惑与不满，或是不知道怎么学、学了干什么，或是对学习产生厌恶与抗拒，根本原因是学习心态的急躁与学习目的的不端正。如果我们能够把握终身教育的内涵，端正学习心态，这些问题便会迎刃而解。

"莫道桑榆晚，为霞尚满天"。学习是一件越积累越美好、越行高越丰富、越行远越充实的事情，教书亦然，教与学的过程中美好的事情终会发生！

关注当下：切合实际，批判反思

通过和解教授的交流，我们发现他不仅在学术方面颇有造诣，对当下热门的教育话题都有高度关注与深沉的思考，并时刻在做批判反思。

我们了解到《楚天都市报》记者采访教授对"小朴事件"的看法，他认为针对此类校园暴力事件，社会各界缺乏足够的重视，总认为小孩子打架是小事，但如果孩子长期受到暴力威胁，会在心理上留下创伤和阴影，可能对今后的人生产生负面影响。因此，学校应加强这方面的管理；另一方面，对于某些挨打的孩子可以进行心理上的矫正。而对于家长，应加强对孩子应对此类问题的教育，出事后家长不能纵容，不能护短，更不能采取过激行动，而应该与校方耐心沟通，协商解决。

对于我校开展的圆周率比赛，教授在肯定其创意的同时，对通过强记来证明记忆力的方式表示不赞成。他认为运用歌诀等方法来背诵圆周率只是一种记忆技巧的训练，不一定能提高记忆力，况且强迫记忆还有可能适得其反，我们从中也深受启发。

不仅如此，解教授还积极参加社会服务工作，如参与湖北省政协多种活动，撰写提案和信息，三篇研究报告得到了湖北省原副省长郭生练的批示；参与民进的工作，为政府和社会发展建言献策；受邀到部分高校和中小学作学术讲座。在丰富的社会实践活动中，教授践行理论与实践相结合的原则，为教育与生活、为身边的社会点燃了知识的光芒。

【走访后记】

本次走访历经准备、采访、成稿三个阶段，每一阶段都深有感触，都有收获与不足，而这些连贯起来就是一次大的进步。

在准备阶段，我们建立了QQ讨论群，收集了教授大量的研究课题，小伙伴们线上线下运用头脑风暴法，最终确定了主访模式和围绕"人格塑造、知识学习、能力锻炼"的通识三要素进行"是什么、为什么、怎么做？"的提问思路。虽然取得了预期效果，但回顾整个准备过程，倍感匆促。凡事预则立、不预则废，本次活动教会了采访组要用心用时做足准备工作。

在采访阶段，我们感触最深的便是解教授生活上的平易近人和语言上的朴实真诚。采访过程中，解教授对我们一行关怀备至，准备好谈话室、水果与空调，带领我们很快熟悉访谈环境，将我们的很多顾虑都驱散殆尽。特别是他没有书卷气，而是通过自身经历和一些最通俗易懂的例子向我们阐明道理。这些道理，并非复杂艰深，而是我们最不容易忘记的。通过他的讲述，我们看到了先生一生求学、做学、讲学、思学的足迹，感受到了他执着求知、刻苦研学、倾心授学、批

解飞厚教授与走访团队合影

判思学的魅力。一代春风长者令我们如沐春风！

在成稿阶段，历经了各自整理笔记、一人执笔成稿、团队反复修改的过程。"千锤百炼出深山"，希望我们的稿子汇集教授的知识与力量，传递给更多的朋辈。

临近分别，解教授笑着勉励我们说："希望各位同学越来越好，希望湖北大学越办越好。"但愿我们带着教授最真挚的祝福越走越远、越来越好！

走访学生团队成员：

通识教育学院 2017 级教育学专业　王一帆

通识教育学院 2017 级教育学专业　向张义

通识教育学院 2017 级教育学专业　王丽檬

通识教育学院 2017 级教育学专业　杨慧璇

通识教育学院 2017 级教育学专业　钱永慧

通识教育学院 2017 级心理学专业　陈颖

（指导老师：聂凯）

李建宗：
胶粘剂新材料领域创新攻坚的领头人

  李建宗，1931 年生于广东，湖北大学化学化工学院有机（高分子）化学教授。1956 年，李教授毕业于华中高等师范学校（华中师范大学前身）并被分配至湖北师范专科学校（武汉师范学院、湖北大学前身）任教。曾担任过有机化学教研室主任、化学系系主任、新材料研究所常务副所长。在职期间开设多门专业课程，为国家培养了大批优秀教师和高分子材料，特别是胶粘剂方面的专业人才。1978 年，在李建宗教授和同事们的共同努力下，向国家申请到化学专业硕士学位授予权，使武汉师范学院（湖北大学前身）化学学科成为"文革"后我国第一批招收研究生的学科，奠定了我校化学和材料学科发展的稳固根基。

  出于对国家、人民及事业强烈的责任心，李教授自强不息、勇挑重担，科研成果累累。他曾主持国家七五科技攻关项目两项（1986—1990）、八五攻关项目两项（1991—1995）、国家自然科学基金项目一项。获奖的项目包括国家计委、国家科委、国家财政部颁发国家七五科技攻关重大成果奖一项（织物印花胶，1991），国家科技奖进步三等奖一项（织物印花胶基础研究及新产品开发，1993），湖北省科技进步一等奖一项（织物印花胶基础研究及新产品开发，1992），湖北省科技进步三等奖一项（WH-903 粘合剂，1990），湖北省科学大会奖两项（543 胶 /547 胶，1978），武汉市科学大会奖两项（543 胶 /547 胶，1978），七五全国星火计划成果博览会银奖一项（DK-883 低温快固自交联涂料印花胶，1990），后勤部科技成果奖（W005 马骡裂蹄胶，1982）等。李教授先后发

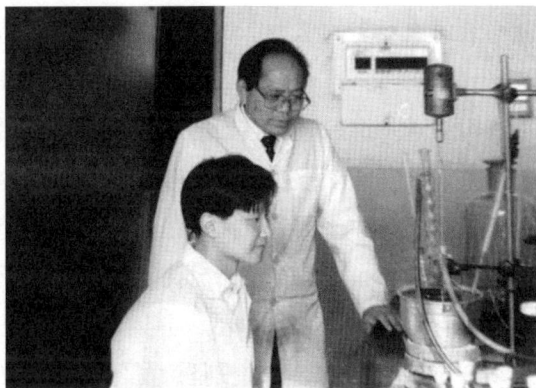

李建宗教授在实验室指导学生

表科研论文约200篇，申请到国家发明专利四项。他曾是中国胶粘剂五人专家组成员（王致禄、黄应昌、马学明、王澍、李建宗）之一。此外，他曾任《中国胶粘剂》《湖北化工》杂志编委会委员，也曾担任《粘接》杂志编委会委员、编委会主任委员。至今仍担任《粘接》杂志编委会顾问。

求知若渴　持之以恒

"天将降大任于斯人也，必先苦其心志，劳其筋骨，饿其体肤，空乏其身，行拂乱其所为也，所以动心忍性，增益其所不能。"这是对李建宗教授早年经历的真实写照。

李教授出生于广东一个普通农村家庭，母亲早年过世，父亲因残疾而丧失劳动力，兄弟姊妹五人艰难支撑起家庭。这导致他入学晚，同龄人在读四年级时，他才刚开始上学。入校后经过一年的学习，李教授取得了较好的成绩，加之对学习的热爱和渴望，让他下定决心，无论家庭怎么困难，也一定要在学习的道路上坚持不懈地走下去。幸运的是，依靠党和政府的关怀，他顺利读完了高中。1952年，李教授以优异的成绩顺利考取了华中高等师范学校。

当时李教授报考这所知名高校时，很大一部分原因是想远离家乡以此来锻炼学习能力和生活能力。另外，李教授当时身处农村，得到的高校报名信息有限，在选择学校时存在一定的局限性。"高考后填报志愿，自己也不知道怎么报，当时年轻就想着多往外边跑一跑，报的学校甚至还有东北一带的，加之高中时热爱化学，所以就填了化学专业。"李教授如此说。

李教授的大学生活是刻苦努力的。农村出身的他深深懂得，要想比别人优秀，就必须付出更多的努力。"我当时有几个坚持：坚持学习、坚持锻炼、坚持写日记。"李教授说。当时普通话并未完全普及，李教授来到湖北后因为地区方言缘故，很难听懂老师讲课。而且当时的教育相对落后，能供参考的教材少之又少。以至于初入大学时，李教授甚至还挂过科。但这些困难并没有浇灭他对学习的激情，他坚信勤能补拙。因此，无论是工作日还是节假日，他坚持每天学习，并乐此不疲。除了学习，李教授还十分注重锻炼身体，以增强体质。每天都安排一定时间进行体育锻炼，以调剂生活，并因此荣获学校运动会3000米冠军和武汉市高校运动会5000米冠军。李教授坚持写日记的好习惯则使他获益良多。他不仅写日记，更有对自己学习生活的小结。他认为这不仅有利于更清楚地了解自身学习状况，也有利于做出更明确的规划。功夫不负有心人！大学毕业后，李教授被分配到湖北师范专科学校（湖北大学前身）任教。

致力科研　硕果累累

1961—1962 年及 1962—1964 年，李教授先后在武汉大学和中山大学进修高分子，1991 年又到美国 AKRON 大学做访问学者。在此期间，导师对他的影响很大，特别是中大曾汉民教授对其帮助非常大。在那里，李教授投身科研，学习了很多重要的科研思想和方法。回校后便开始了他在湖北大学的高分子材料、特别是聚合物乳液胶粘剂领域的科研探索之路。在将近半个世纪的科研工作中，李教授共发表论文 200 余篇，申请国家发明专利八项（获国家批准四项），还担任中国胶粘剂专家小组成员、中国胶粘剂工业协会顾问、《粘接》等杂志编委会（主任一届）委员等多个重要职位。经过数十年如一日的不懈努力，李教授在科研道路上取得了累累硕果。若把他的研究成果比作一群连绵起伏的山脉，有关胶粘剂的研究则是其中一座当之无愧的高峰。

当讲起与胶粘剂的渊源时，李教授眼中迸发出激情的火花。他认为，"科研选题应因时、因地、因人而异。湖北大学是地方高校，应该为地方服务。"当时推广农业机械化离不开胶粘剂，工农业生产离不开胶粘剂，国防现代化更离不开胶粘剂，李教授就认准了这个尖端边缘学科。胶粘剂研究在 20 世纪 70 年代刚刚起步，尚未形成气候。当时学校科研条件差、基础薄、资金短缺，面对的困难可想而知。但困难只会吓到弱者，作为一名内心强大、不畏艰难的学者，李教授抱着坚定的信念和必胜的信心！

关于科研和应用，李教授深知，高科技产品只有走向生产、走向市场，才是真正有益于社会的发展。但到真正推广产品的时候并不容易，当初人们对胶粘剂技术不甚了解，工业部门也更愿意使用传统的粘结方法，不敢或者不会用胶粘剂来解决实际生产中的问题，这对胶粘剂在市场上的推广带来了不小的阻力。但李教授并未轻言放弃。在推广初期，也是最困难最艰辛的时候，李教授甚至把用传统方法不能解决的废旧拖拉机用胶粘剂粘好开到学校来进行推广演示，向群众展示胶粘剂的魔力，以解除对胶粘剂疑虑，向年轻一辈充分说明了"科研不动口，而是要动手"。他和同事们带着自己研发的胶粘剂样品去枣阳、到枝江，亲自演示和推广产品，并会同有关部门一起举办多期全省胶粘剂技术培训班，培养了一批又一批胶粘剂技术骨干。他还与化工部联合举办了全国胶粘剂厂生产技术培训班，后来被许多省市邀请去传授有关胶粘剂的技术，如河南、山东……大江南北到处都留下了李教授的足迹和汗水。

经过李教授和团队成员的不懈努力，胶粘剂的作用渐渐被大家所认识，其研发的产品也逐渐展示出了良好的发展前景。

某军工厂潜艇下水、电池漏电，求助粘接学会帮助，李教授带领粘接学会的同事们解决了问题；骑兵部队在山区行军时许多马和骡子发生裂蹄，血淋淋的很难受，李教授为行军的马匹骡匹研制"马骡裂痕胶"，并亲自到骑兵驻地进行粘接，粘好了许多马和骡子。被中央电视台拍成科教片，在全国放映。

1988年秋，武汉市大雨倾盆，江水猛涨，洪水肆虐，江面直逼江城大堤。当时汉口龙王庙江堤发生裂缝，有溃堤危险。武汉市防汛指挥部求助于武汉市粘接学会，时任理事长的李教授立即组织抢险队用特种胶粘剂填补了裂缝，排除了险情。

1986到1990年间，李教授成功主持并完成了国家"七五"科技攻关项目《织物印花胶》。这是我校第一次获批的国家重点项目，学校领导高度重视，在人力、物力上给予了大力支持。这也给了他的科研团队极大的鼓舞。在科研设备条件不足的情况下，他带领研究团队克服重重困难，经过三年多的不懈努力，团队最终提前了一年半超额完成任务。不仅完成了小试，还完成了中试，并在此基础上于1990年在深圳建成中外合资的深圳赛特化工有限公司，产品投入生产及销售。李建宗教授担任公司总工程师。该产品畅销沿海特区，成为印染企业的抢手产品，替代了高价进口国外同类的产品，创造了较好的经济效益和社会效益。此次科技攻关的成功，不仅提高了我校的知名度，培养了科技人才，还丰富了我国服装面料的染色需求及品质，打破了进口涂料印花原材料的垄断现状。1991年，国家"七五"科技攻关重大成果奖励给予湖北大学《织物印花胶》科技攻关团队。这次获奖越发使李教授信心倍增。

国家"七五"科技攻关项目《织物印花胶》的成功实施，除了学校（学）的大力支持、李教授研发团队成员（研）的共同努力外，还得益于李教授及其团队充分利用社会资源，包括与化工生产企业（产）、印染企业（应用）的充分与紧密合作，从而形成了产、学、研、应用一条龙的联合攻关机制。正是在这样的一套合作攻关机制下，该项目才得以提前、超额完成，并取得丰硕成果，从而造福于社会。

教学相长　桃李天下

李建宗教授开设过无机化学、有机化学、生物化学、高分子化学、合成胶粘剂等课程，为国家培养了大批优秀教师和胶粘剂方面的专业人才。当问及他所培养的学生情况时，李教授兴致盎然地为我们一一介绍，每个学生的情况他都如数家珍。其家人也佩服地对我们说："他记学生，记得最清楚。"

1978 年国家恢复研究生招生，当时作为副系主任的李建宗教授经过认真的思考之后，决定和陈家威、徐章煌等同事们一起力争招收我国"文革"后的首批研究生。作为先行者，不免受到有些人的嘲讽："招研究生是误人子弟。"流言需要靠实力来打破。流言蜚语反而激发起师生们的斗志。有时为了能更好地完成实验，他们甚至夜里也不回宿舍，就在实验室的地上躺着休息。努力终有回报！教授们共同培养出的 4 名研究生（程时远、秦永年、蒋济隆、王央贡）质量很高，毕业后均任职于科技领域。程时远毕业后留本校工作，后担任化学系系主任、化学与化工学院院长。秦永年毕业后留本校工作，后派送加拿大进修，在国外从事科研工作。蒋济隆读研期间派送加拿大进修，后在国外从事科研工作。王央贡毕业后留本校工作，后调任武汉同济医科大学工作，任教授。因此，不和谐的声音也渐渐消失。后来，有机化学学科能成为湖北省重点学科，几位教授功不可没。为此，学校还专门给李建宗等教授发证书，表彰他们为湖北大学省级重点学科建设作出的重要贡献。

后来，李建宗教授牵头成立了高分子材料研究室，并开始在有机（高分子）化学硕士点下独立招收高分子材料方向的研究生。他带领程时远、张洪涛、程正国、管蓉等老师，在乳液聚合及聚合物乳液胶粘剂领域开展系统的研究工作。从此，高分子材料专业获得迅猛发展，力量不断壮大。学校于 2006 年新成立的材料科学与工程学院，正是在原化学系高分子材料研究室及物理系压电陶瓷材料研究室的基础上建设而成。高分子材料研究室的师资及培养的学生，如徐祖顺教授等，也成为新成立的材料科学与工程学院的一支骨干力量。

由此，"文革"后我校第一批招收研究生的化学学科的发展，为现在的化学和材料学科成为我校优势学科奠定了牢固基础。

李教授一生做过很多课题。对他来说，最重要的一个课题就是教书育人，并且一做就是一辈子。他共获得两次教书育人奖。"和学生相处，要像对待自己的兄弟姐妹一样，这样学生才愿意和你交心。"他是这样说的，也是这样做的。李教授不仅在学业上对学生给予指导，在生活上也提供了许多帮助。从学生在校学习理论知识到后来的创业实践，李教授总会积极帮助他们。用教授的话来说，这即是所谓的"教学相长"。人总是懂得感恩与回报的，即使毕业了许多年，现在仍有许多弟子经常来看望教授，如广州华南理工大学材料科学与工程学院的陈中华（教授、博导），深圳的贺火明（总经理），湖北大学的艾照全（教授、博导），武汉纺织大学的易长海（教授、博导），苏州大学材料与化学化工学部的黄鹤（教授、博导）等，真是桃李遍天下！

退休后，李教授曾受聘广州宏昌胶粘带厂技术中心主任，期间协助公司申请到企业博士后工作站，并与中山大学、华南理工大学和复旦大学等教授一同培养了四名博士后，并为胶粘带厂培养了多名技术骨干。他还为该厂申请到广东省胶粘剂工程技术中心的支持，并申请到中国胶粘带著名商标。

生命不息　学习不止

在科学的道路上，执着的追求、艰苦的奋斗、不畏困难的决心，让李建宗教授到达了人生辉煌的顶点。可对家人，他却坦言亏欠太多。李教授夫人在 20 世纪 50 年代满腔热血地从印尼回国，一直在背后默默支持他的事业，从未过多地责怪他。教授育有一儿一女，回想当年儿女的教育时，他脸上流露着遗憾和歉疚："我对小孩的事操心比较少，小孩的教育主要是他们的妈妈。可惜她走得早。"但谈到儿女的成绩，教授脸上又充满自豪的神情。教授的女儿出生在 20 世纪 60 年代初，考大学时因一分之差与理想大学失之交臂，这也是他心中的一个遗憾。后来，或许是因为从小被父亲耳濡目染，她选择了和父亲相似的道路——在大学从事分析化学师相关工作。而儿子则比姐姐幸运，他出生在 20 世纪 60 年代末，传承了李教授的聪明睿智和勤奋秉性，自小就十分优秀。"中学时，他参加了全国物理竞赛并获一等奖，被保送到武汉大学，后来美国大学提供全额奖学金，他就又到美国留学去了，先后获得了物理硕士学位和 MBA（工商管理硕士）。"李教授看似漫不经心地介绍着儿子，脸上却流露出骄傲的神色。

李教授现已年近九旬，虽无力再全身心投入科研事业，但仍经常关注着，并有一颗学习不止的心。他透露自己英语口语比较差一些，就抽时间在网上听口语，提高口语能力。这种不断完善自我、超越自我的毅力又一次震撼了我们。李教授身体力行地向我们晚辈诠释着什么叫"生命不息，学习不止"！

谈到自己平常的活动，李教授露出了淡淡的笑容："现在没事就上上网。我微信上有300多个朋友，国内外都有。我们经常交流一些保健、养生方面的事情，也谈论一些国家大事。因为有现在的老伴及后辈们的精心照护，还有许多朋友，所以并不觉得孤独。"如果住在儿子家，李教授则会在房子旁边圈一块地种菜。"种的菜够一家人吃，吃自己种的菜，环保、健康，还可以锻炼身体。"教授脸上笑容灿烂，仿佛回到了孩提时代。

【走访后记】

采访前期我们紧张而兴奋，兴奋的是我们将要对话大师，会从中学到很多东西；紧张的是我们将要采访的是一位成果丰硕的科学家，唯恐出错，所以准备得也比较充分。但这种紧张在我们见到教授本人的时候就完全消失了。在我们还在布置采访地点的时候，教授就乘电梯到了八楼办公室，亲切地同我们握手，并告诉我们不要拘谨。教授的亲切也使我们很快投入到了正式采访中。

见到教授后，他给我们每人打印了一份自己在求学、教学、科研以及退休后的经历材料，还有他获得主要奖励的复印件。经历非常详细，包括论文专利的名字都很清晰，这些给我们后期撰稿带来了很大的帮助，特别是让我们感受到教授严谨认真的行事风格及工作态度。

在采访期间，李教授还亲切询问我们平时的运动情况，并教导我们说，学习是一个长期活动，一定要锻炼好身体，才能为祖国做更多贡献。即使退休多年，李教授还关心着青年人的成长。即使已到耄耋之年，他仍关注着祖国的发展。

对于今日湖大学子，李教授有许多期盼与寄语。首先是"搞科研，一定要搞特色！研究范围不求广而求精。"李教授语气铿锵地说。他特别提到了作为主编在学校曾办过的一个杂志《聚合物乳液通讯》。该刊曾是中国胶粘剂工业协会主办的一本内刊。1989年转到湖北大学，由湖北大学与中国胶粘剂工业协会共同主办。当时的硕士研究生黄鹤成为该刊转到湖北大学后的第一任责任编辑。后经过大家的共同努力，该刊于1996年底得到公开出版发行的许可，并更名为《胶体与聚合物》。李教授指出，希望一定要把这个刊物办好。可通过刊物详细介绍和宣传湖北大学及其化材学院。若此刊物成为胶体与聚合物方面的主要刊物，引领全国乳液聚合技术发展，那将极大地提高湖大和化学化工学院在国内外的知名度。其次，若把专业杂志办好，将吸引国内外大批的优秀科技工作者和学生加入这个阵地，从而有力地提高湖大和相关专业的竞争力，使我校在国内外排名向前推进一步。这让我们不禁敬佩起李教授的眼界与对学校的热爱之情。

第二是注重团队精神。团队精神怎么培养？李教授说："领头人很重要。领头人要眼光长远，并且自己能吃苦，带一个好头，以集体利益为重，才能够把大家团结起来"。

第三，就是要扩大知识面。当代社会科技快速发展，随着人工智能的兴起，很多东西都可用机器代替，只有不断扩大知识面，才不会被社会所淘汰。

第四，要着重提高能力，并学会广交朋友。

采访的最后，李教授满含关怀地与我们握手致意，并和蔼地说："有机会和你们年轻人聊一聊，还是蛮高兴的。"

本次走访及成稿过程中，有幸得到化学化工学院、通识教育学院等单位有关领导和老师的大力支持，在此一并致谢！

李建宗教授与走访学生团队合影

走访学生团队成员：

通识教育学院 2018 级高分子材料与工程　万茹意

通识教育学院 2018 级高分子材料与工程　姚宏玲

化学化工学院 2018 级制药工程专业　谢琦琦

化学化工学院 2018 级制药工程专业　王颖

（指导教师：李乾玉 ）